n° 506

LE MÉMORIAL

NAPOLÉON III

IMPRIMERIE L. TOINON ET C⁰, A SAINT-GERMAIN.

LE MÉMORIAL

DE

NAPOLÉON III

PAR

A. CHENU

Auteur des *Conspirateurs.*

PARIS

A. GHIO, LIBRAIRE-ÉDITEUR

41, QUAI DES GRANDS-AUGUSTINS

—

1872

Tous droits réservés.

DÉDICACE

A SA MAJESTÉ NAPOLÉON III

Sire, votre infortune m'afflige, et l'air contrit que vous aviez à Albert-Hall quand je vous y ai rencontré, m'a laissé un triste souvenir. J'ai songé alors à votre oncle : non pas qu'il y ait lieu à comparaison, ni que je veuille mettre en parallèle Sedan et Waterloo, Dieu m'en garde! mais lui, du moins, pouvait à Sainte-Hélène dicter des Mémoires pour se justifier devant la postérité, tandis qu'il est douteux, selon moi, qu'à Chislehurst, parmi ceux qui composent votre cour, et qui en vivent, il se trouve un Las Cases assez habile pour prouver que vous êtes un héros et que la France est coupable envers vous d'ingratitude.

Voulez-vous me permettre de suppléer à cette lacune? Il est bon que nos neveux, lorsqu'ils entendront le récit des effroyables catastrophes que nous venons de subir, sachent à quoi s'en tenir sur les causes qui ont amené de pareils effets, et surtout qu'ils soient édifiés sur votre auguste personne et sur l'entourage aussi capable que distingué qui vous a prêté son concours.

Ce petit livre n'a pas d'autre but.

A. CHENU.

Décembre 1874.

TABLE DES MATIÈRES

Chap.		Pages.
I.	Portrait physique et moral de l'ex-empereur............	1
II.	Premières armes du prétendant...................	5
III.	La cour du prétendant.........................	15
IV.	Le club des Culottes de peau....	26
V.	L'affaire de Boulogne..........................	35
VI.	Rencontre inattendue..........................	49
VII.	Comédie des refus............................	54
VIII.	Les créanciers du prétendant....................	68
IX.	Les princesses du bas-empire....................	77
X.	Il faut en finir...............................	83
XI.	Le coup d'État...............................	92
XII.	Le sauveur de la patrie........	102
XIII.	Suite du précédent...........................	110
XIV.	Cour plénière................................	119
XV.	L'âge d'or des sacripants.......................	152
XVI.	Platitude générale............................	162
XVII.	Effets du système.............................	179

TABLE DES MATIÈRES.

Chap.		Pages.
XVIII.	Les points noirs..	198
XIX.	Les bâtards de Badinguet................................	210
XX.	Les derniers jours de l'empire........................	225
XXI.	Correspondances secrètes.............................	242
XXII.	Les Cosaques de l'Allemagne........................	267
XXIII.	Prodromes de la guerre................................	284
XXIV.	L'invasion...	303
XXV.	Opérations de Bazaine et de Mac-Mahon.........	329
XXVI.	Le Couronnement de l'édifice........................	356
XXVII.	Cunctator et capitulator...............................	375
XXVIII.	En exil...	402
RÉCAPITULATION...		420

LE MÉMORIAL
DE
NAPOLÉON III

CHAPITRE PREMIER.

PORTRAIT PHYSIQUE ET MORAL DE L'EX-EMPEREUR.

« Le 20 avril 1808, — dit un écrivain à la solde de dame police, — le canon tonnait, toutes les cloches sonnaient, des cris d'allégresse retentissaient de tous côtés : il venait de naître un héritier au maître du monde. C'était Charles-Louis Bonaparte. Il était fils de Louis Bonaparte, roi de Hollande, et de Hortense de Beauharnais, fille de l'impératrice Joséphine. Sa naissance fut célébrée avec un grand enthousiasme ; il semblait même que la France eût déjà comme un pressentiment de la haute destinée de ce nouveau-né et des services qu'il devait lui rendre un jour. »

Héritier du maître du monde!!! La proposition est des plus contestables, car enfin chacun est naturellement l'héritier de son père ; or, le roi Louis ne régnait ce nous semble, que sur les fromages du pays et sur les fraudeurs ou *smoglers* qui, trente ans après son abdication, bénissaient sa mémoire. — Il faut être vrai, même quand on flatte.

Mais voyons ce que deviendra dans la suite le nouveau-né si bruyamment accueilli. Nous allons essayer de photographier, au physique et au moral, le héros de décembre. Et comme il est d'usage qu'un texte accompagne le portrait de toute illustration, nous suivrons cet homme à travers les sentiers tortueux qu'il a parcourus depuis son enfance jusqu'à sa chute.

Louis Napoléon est un homme de taille médiocre, au port mal assuré, à la tournure d'hidalgo ; il est froid, son cœur est sec, sa voix rude ; il a le front étroit, déprimé, un peu chauve, la figure osseuse, le teint pâle et bilieux, l'air sournois, le sourire faux. Les lignes faciales sont sèches, anguleuses, comme celles de la tête de mort — Lavater y voit des passions profondes et fanatiques ; — le nez, protubérant et recourbé ; la lèvre est plate et mince, au besoin elle sucerait du sang. Mais cette bouche tourmentée, blême et sans ondulations, jamais il ne l'a laissé voir. Une moustache monstrueuse de kalmouck, qu'il tourmente sans cesse, la dissimule. L'intervalle du nez à la bouche serait hideux sans cet appendice obligé. Ni cette face cadavéreuse, ni ces pommettes plombées, ni ce front dépouillé avant l'âge ne sont d'un aventurier vulgaire. Rien qu'à le voir, on comprend que, neveu d'un Corse détrôné, son avénement devait être une vendetta. Voyez ce masque impassible, ces yeux d'émail, comme ceux d'un chacal empaillé. Quand, par hasard, cette paupière si lourde se soulève, regardez vite, vous saisirez au passage un éclair glacé qui brille et fait mal comme une lame de poignard. Il n'y a que cela de vrai dans cette physionomie sinistre, composée, impassible par calcul, et dont les ressorts ne se détendent qu'au commandement. Écoutez cette voix glacée qui résonne comme le glas funèbre du tocsin, et dites si, malgré l'incontestable fortune de l'homme, vous n'entrevoyez pas, à travers le prestige de sa cruelle légende, l'orgueil monstrueux d'une personnalité assez implacable pour régner en montrant le poing à son siècle.

Cette sombre physionomie est bien assurément la plus scandaleuse qu'ait fait surgir une époque si féconde en épisodes sanglants ou grotesques. Tout ce que l'on a pu dire sur un tel personnage a été répété cent fois; au surplus, qui ne l'a pas connu ne le comprendra jamais : la plume ne peint pas de pareils traits, elle les signale. Mais ce que l'on connaît moins encore que sa figure, c'est le moral de ce Rodin couronné, à qui pourtant n'ont été épargnés autrefois ni le ridicule, ni les flatteries tarifées aux jours de sa puissance.

Louis Napoléon, qu'on se garde bien de le croire, n'est point un penseur; il a l'esprit borné, il ne connaît rien que superficiellement; il est opiniâtre dans ses désirs : pour les satisfaire, il risque tout. Son ambition n'a jamais eu pour mobiles le mérite et la vertu, mais la gloriole et la fourberie. La fureur de jouir le domine entièrement; il aime les courtisanes effrontées, les ovations policières et les parades militaires; l'orgie et la vue du sang flattent ses instincts.

Eh bien, cet être abject et malfaisant, au teint verdâtre, à l'œil sinistre, à l'âme vile, qui pendant les deux tiers de son existence traîna partout le nom fatal qui l'écrase, est enfin parvenu ; grâce à ses persistantes intrigues, à des complots audacieux, et surtout à la trahison combinée de la police et de l'armée, il a usurpé le pouvoir souverain. Assurément, avant Février, la France était loin de supposer que le reptile qui, dans l'ombre, la couvait d'un regard avide et sanglant, en ferait un jour sa proie.

CHAPITRE II.

PREMIÈRES ARMES DU PRÉTENDANT

Sommaire. — Louis Napoléon insurgé. — Histoire d'un écrin. — Les pompes du maréchal Lobau. — Départ pour Arenenberg. — Un prétendant homme de lettres. — Strasbourg et la caserne Finkmatt. — Odieuse comédie. — Louis Napoléon en Amérique. — Retour en Suisse. — Mort d'Hortense Beauharnais. — Ce qu'était cette femme. — Le roi de Rome et l'archiduchesse Sophie. — La Diète fédérale et le prétendant. — Expulsion du territoire helvétique.

C'est en vain que l'histoire les affirmera aux générations à venir ; les péripéties d'une pareille existence seront révoquées en doute ; jamais nos neveux ne pourront admettre les équipées odieuses et stupides de Strasbourg et de Boulogne. Que diront-ils du 2 décembre et de la honteuse capitulation de Sedan ?

En voyant l'homme du coup d'État juché sur un trône, on ne peut nier le proverbe qui dit que « tout bâtard est né coiffé. »

Personne n'ignore les mystères peu édifiants de sa naissance, et les hommes d'un âge mûr se rappellent encore les honteux démêlés à la suite desquels un frère tout-puissant imposa au roi Louis, prêt à divorcer avec éclat, la paternité du fils adultérin d'Hortense et de l'amiral hollandais Werhuel. Au reste, la fameuse scène du 4 mai 1849, entre Louis Napoléon et son compétiteur du Palais-Royal, — scène maladroitement plâtrée par le *Moniteur* d'alors, — suffirait pour dessiller tous les yeux.

Comment s'expliquer, en effet, cet amalgame d'impudence et de froideur, ce masque d'impassibilité recouvrant des passions si violentes, cette paupière bridée qui laisse percer obliquement de sinistres éclairs ; comment motiver ce caractère audacieux et résigné selon l'heure, sinon par le mélange du sang créole au flegme hollandais? Singulier jeu de la nature qui voulut composer ainsi d'éléments antipathiques l'homme à qui sa fourberie et son extravagance devaient un jour valoir une couronne.

Banni avec raison d'un pays auquel il n'appartient pas et où personne à coup sûr n'éprouvait le besoin de sa présence, ce héros vagabond et profondément oublié avait une irrésistible manie d'agitation et cherchait partout une renommée qui s'obstinait à le fuir. — En 1831, la Romagne se soulève contre l'autorité papale ; vite le futur assassin de la république romaine se met à la tête d'une poignée de patriotes et se jette avec eux dans Civita-Castellana, pour prendre bientôt la fuite à la nouvelle de l'approche des Autrichiens. Sa frayeur insensée l'amène jusqu'à Paris. Il demande au roi Louis-Philippe l'autorisation d'y séjourner quelque temps pour rétablir sa santé, altérée, disait-il, par les fatigues qu'il avait endurées. — Elle lui est noblement accordée.

Aussitôt installé chez la baronne de Salvage, veuve d'un colonel de l'Empire, il reçoit la visite de quelques grognards turbulents, qui viennent lui soumettre un plan d'insurrection. Comme l'argent lui manque pour acheter les organisateurs d'émeutes, très-nombreux alors à Paris, il a recours au procédé suivant, qui, à lui seul, dépeint toute sa perfidie. — Sa mère, femme astucieuse, qui l'accompagnait, avait apporté une magnifique parure; il la fait offrir à la reine Marie-Amélie, et, dans une lettre très-respectueuse, il lui explique son état de gêne momentanée, ajoutant qu'il ne faut rien moins qu'un tel motif pour le forcer à se séparer de bijoux si précieux. Il en fixe lui-même le prix à 300,000 fr. « Je serais heureux, disait-il en terminant, de les voir entre les mains d'une reine si digne de les posséder. »

Le roi Louis-Philippe, à la famille duquel il devait plus tard confisquer sa fortune héréditaire, et qu'on s'est efforcé de représenter comme si avare, renvoya l'écrin et donna sur sa cassette les 300,000 francs demandés.

Veut-on savoir quel noble usage Louis Napoléon allait faire de ce don généreux? — De ce même argent, il soldait la fameuse émeute bonapartiste devenue si célèbre par la manière réjouissante dont elle fut dispersée à l'aide des pompes à incendie par le maréchal Lobau.

Inutile de dire que le gouvernement de Louis-Philippe, instruit de ses menées, fit aussitôt sommer la reine Hortense et son digne fils de quitter immédiatement la France. — Avant de partir, Louis Napoléon protesta de son innocence et offrit même de servir le roi en Algérie ; mais celui-ci ne fut pas touché d'un tel dévouement. Ce fut alors que notre aventurier se réfugia en Suisse.

A peine arrivé au château d'Arenenberg, où sa mère s'était retirée, il apprend que Varsovie est en pleine révolte ; il ressent tout à coup des sympathies polonaises ; il court, traverse l'Allemagne, et ne s'arrête qu'en apprenant la défaite des insurgés.

Une révolution de palais couronne Dona Maria de Portugal : le Joconde politique offre aussitôt sa main à cette royale dulcinée ; mais elle a le bon goût de la refuser, et notre chercheur de trône enregistre un mécompte de plus.

Il feint alors, pour masquer ses complots, de ne s'occuper que de littérature ; en 1832, il publie ses *Rêveries politiques*, puis *les Considérations politiques et militaires sur la Suisse*. Un jour pourtant, il prend la résolution d'en finir. Il se sent chargé d'une mission providentielle ; elle doit s'accomplir. L'habit vert-pomme et le petit chapeau de *mon oncle* font peu d'effet sur les habitants du canton de Thurgovie ; mais en France, il se trouvera des cœurs plus sensibles à la magie de ces touchantes défroques. Des conciliabules s'organisent en secret ; quelques officiers subalternes et mécontents ne rougissent pas de chercher dans la trahison un espoir d'avancement. Voilà, avec quelques chauvins culottés, fanatiques et ambitieux, recrutés à grands frais, des complices tout trouvés. Le prétendant ne doute plus de rien, et, dans sa naïve témérité, il ne songe plus qu'à s'emparer d'une des premières places fortes de France, croyant, par une surprise, occuper la ville, entraîner la garnison et marcher sur Paris. Par malheur, ce beau plan avait des côtés faibles. Une vingtaine d'inconnus, une centaine de pièces d'or données à des soldats et une harangue ridicule ne suffisent pas toujours pour bouleverser un gouvernement en pleine paix. Les conspirateurs improvisés autour du fils de la reine Hortense étaient si sages et si sérieux qu'ils ne savaient pas même la route à suivre pour aller à la caserne Finkmatt, désignée par le prétendant comme base de ses opérations. La moitié d'entre eux s'égare ; le faux empereur en est réduit à se présenter seul devant un régiment de ligne. Aussi suffit-il d'une simple exclamation partie des rangs pour soulever les huées qui accueillent son discours. Bientôt le malencontreux prétendant, acculé entre le mur de la caserne et les chevaux du traître Vaudrey, se laisse lâchement empoigner et enfermer dans une cuisine en attendant un trône. Ses complices deviendront ce qu'ils pourront. Pour lui, jeté dans une chaise de poste, il est conduit à la préfecture de police et mis au dépôt comme un simple malfaiteur. Quelques jours après il part pour Lorient (1) et fait voile pour l'Amérique, le gouvernement ne daignant pas, cette fois, le prendre au sérieux ni lui accorder les honneurs d'un jugement en Cour des Pairs. — Toutefois, il écrit à Louis-Philippe pour faire amende honorable et rendre grâce à sa clémence ; puis il disparaît comme une ombre chinoise. Ceci se passait en 1836.

(1) Avant qu'il s'embarquât sur *l'Andromède* pour se rendre à New-York, où il devait rencontrer son digne cousin Pierre Bonaparte, le sous-préfet de Lorient lui remit 16,000 francs de la part de Louis-Philippe.

1.

Le président Dupin blâma sévèrement le chef du cabinet d'avoir arrêté le cours de la justice à la suite de la tentative de Louis Napoléon à Strasbourg. Son discours à la Chambre donna le coup de grâce au ministère Molé.

Nous allions oublier de mentionner un fait caractéristique. Trois heures avant la stupide tentative de la Finkmatt, Louis Bonaparte se recueille; il pense à sa mère en cet instant solennel, prend une plume, écrit *deux* lettres. L'une dépeint l'ivresse du triomphe et jette un cri de victoire; l'autre, tracée de la même plume, de la même main, au même instant, exprime l'abattement et confesse la défaite. Toutes deux sont confiées à un émissaire qui, selon que le conspirateur va *échouer* ou *réussir*, remettra à Hortense l'une ou l'autre missive. Or, que ce messager vienne à se tromper, et cette mère, dans une anxiété mortelle, devient le jouet ridicule de son fils : elle va se tordre de désespoir tandis qu'il marche vers un trône, ou laisser éclater son allégresse au moment où on le plonge dans un cachot.

Et ces deux lettres, il ne faut pas croire qu'elles soient désavouées, même par leur impérial auteur : il n'a pas rougi de les publier. Mieux que cent ans de règne, elles diront à la postérité ce que c'était que cet homme. Jouer devant sa mère, en cet instant suprême, une aussi atroce comédie, n'était-ce pas préluder à la fameuse séance où il devait jurer fidélité à cette constitution que, le 2 décembre, il allait percer de ses baïonnettes sanglantes ?

Ce fut un rire homérique dans toute l'Europe à la nouvelle de l'attentat de Strasbourg; la famille Bonaparte, elle-même, traita d'insensé l'auteur d'une pareille entreprise. Quant au fugitif, auquel sa monomanie tenait lieu de courage, il toucha à peine l'Amérique, où divers méfaits signalèrent sa présence.

Accusé d'avoir soustrait une montre ornée de sa chaîne dans une taverne de New-York, Louis Napoléon fut arrêté et écroué à la vieille prison de cette ville et n'en sortit que grâce aux démarches d'un solicitor qui se chargea d'étouffer l'affaire.

Payé d'ingratitude, l'homme de loi ébruita le fait dans les journaux yankees, et son client, criblé de dettes, se sauva des États-Unis, revint en Suisse, où Hortense, atteinte d'une maladie mortelle, expira le 3 octobre 1837.

Il faut avouer qu'auprès de sa mère, Louis Napoléon se trouvait à bonne école. Sachant bien que la cour de Vienne ne restaurerait point la dynastie napoléonienne au profit du roi de Rome, qu'énervait d'ailleurs l'archiduchesse Sophie, l'infâme Hortense dressait son fils aux pratiques les plus outrées du *culte impérial*. C'est par elle, en effet, qu'il apprit de bonne heure à se jouer des gens, à faire litière de son honneur et à se considérer comme notre futur souverain.

Dès lors, Louis Napoléon s'appliqua à poursuivre la réalisation de son idéal avec une patience à toute épreuve et un labeur de taupe.

Nous voudrions pouvoir passer sous silence certains faits relatifs à la vie politique et privée de sa perfide mère; mais, à force de corrompre le moral et l'intelligence de son élève, cette femme astucieuse a causé tant de maux à la France qu'on ne saurait trop flétrir sa mémoire.

Au reste, que devait-on attendre d'une Messaline qui, de l'aveu même de son époux, donna quatre pères à ses enfants?...

N'avons-nous pas eu la malechance d'assister à une discussion où l'amiral Werhuel, le comte Flahaut et le vieux Mocquard se flattaient d'avoir partagé les faveurs d'Hortense? Chacun d'eux s'attribuait la paternité de son dernier-né. Disons, toutefois, que leurs prétentions ne sont admissibles que dans l'ordre suivant :

En dépit du *Mémorial de Sainte-Hélène*, il est acquis à l'histoire que le premier Charles-Louis Bonaparte, mort à Paris, enterré à Saint-Denis et exhumé du tombeau de nos rois en 1814, est bien le fils de Napoléon Ier et de Hortense de Beauharnais. Aucun doute n'est permis à ce sujet puisque l'impératrice Joséphine encourageait ce commerce de peur d'être répudiée. Que Charles-Louis Bonaparte, deuxième du nom, mort à Forli, eut pour père l'ex-roi de Hollande (1); que Napoléon III naquit des amours d'Hortense et de l'amiral Werhuel, et que Morny fut le fruit d'une passion clandestine inspirée par le comte de Flahaut, à qui il ressemblait trait pour trait.

Quant à Mocquard, dont la belle jambe fit sensation à la cour d'Hortense, nous ne contestons pas la nature de ses relations avec sa royale maîtresse; mais au nombre de ses rivaux il convient d'ajouter une quantité de diplomates et de princes étrangers, car, après la chute de son *beau-père* et amant, celle-ci se mit

---

(1) Quoi qu'en disent les bonapartistes, ce n'est pas à une fluxion de poitrine occasionnée par la fatigue que succomba Charles-Louis Bonaparte.

à courir les antichambres et les camps pour ramasser quelques millions en échange de ses caresses. C'est ainsi qu'Hortense obtint 500,000 fr. du czar Alexandre Iᵉʳ, puis le duché de Saint-Leu érigé en apanage par le roi Louis XVIII. Ce monarque, malgré son impuissance, s'était épris de ses charmes et l'aurait fait divorcer pour l'épouser sans les représentations énergiques de l'archevêque de Paris et des principaux membres de la famille des Bourbons.

Mais n'allons pas plus loin. S'il fallait raconter les débordements de cette ménade, dix volumes ne suffiraient pas. — Revenons à son fils.

Les lauriers du grand homme faisaient rêver à ce point Louis Napoléon que, consultant moins ses moyens d'aptitude que ses désirs, il se livra sans relâche aux études mathématiques et à la science des Laplace et des Legendre. Bientôt, se croyant l'étoffe d'un grand tacticien, l'obscur prétendant se rendit au camp de Thunn et prit part aux exercices militaires ainsi qu'aux manœuvres des armes savantes. Là il se fit nommer capitaine d'artillerie au régiment de Berne, et citoyen de Thurgovie.

La résistance de la diète fédérale aux justes réclamations du cabinet de Paris, qui demandait son expulsion d'un pays où il recrutait des partisans pour une nouvelle tentative insurrectionnelle, faillit amener une guerre européenne.

Dans une lettre adressée à son chargé d'affaires, le ministère Molé réclamait ainsi l'exclusion du fils d'Hortense :

« Vous déclarerez au Vovort que si, contre toute
» attente, la Suisse prenant fait et cause pour celui

» qui compromet si gravement son repos, refusait
» l'expulsion de Louis Bonaparte, vous avez ordre de
» demander vos passe-ports. »

La conclusion suffisamment énergique de cette note souleva dans tous les cantons helvétiques d'ardentes protestations; mais Louis Napoléon, satisfait d'avoir fait naître un *casus belli* qui rehaussait sa chétive personne, écrivit au landaman pour le remercier de son attitude et lui déclarer qu'il préférait céder aux exigences du gouvernement français que de troubler la paix d'une nation à laquelle il devait l'hospitalité.

Cette lettre, véritable chef-d'œuvre de fourberie, mit heureusement fin au conflit; mais M. de Montebello, alors consul de Louis-Philippe en Suisse et futur sénateur de Napoléon III, doit encore se souvenir du zèle qu'il déploya en cette circonstance.

CHAPITRE III.

LA COUR DU PRÉTENDANT.

Sommaire. — Carlton-Gardens. — Le tripot impérial. — La chanteuse Gordon. — Le comte d'Orsay. — Le docteur Conneau. — Fialin de Persigny. — Sa brochure et les Pyramides. — Le tournois d'Eklington. — Le Wapping. — Les deux sœurs. — Dick-Moor et Sampaïo.

Forcé d'abandonner ses projets en Suisse, Louis Napoléon quitta furtivement Arenenberg, vint à Londres, prit un hôtel dans Carlton-Gardens et réunit autour de lui tous les débris de son expédition de Strasbourg que le jury d'Alsace avait absous.

Dès son arrivée à Londres, Louis Napoléon ne s'entoura plus que de courtisanes, de coureurs d'aventures, de grecs et de croupiers de tapis verts connus de toute l'Europe; gens sans vergogne et sans ressources qui, exploitant sa bourse et son nom, formaient déjà ce qu'on appelait par dérision la *Cour* du Prétendant.

Qu'on n'aille pas crier à la calomnie ; les faits que nous allons citer sont connus de toute la population de Londres, qui en fut le témoin et qui peut les attester.

Le prétendant d'alors, l'empereur déchu d'aujourd'hui, tenait tripot dans sa maison, où accouraient en foule les jeunes débauchés de la fashion britannique.

Louis Napoléon, un des premiers professeurs de *langue verte* de l'Europe, soutenait noblement sa maison, à l'aide des produits de la débauche et des escroqueries commises par les grecs attachés à sa personne.

La table était toujours somptueuse, son service nombreux, il comptait quarante cuisiniers et marmitons; tout cela était placé sous la direction d'un certain Léon Cuxac, le même qui par la suite devint son premier valet de chambre au Tuileries.

Les jours de gala, lorsque les convives, fatigués du jeu et dégoûtés de la table, laissaient entrevoir au moderne Trimalcion les premières atteintes du spleen, il mandait le fournisseur de ses plaisirs.

« Léon, disait-il, la société s'ennuie ! nous allons
» perdre notre soirée ! Il nous faut retenir nos hôtes.
» Mettez sur pied tous les gens de ma maison. Faites
» parcourir Piccadilly, Regent-Street et le Strand, et
» qu'on m'amène une cinquantaine des beautés les
» plus propres et les plus fringantes que l'on pourra
» trouver. »

L'ordre à peine reçu, Léon courait aux offices, aux cuisines, et lançait toute la valetaille à la piste des prostituées dans Londres. — A leur retour, une folle orgie s'organisait et les passants attardés pouvaient entendre les chants et les cris de cette tourbe, délirante d'ivresse et de luxure.

Quand l'orgie avait suffisamment réveillé l'assistance, on renvoyait les Phrynés à leurs carrefours et l'on passait aux tables de jeu. Là, les adroits floueurs du *Cercle impérial* plumaient aisément des victimes qu'une double ivresse avait énervées.

Écuyer cavalcadour du prétendant, le comte d'Orsay se trouvait, sans le savoir, complice de toutes ces infamies et dupe lui-même des Macaires et des Wormspires qui environnaient *Son Altesse*; il était encore à l'occasion son bailleur de fonds, car il signor Rapallo, banquier de la cour *in partibus*, n'avait pas toujours de quoi faire la première mise afin d'entraîner le jeu.

Les revenus du prétendant s'élevaient pourtant à 160,000 fr., somme assez considérable, il faut l'avouer; mais il y a des dévouements dont le prix est si cher! Aussi l'épargne était-elle insuffisante; de là les moyens étranges auxquels il avait recours pour soutenir sa maison.

A Carlton-Gardens brillaient, parmi les plus fervents admirateurs du culte impérial, le commandant Parquin, espèce de grognard mal léché qui, en France, avait brûlé ses vaisseaux, et que son rôle aux assises de Strasbourg avait rendu fameux; le docteur Conneau, fidèle Achate, initié, dit-on, à de tristes secrets, mais ami dévoué de la famille et plus préoccupé de la santé que de l'ambition de son aventureux client; la chanteuse Gordon, tour à tour aimable compagne ou complice quasi héroïque, selon que le prince semblait disposé à aimer ou à conspirer; enfin le petit Fialin, dit de Persigny, qu'un congé dans les hussards n'avait pu faire parvenir jusqu'à l'épaulette. — Deux mots sur ce personnage.

Remuant, ambitieux, élevé par charité, une simple lettre de recommandation lui avait ouvert les portes du château d'Arenenberg. Gentilhomme imaginaire, aristocrate par instinct, Fialin aurait beaucoup mieux aimé servir le prétendant de Frosdhorff que celui de Carlton-Gardens. Si le hasard en a décidé autrement, cela a tenu à bien peu de chose. Toutefois, au sein de cette singulière cour, qui n'était pas très-blasonnée, il se considérait comme en mauvaise compagnie, ce qui était fort amusant à voir.

Là n'était pas son seul travers : il avait fait un livre tout exprès pour démontrer comme quoi *les Pharaons n'ont élevé les Pyramides d'Égypte que pour faire obstacle au simoun* (1); livre qui dès son apparition avait

---

(1) L'opuscule en question, très-rare aujourd'hui, a été publié à Paris en 1845, sous la signature de Fialin de Persigny, et porte ce titre :

De la destination et de l'utilité permanente
DES PYRAMIDES D'ÉGYPTE
contre les irruptions sablonneuses
du désert.

La thèse soutenue par l'auteur a été ainsi réfutée :

« 1° Les pyramides d'Égypte sont éloignées l'une de l'autre de
» 5 à 600 pas, et celle de Sakkarah l'est plus encore de ses voi-
» sines. Il en résulte un effet contraire à celui que M. de Persigny
» prête aux pyramides : la violence des vents est accrue par le rap-
» prochement des obstacles (car cinq à six cents pas ne sont rien à
» côté du désert), et, en outre, le sable tend toujours à s'accumuler
» dans les gorges.

» Le sphinx, qui cependant compte des dimensions respectables :

» 90 pieds de large,
» 74 » de haut,
» 27 » du menton au sommet,

» a été ensablé jusqu'au cou. »

Cette conclusion, faite à propos *de la destination* des monuments de l'antique Memphis, détruit complétement la version de M. de

obtenu, dans le monde savant, un succès de fou rire. Heureusement, l'avenir réservait à ce jeune conspirateur d'amples compensations dans la carrière politique.

Pendant son séjour en Angleterre, Louis Napoléon ne manquait jamais l'occasion de se mettre en évidence. Il se faisait saluer au théâtre, à la promenade, comme un haut et puissant personnage. Sa pléiade d'aventuriers le vantait aux courses, aux clubs, aux meetings, et il avait acheté le droit d'insertion pour ses réclames dans les petits journaux de la Cité. Partout, il cherchait à faire parler de lui, et c'est dans ce but qu'on le vit figurer dans la plus ridicule mascarade qui se puisse imaginer.

La châtelaine d'Eklington, très-éprise, paraît-il, des festes et coustumes du moyen âge, et comptant les ressusciter, eut la fantaisie de convier à un carrousel toute l'aristocratie britannique. Ses hérauts d'armes ayant recruté quelques jeunes baronnets qui, par hasard, voulurent bien parodier le célèbre camp du Drap d'or, le lieu et le jour du divertissement furent annoncés à son de trompe.

« Donc s'ouvrit le champ au pied des murailles du vieux manoir d'Eklington et dressés échafauds tout à l'entour où vinrent nobles dames et pucelles alléchées par le grand renom et belles mines des tenants du tournoi. . . . .

Ceux-ci, bardés de fer, montés sur destriers capara-

Persigny. Quant à leur *utilité permanente*, l'idée du noble vicomte semble moins raisonnable que celle d'un industriel qui proposait au khédive de louer ces vastes pyramides pour y coller des affiches.

çonnés et précédés de pages ou écuyers portant bannières héraldiques et écus armoriés, entrèrent en lice et combattirent moult bien d'estoc et de taille. » Mais, au moment où le prix de la joute allait être décerné au plus vaillant, un gentilhomme étranger, revêtu d'une armure noire, se présenta aux portes de l'arène en criant : Montjoie ! Saint-Denis !

Angleterre et Saint-Georges ! répondit aussitôt celui à qui le survenant venait disputer l'écharpe d'honneur que gente damoiselle allait lui passer en sautoir.

Sus à la rescousse ! — Les deux preux s'élancèrent à fond de train et brisèrent plusieurs lances aux applaudissements des spectateurs. Enfin, après de brillantes passes d'armes, le chevalier noir désarçonna son adversaire et fut proclamé vainqueur.

— Qui es-tu, beau seigneur ? demanda-t-on à ce dernier qui gravissait l'estrade pour venir réclamer le gage de sa valeur.

Alors le héros leva la visière de son casque et ploya le genou devant la suzeraine d'Eklington.

Point n'est besoin de dire au lecteur que le chevalier noir et le prétendant ne faisaient qu'un seul et unique personnage.

Tout fier de cette prouesse, Louis Napoléon repartit pour Londres et reprit ses habitudes de viveur-conspirateur.

L'anecdote qui va suivre a été racontée à Genève par Mme de Solms-Ratazzi, cousine de Louis Napoléon. Elle a trait à une certaine miss Howard que le prince voulait nous donner pour impératrice et qu'il avait tirée tout exprès du Wapping, quartier infect, habité par la plus infâme population de Londres.

Une description de l'endroit offrirait peut-être ailleurs quelque intérêt, mais serait ici superflue. — Toutefois, il importe de savoir que l'élite des malfaiteurs de la Cité a établi là une sorte de bourse où l'on spécule journellement sur le vol et le crime ; — que des actions émises par des sociétés en commandite y ont cours et font prime comme des valeurs sérieuses, et qu'il suffit que les affaires échouent ou réussissent pour déterminer soit la baisse ou la hausse.

La police, qui n'y peut rien, ne s'aventure guère dans ces tavernes peuplées de filous, d'étrangleurs et de prostituées ; aussi est-il imprudent de s'y hasarder. Parfois même, les marins, attirés dans ces repaires du crime et de la débauche, y sont dépouillés en plein jour de l'argent qu'ils rapportent de leurs voyages. Enfin l'alderman de ces parages repêche tant de cadavres d'inconnus dans la Tamise qu'il se borne à constater ainsi les décès : — Mort par la visitation de Dieu !

Voilà dans quel milieu moral Louis Napoléon fit la conquête de miss Howard.

A peine l'eut-il aperçue dans le bouge où elle était entourée de brigands, qu'il s'écria :

— Quelle ravissante créature ! je m'étonne qu'une pareille perle soit égarée dans ce fumier !

— Attention, prince, répondit Mocquard, qui l'accompagnait ; cette jolie petite fille n'est sans doute qu'une sirène, et vous savez combien elles sont dangereuses dans ce pays.

— Sois tranquille, mon bon, j'ai prévenu le surintendant de police de notre excursion, fit le prétendant ; mais j'espère que nos costumes de matelots nous protégeront tout autant que ses *detectives*.

— Ainsi Votre Altesse ne craint pas de courir les risques d'une bonne fortune dans ce *bogding-house?*

— Il y a longtemps que je désire m'initier aux mœurs du monde interlope. Rien ne forme mieux un prince que de connaître ce qu'on appelle les bas-fonds de la société.

— L'étude en est souvent périlleuse, répliqua le secrétaire intime, peu rassuré à la vue du public de l'établissement.

Master Dick Moor, le tavernier, flairant d'excellentes pratiques, leur demanda d'une voix rude ce qu'il fallait servir.

— Du porto! répondit le prince en faisant de l'œil à la jeune miss, dont la gentillesse le captivait.

Celle-ci, qui causait avec un mulâtre d'une taille gigantesque, s'approcha de la table occupée par le prince et son confident.

— Veux-tu t'asseoir auprès de moi, belle enfant? dit le prince.

— Volontiers! mais il faut inviter ma sœur.

— Pourquoi pas?

— Allons, Maria, fit Élise, c'est-à-dire miss Howard, viens boire à la santé de ces messieurs.

— Chacun la nôtre, dit le prétendant à Mocquard.

Dick Moor apporta une bouteille et des verres, puis s'éloigna en chuchotant avec le mulâtre Sampaïo qui était alors l'amant de miss Howard.

Cette dernière entrait dans sa quinzième année, mais elle était précoce; il suffisait qu'un coquin lui plût, ou qu'un visiteur du bogding-house y mît le prix pour en obtenir ce qu'il voulait. Cependant il fallait se défier de ses doigts, car on l'avait si bien dressée au vol, que les meilleurs pick-pockets n'auraient pu enlever une bourse ou une montre avec autant de dextérité.

La jalousie de Sampaïo éclatait dans ses regards chaque fois qu'il soupçonnait une infidélité, mais d'un signe sa maîtresse le calmait. Le rascal avait sans doute compris ce qui allait se passer entre elle et le faux matelot, car, ce soir-là, il s'en alla vider dans un coin plusieurs potées d'*aff-naff*. Et tout en grommelant, il veillait et se tenait prêt à jouer du couteau dès que l'occasion s'en présenterait.

Ce que prévoyait Sampaïo ne pouvait manquer d'arriver.

Tout aussi paillard que son maître, Mocquard était néanmoins plus prudent. Il s'amusait beaucoup du babil et des espiègleries de la petite Maria; mais de peur de s'attarder dans ce bouge, l'idée lui vint de consulter sa montre.

On devine qu'elle avait disparu de son gousset et que sa bourse en était aussi absente.

La surprise lui fit pousser une exclamation que le prince répéta en se palpant à son tour :

— Nous sommes dévalisés, firent-ils en regardant les péronnelles qui s'esquivaient lestement.

— Vite! rendez-nous ce que vous avez pris, dit Mocquard, en essayant de les poursuivre.

Un formidable éclat de rire retentit dans la salle, et le mulâtre ouvrant son couteau bondit sur les étrangers.

Tout à coup un individu, armé d'un petit bâton noir, monta sur une banquette en disant : Je suis constable ! malheur à qui touchera ces deux gentlemen.

Cette apparition imprévue causa une certaine stupeur parmi l'assistance ; mais il était visible que Sampaïo et quelques bandits de sa trempe se souciaient fort peu de l'intervention du policeman.

Cet homme, gardant son sang-froid, s'adressa directement au maître du bogding-house.

— Tu dois me connaître, Dick Moor ! Eh bien, je vais te mettre en charge et faire une rafle générale dans ta taverne, si les objets dérobés à ces honorables gentlemen ne leur sont pas restitués sur-le-champ.

Dick Moor voulut en vain décliner la responsabilité du larcin qu'on venait de commettre chez lui ; le constable ayant ajouté qu'une escouade de policemen n'attendait que son signal pour cerner le bogding-house, il exhorta Sampaïo et ses acolytes à rester tranquilles de crainte d'une mauvaise affaire.

Le mulâtre murmura bien un peu avant de céder aux instances du tavernier et aux menaces du constable. Quant aux deux sœurs, on eut du mal à leur reprendre ce qu'elles avaient si lestement escamoté. Toujours est-il que la crainte d'être arrêtées et conduites à Newgate pour y tourner la roue, exercice peu récréatif, qu'Élise et Maria connaissaient par expérience, les fit réfléchir.

Donc, l'affaire s'arrangea à la grande satisfaction du prétendant qui, n'ayant point de préjugés, n'en devint que plus épris de sa voleuse et l'enleva du Wapping pour la conduire ce soir-là dans un petit hôtel du Strand.

L'ayant décrassée, renippée, Louis Napoléon donna une gouvernante à Élise et pourvut à son entretien. Mais il resta impénétrable pour elle et sut cacher cette fredaine à la Gordon.

Jusqu'à ce que l'expédition de Boulogne les séparât, Élise reçut journellement la visite de son protecteur, et de ce commerce naquit un garçon dont la sirène accoucha neuf ou dix mois après l'entrevue du Wapping. Ce garçon avait tout le facies de son père et devint par la suite un triste sujet. Quant à la jeune miss, qui ne savait ce qu'était devenu son entreteneur, elle courut à de nouvelles amours et bientôt elle se lança dans la haute bicherie britannique.

La terrible cousine du prétendant ne tarissait pas en récits sur la vie scandaleuse qu'il menait. On lui doit de savoir que le rival de Sampaïo, le paladin d'Eklington, fut encore policeman et assommeur de chartistes.

CHAPITRE IV.

LE CLUB DES CULOTTES DE PEAU.

Sommaire. — Le marquis de Crouy-Chanel. — *Le Capitole*. — Les Sociétés secrètes. — M. de Brunow. — L'alliance russe. — Mauguin et *le Commerce*.

Nous nous sommes abstenu, dans la notice précédente, de citer le reste des comparses de la Cour du prétendant, mais, il faut le dire, tous étaient stimulés par leur zèle et par un état de pénurie que les dernières aventures n'avaient fait qu'augmenter.

Les choses en étaient là, et une grande impatience d'agir animait toute cette méprisable coterie, lorsque, se ravisant, le prétendant se mit à modifier ses plans. Décidément, les conspirations militaires ne lui réussissaient pas; il l'avait appris à ses dépens. Il fallait donc, pour le moment du moins, renoncer aux coups de main, et tenter une autre voie où l'habileté fût plus utile que l'audace. Mais pour adopter cette nouvelle tactique, il fallait des instruments nouveaux, et le prince cherchait vainement dans son entourage l'homme que réclamait la situation, lorsque la Providence lui envoya un personnage qui semblait fait tout exprès pour jouer le rôle vacant. C'était un marquis, s'il vous plaît, porteur d'un beau nom, homme d'initiative et fertile en expédients, diplomate fantaisiste, dont la monomanie consistait à se faire l'agent de toutes sortes de négociations princières. Insinuant et souple, M. le marquis de Crouy-Chanel (1), puisqu'il faut le nommer, se distinguait par une vigueur de locomotion qui tenait du prodige. C'était la vapeur faite homme ; toujours le sourire aux lèvres, ne dédaignant personne, parlant à chacun sa langue et ne se rebutant jamais, on comprend quel précieux concours un tel adversaire devait apporter à la cause qu'il servait (2).

Son aptitude spéciale ne pouvait manquer de porter ses fruits : aussi, le nom du marquis s'est-il rattaché constamment à des entreprises occultes, ayant pour unique but des emprunts, des complots, des restaurations ; toutes choses que, par en bas, on nomme tripotages, mais qui, dans les hautes régions, changent de nom, et pour lesquelles il faut des vertus qu'on appelle vulgairement la dissimulation et l'audace.

A l'arrivée du marquis, tout change et la conspiration bonapartiste permanente entre dans une phase nouvelle. Crouy-Chanel déroule son plan ; on l'agrée. Ses idées sont larges : il faut agir sur l'opinion, tendre la main aux mécontents, s'allier aux républicains, faire des avances aux légitimistes, et surtout instituer

(1) Descendant des Arpad, anciens rois de Hongrie.
(2) Ce chapitre et celui qui suit ont été tirés du dossier de Boulogne, dont Louis Napoléon s'empara dès son arrivée au pouvoir, ainsi que des treize cartons renfermant son carnet et les rapports secrets déposés aux archives. — Une partie de ces documents a disparu.

une propagande *napoléonienne*! Un journal est nécessaire; ce sera l'étendard autour duquel on ralliera les dévouements acquis et les sympathies chancelantes; ce journal s'appellera *le Capitole*.

L'apparition de ce journal faillit être funeste à la cause impériale. Le comité bonapartiste de Paris, indigné de ne pas avoir été consulté, dépêcha à Carlton-Gardens une députation à *Son Altesse* (c'est ainsi que les vieilles Culottes de peau appelaient le prétendant) pour lui représenter les dissensions que le nouvel organe va faire surgir au sein du parti, car on n'adoptait pas entièrement les principes et la propagande du rédacteur en chef du *Capitole*. — Cette démarche connue de Crouy-Chanel ne l'impressionna nullement. Il avait reçu quelques jours avant les titres qui lui garantissaient l'entière propriété du journal.

Le parti bonapartiste se trouva alors divisé en deux camps. D'un côté se tint sous la protection de Persigny, devenu l'*Alter ego* de *Son Altesse*, un groupe hybride composé de grognards et de veuves d'officiers de l'Empire; il fallut, pour lui donner quelque consistance, le concours tout-puissant de la Gordon, que les exigences d'une correspondance confidentielle entraînèrent à Paris. Au sein du camp opposé s'éleva orgueilleusement *le Capitole*, édifié par les mains de Crouy-Chanel qui, fidèle à son programme, recruta des auxiliaires jusque dans les sociétés secrètes et ne recula devant aucun sacrifice pour se les attacher. Quant au journal lui-même, il eut pour rédacteurs un bizarre assemblage d'écrivains plus ou moins véreux, parmi lesquels se distingua un sieur Charles Durand, dont la physionomie mérite quelque attention.

Ce bonhomme, sous son front chauve, abrite un génie spécial pour l'intrigue ; sauf la désinvolture, c'est le Figaro du parti. Jadis, il a donné des leçons de français dans Saint-Pétersbourg et son habileté, jointe à de belles protections, le conduit tout doucement aux pieds du trône où son adulation a su plaire. Sa position de rédacteur du *Capitole* en fait le principal instrument d'une correspondance mystérieuse, où, sous des pseudonymes grotesques, de hautes ambitions cherchent à se prêter un mutuel appui. L'une demande une couronne avec la frontière sur le Rhin, que lui ont ravie les traités de 1815; l'autre veut régner sur le Levant et trôner à Constantinople. Les lettres se succèdent aussi nombreuses qu'explicites, authentiques, d'ailleurs, puisqu'elles ont passé depuis sous les yeux de la justice, mais cruellement compromettantes pour l'héritier de l'empereur Napoléon.

Mais qui peut prévoir l'instabilité des choses d'ici-bas? Ce czar farouche, cet ours du Nord, contre lequel on devait un jour épuiser toutes les formules d'anathèmes et sur qui l'on a déchaîné l'armée, la presse et le peuple, — c'était alors un glorieux et puissant monarque, dont il fallait à tout prix s'assurer le concours.

« Je veux bien (écrivait, le 14 août 1849, le préten-
» dant Louis Napoléon au marquis de Crouy-Chanel)
» qu'une grande puissance m'adopte et me relève,
» mais moi adopter une puissance étrangère! Je me
» perds! » Ce qui prouve la complicité d'action du neveu de l'Empereur avec les agents russes attachés à sa cause, c'est qu'il écrivait, à la date du 22 mai de la même année, à Crouy-Chanel : — « J'ai lu avec

2.

» plaisir la lettre de Charles (Durand) à Orloff et je l'ai
» envoyée tout de suite. »

Or, celui qui formulait un désir si nettement exprimé avait précisément à Londres des conférences secrètes avec le comte Orloff. Ce dernier, comme on l'a vu depuis, était le confident de la pensée la plus intime du czar. Et tel était le besoin *d'adoption* qu'on éprouvait à cette époque, qu'on aspirait à la main de la grande-duchesse Olga, la fille de ce même ours du Nord, qui plus tard devait organiser un blocus matrimonial, d'où le bloqué ne devait sortir que par un coup de tête dont le scandale amusera longtemps les cours européennes.

Mais il faut repasser le détroit. Tandis que la coterie des grognards des deux sexes s'essouffle dans le vide et n'aboutit qu'à recruter des gardes champêtres et des invalides, la phalange commandée par Crouy-Chanel marche activement; elle agit simultanément à Pétersbourg, à Londres et à Paris. Nous venons d'apercevoir au dehors son action secondée par Charles Durand; en France, le marquis se multiplie et revêt toutes les formes pour créer des prosélytes à la cause impériale. Ici, c'est M. Thiers qu'il cherche à circonvenir jusque sous la tente où ce petit Achille boude un souverain ingrat; là, il ose aborder M. Berryer, représentant officiel de la cour de Frohsdorff; il tâte l'orateur Odilon Barrot, dont la vertu n'a rien de farouche, et descend jusqu'à Mauguin, dont la plume acerbe pourrait, au besoin, rivaliser avec celle de Timon. — Malheureusement, ces nobles efforts sont mal récompensés; l'œil pénétrant de Thiers voit déjà luire le 1er mars; Berryer n'a point d'antipathies prononcées, mais le prétendant impérial ne serait pour lui qu'un pis-aller. Quant à Mauguin, quoique avide et besoigneux, il recule pour mieux se vendre plus tard.

Ces échecs n'ébranlent point le zèle du marquis; seulement, il ira chercher moins haut des alliances plus énergiques et surtout plus puissantes sur les masses. Les Pornin, les Vachez, les Delente, les Caillaud, les Chapuis, les Dorgale, etc., chefs de sociétés secrètes, ne sont pas à dédaigner pour un conspirateur. Aussi le marquis se met-il en rapport avec eux, et Dieu sait que de litres et de petits verres il se résigne à vider dans l'arrière-boutique de la veuve Pépin, à la place même où Fieschi s'est assis; que de *napoléons* sont échangés sur le comptoir plébéien du faubourg Saint-Antoine! Il est vrai que, tout en trinquant à la chute du roi Louis-Philippe, les *frères et amis* font parfois la grimace; le nom que le marquis voudrait populariser n'a jamais été bien sympathique aux républicains d'aucune époque. Cependant ils consentent à fonder une association *fraternelle* et répandent dans le parti un ordre du jour rédigé par le marquis, annonçant la grande fusion du parti démocratique avec les bonapartistes. Nous reproduisons les principaux paragraphes de ce précieux document :

ASSOCIATION FRATERNELLE.

Ordre du jour.

« Frères,

» Un proscrit, le neveu de Bonaparte, *nous a de-*
» *mandé l'affiliation*. Des patriotes éprouvés vous ont
» annoncé que le *conspirateur de Strasbourg avait re-*

» *noncé à toute idée d'ambition personnelle;* qu'il n'avait
» qu'un désir, *celui d'offrir un soldat de plus à la dé-*
» *mocratie.* Louis Bonaparte veut, comme nous, frères,
» le suffrage universel, *la liberté de la presse, la liberté*
» *d'association.* Il brûle comme vous *de déchirer les*
» *infâmes traités de 1815 et de pouvoir en jeter les*
» *morceaux à la face de l'étranger.* Il vous offre un en-
» semble, une harmonie d'efforts dans l'action, dans
» la lutte qui doit vous mener au but, au renversement
» de Louis-Philippe. *Lui et ses amis ne vous failliront*
» *pas.*

» Et que ferez-vous, frères, lorsque cet heureux
» jour arrivera? *Vous ouvrirez les portes de la patrie à*
» *un exilé, à un homme qui ne demande aucune chose*
» *que le titre de citoyen libre, à un homme qui ne veut*
» *être, comme vous, qu'un ouvrier de l'œuvre d'affran-*
» *chissement universel.* »

Plus défiants que les membres du comité de l'*Association fraternelle*, les chefs de sections, dans les réunions, jettent des cris de fureur à la lecture du manifeste démocratico-impérial et menacent de mettre ses rédacteurs au ban du parti. Pornin et Delente, effrayés, se retirent du comité; les autres membres se rangent aussitôt à leur exemple, et le pauvre marquis, à qui la coterie de Carlton-Gardens reprochait ses accointances faubouriennes, en est pour son temps perdu et ses titres *à seize.*

Un malheur ne vient jamais seul. Ne voilà-t-il pas que la fatalité qui s'attache aux conspirateurs de cabaret frappe sans respect la propagande impériale et qu'un beau matin la police tombe chez Crouy-Chanel, où elle n'a qu'à mettre la main sur de volumineux dossiers, soigneusement classés et étiquetés comme dans une étude de procureur.

Voyez l'ingratitude ! A cette nouvelle, le camp des hermaphrodites crie à la trahison ; le marquis, dont l'étoile pâlissait à Londres, a voulu se venger ; il y a là-dessous quelque perfidie. Haro sur le marquis ! la petite cour fait écho, elle s'indigne. rompt avec éclat; et le pauvre Crouy-Chanel est mis à l'index.— Dévouez-vous donc aux prétendants !...

Ailleurs, l'alarme n'est pas moins chaude. M. de Brunow, l'ambassadeur russe à Paris, qui sait trop à quoi s'en tenir sur la nature des lettres saisies chez le marquis, reçoit l'ordre de les ravoir à tout prix et se consume en démarches pour étouffer l'affaire. Mais déjà l'instruction marche; les témoins ont parlé et les pièces ont passé sous les yeux d'un austère magistrat, qui tient à sauvegarder l'éclat d'un nom déjà célèbre au Palais.— Ah ! si du moins on en pouvait soustraire quelques-unes, celles surtout où l'alliance franco-russe est si bien préparée.

Heureusement, il est avec le ciel des accommodements, il en était même alors avec la justice, dont le chef aspirait à la simarre. Bref, M. de Brunow parvint à ses fins.

Cependant la camarilla de Londres, où le Persigny et la Gordon n'attendaient que la disgrâce du marquis, ressaisit enfin les rênes de l'*État*. Mauguin, avec qui l'on s'entendait, livra pour une bagatelle (comme qui dirait un demi-million) le journal *le Commerce*, lu par la bourgeoisie, mais dont la valeur réelle n'atteignait pas la dixième partie de cette somme.

Ainsi s'expliquait la vertueuse résistance de l'avocattribun aux séductions du marquis, qui s'était tenu dans les prix doux. Puis on régénéra *le Capitole*, dont l'entretien avait coûté des sommes folles; mais le choix des nouveaux rédacteurs ne fut pas tellement heureux que l'on ne pût remarquer parmi eux le gros Justin, ex-associé d'Émile de Girardin dans les mines de Saint-Bérain,—restaurateur de la correspondance étrangère; —factotum de la loterie des Lingots d'or, et mort enfin propriétaire du *Dîner de Paris*. Les autres étaient à l'avenant.

Telle était la situation de Paris vers les premiers jours de 1840. A Londres, les affaires marchaient aussi, mais dans l'ombre. A l'aide de notes qu'envoyaient les affiliés, on y préparait les éléments du futur empire qui devait nous rendre si heureux.

CHAPITRE V.

L'AFFAIRE DE BOULOGNE.

Sommaire. — Le trésorier Rapallo. — L'incorruptible Magnan. — Débarquement de Boulogne. — Louis Napoléon assassin. — César et sa fortune. — M. Pasquier et le prétendant. — Louis Napoléon culotteur de pipes. — Au fort de Ham. — Loisirs de la captivité. — Badinguet le maçon.

A travers les péripéties de ce gouvernement pour rire, le temps marchait toujours et l'argent s'épuisait. Les partisans de l'empire n'étaient pas riches, encore moins généreux, on le sait; or, des sommes fabuleuses avaient été empruntées à divers titres et rapidement dissipées. Le grand trésorier de la cour, il signor Rapallo, était sur les dents. — C'était pourtant un homme de ressources que ce Rapallo. Depuis longtemps, un pied dans la Cité et l'autre dans Regent-Street, cet industriel, banquier à la manière dont Crouy-Chanel était diplomate, avait le talent suprême de battre monnaie, mais pour le coup il était aux abois et la caisse se trouvait vide; fâcheuse extrémité pour des conspirateurs.

On venait d'entrer dans une année nouvelle et l'on

commençait à s'apercevoir que les efforts du comité napoléonien, *le Capitole*, *le Commerce*, ni même l'alliance russe n'avaient fait avancer les événements d'un pas. Louis-Philippe continuait de régner, M. Thiers rentrait au cabinet; les dévouements douteux se tenaient dans une sage réserve, pourvus de hauts emplois qu'ils ne voulaient risquer que pour des positions meilleures. Tout cela s'éternisait; il fallait en finir, car le *statu quo* était la pire des conditions. Fatigué de toutes ces intrigues sans issue, Louis Napoléon en revint à son penchant naturel et résolut d'agir.

Justement Louis-Philippe venait de ressusciter maladroitement le chauvinisme en envoyant chercher à Sainte-Hélène les cendres d'*un oncle* dont le nom, fatalement populaire, constituait le seul point d'appui du prétendant. Il n'en fallait pas plus pour achever de lui tourner la tête. Dès cet instant, une nouvelle expédition fut résolue. Louis Napoléon porta ses vues sur les départements du Nord et du Pas-de-Calais. Magnan, qui commandait à Lille, fut sondé par M. de Messonan (1); le colonel Husson, à Saint-Omer, se montra peu rétif; tous deux firent une réponse équivalente à ces mots : « Commencez, nous suivrons. »

Trop confiant dans cette adhésion, Louis Napoléon fit des préparatifs; c'est alors que Rapallo et le comte d'Orsay battirent la campagne; ils firent tant par leurs connaissances dans toute la gentry anglaise, ils surent si bien propager l'enthousiasme dont ils étaient animés

---

(1) Le colonel Messonan proposa à Magnan 100,000 fr. comptants, et 300,000 fr. que le prétendant devait déposer chez un notaire désigné par le général.

pour le neveu de l'Empereur, qu'ils lui gagnèrent jusqu'à des lords influents. Un d'eux même, enchanté des folies de Louis Napoléon, lui fit don d'une assez forte somme. Mais ce qui rétablit tout à fait les finances de notre aventurier, ce fut l'abandon par Rapallo d'une somme considérable en bons de l'Échiquier, dérobés à la Banque de Londres. La source de cet or était, comme on le voit, assez impure; mais la fin justifie les moyens et le succès purifie tout...

Louis Napoléon n'a jamais reculé devant les moyens scabreux, — il est même probable que s'il eût réussi comme au 2 décembre par un procédé analogue, il eût restitué à Rapallo la somme frauduleusement soustraite, ce qui eût épargné à celui-ci une flétrissure judiciaire.

Rapallo fut donc chargé de fréter un bâtiment à vapeur; on y embarqua une quarantaine de cuisiniers, de palefreniers et domestiques, sous prétexte d'une partie de pêche; une fois à bord, le punch et le champagne achevèrent ce qu'une ruse grossière avait commencé. — Déguisés en soldats français, nos conquérants, le prétendant en tête, débarquèrent le 6 août 1840 sur la plage de Boulogne. Mais là, comme à Strasbourg et à Sedan, il était écrit que l'imprévoyance perdrait tout.

Il faisait grand jour quand cette poignée d'insensés à moitié ivres se mit en marche, précédée d'un drapeau tricolore et d'un aiglon vivant, dressé tout exprès pour la circonstance à venir se percher sur le chapeau historique dont l'un des coins recélait un petit morceau de viande. Sur quoi Persigny, Parquin et le vieux Montholon criaient au prodige et disaient à la foule étonnée : « Voyez ! l'aigle lui-même l'a reconnu ! »

Hélas ! on n'allait plus cette fois se voir cerné dans la cour d'une caserne : on allait fuir au premier coup de feu sans se retourner et se faire empoigner barbotant dans quatre pieds de fange. Mais là aussi, on s'adresse à l'armée. — Car pour Louis Napoléon, le peuple c'est l'armée, et là encore il suffit d'un homme fidèle à l'honneur pour faire avorter une tentative criminelle que la corruption avait de longue main préparée.

A la vue de son capitaine, la petite garnison de la ville n'hésite plus ; elle repousse des propositions indignes ; le prétendant, voulant frapper un coup décisif, fait feu sur ce brave officier ; la balle de l'assassin vient briser la mâchoire d'un sergent sous les armes. — Pour ce crime seul, Louis Napoléon méritait d'être fusillé.

Les chefs de la garde nationale, voyant faiblir la troupe, marchent aux insurgés et commandent le feu. La fusillade oblige ces derniers à fuir vers le rivage. C'est un sauve-qui-peut à faire mourir de rire. On fuit pêle-mêle et sans la moindre étiquette ; le futur empereur n'est pas des derniers : il se jette dans un canot pour échapper aux balles des soldats-citoyens ; mais Persigny l'a rejoint à la nage et fait maladroitement chavirer l'esquif qui portait César et sa fortune.

Louis Napoléon allait, hélas ! disparaître à jamais dans les flots lorsqu'un douanier le saisit *par les cheveux* et le dépose tout ruisselant dans sa barque. Les fugitifs, y compris leur infortuné chef, furent ramenés à terre, confinés tout grelottants dans le bureau des douanes et bientôt conduits au château sous bonne escorte.

Qui eût dit alors, en voyant passer le plus piteux des prétendants, que douze ans plus tard il viendrait parodier contre la Russie le grand drame du camp de Boulogne ?

Cette persistance de Louis Napoléon à venir troubler l'ordre et la tranquillité dans un pays qui n'avait pour lui aucune sympathie, ne permit pas au roi Louis-Philippe de lui pardonner une seconde fois ; il fut donc amené à Paris et enfermé à la Conciergerie.

Traduit quelque temps après devant la Cour des Pairs, il eut l'impolitesse de se présenter la tête couverte devant ses juges.

« Otez donc votre chapeau, jeune homme ! » lui dit le grand chancelier. Le futur empereur, baissant aussitôt les yeux, obéit à cet ordre impératif.

Le procès du prétendant eut peu de retentissement. Personne ne daigna s'occuper de lui.

Mme Lafarge, qu'il devait gracier par la suite, était alors sur la sellette. Les débats de cette tragique affaire affriolaient le public au dernier point. Malgré son nom, son discours excentrique, et l'éloquence de son avocat, Louis Napoléon fit un *fiasco* complet.

Condamné à une détention perpétuelle, il fut transféré au fort de Ham. Disons, en passant, que pendant son séjour dans les prisons de Paris, le prétendant se livra à une active propagande auprès des gardes municipaux chargés de le surveiller dans son cabanon où sa manie de conspirer ne le quitta pas. « Si j'avais eu, » disait-il à ses gardiens, des hommes comme vous à » Boulogne, je ne serais pas sous les verrous en ce

» moment. Si j'avais seulement pu compter sur quel-
» ques hommes de votre corps, j'aurais tenté mon
» coup à Paris et je serais aujourd'hui aux Tuile-
» ries. »

Son moyen pour corrompre ces militaires était assez singulier : il s'épuisait à fumer du matin au soir afin de culotter quelques belles pipes dont il leur faisait cadeau en disant : « *Camarades !* montrez cette pipe » à vos amis et dites-leur qu'elle a été culottée par le » neveu de l'Empereur. Ajoutez que si un jour la » fortune m'est favorable, tous les braves qui font » partie de ce corps formeront le premier régiment » de *ma* garde impériale. » Il accompagnait cette séduisante promesse d'une forte goutte de rhum qu'il savait se procurer, et trinquait avec *son* gendarme, à sa santé d'abord et au succès de sa prochaine entreprise.

A Ham, il travaillait la garnison par mille procédés analogues et s'efforçait surtout de se faire remarquer des soldats par son talent de maquignon. — Pendant les longues heures de repos que lui laissaient ses travaux *socialistes*, — car il songeait encore à capter la confiance du parti démocratique, — il faisait le manége dans la cour du château, soit à cheval, soit dans une calèche attelée de plusieurs chevaux qu'il conduisait lui-même.

Souvent on le voyait se promener dans le corridor de sa cellule, l'air farouche, les yeux rouges et enflammés, gesticulant et se posant en traître de mélodrame. Parfois, il se mettait à son piano, sur lequel on croirait qu'il n'a jamais su jouer que l'air si cher aux *Ratapoils : Partant pour la Syrie* ; mais alors il y mettait un tel acharnement que toute la garnison en avait la tête rompue. Il se disait sans doute, comme Bilboquet, dont il a dû prendre des leçons dans sa jeunesse : *Ceux qui aiment cet air-là doivent être enchantés !*

Peu scrupuleux sur le choix de ses maîtresses (il le fut encore moins lorsqu'il couronna une impératrice), le futur empereur était devenu amoureux de la fille d'un sabotier de l'endroit, qui lui apportait journellement sa pitance. Il la séduisit et eut d'elle plusieurs enfants. Toute la ville de Ham a connu cette belle passion.

Comme il fallait réveiller en France l'enthousiasme de ses rares partisans, il fit paraître plusieurs brochures signées de lui et où il traitait des sujets politiques et militaires. Par l'intermédiaire de M. Mocquard, le prétendant correspondait avec les journaux du Pas-de-Calais et des départements du Nord. Le *Corsaire* et la *Réforme* ne refusaient point d'insérer ses articles, moyennant une légère rétribution. Au reste, les citoyens Delescluze et Flocon empochaient sans douleur l'argent de Son Altesse.

L'orgueil du prétendant consistait surtout à faire croire à des talents militaires qu'il était loin de posséder ; le fameux livre sur l'artillerie, dont il a voulu tirer un commencement de célébrité, n'est pas de lui. Cette fois, comme toujours, le geai impérial n'a pas dédaigné de se parer des plumes d'un paon voué à l'obscurité : en deux mots, l'auteur de ce livre est un ex-élève de l'École polytechnique, le sieur *Jules de Fage de Vaumale*; souvent même, les amis de ce jeune savant ont entendu ses plaintes au sujet des lenteurs que le prisonnier de Ham mettait à le payer de son travail. D'ailleurs, c'est à peine si l'on rencontrait sur les marges du manuscrit quelques notes insignifiantes inscrites de la main du prétendant.

Dans les *Idées napoléoniennes*, ce livre si lourd, qu'édita pour la première fois Pagnerre, Louis Napoléon fit du socialisme de circonstance, grâce à la plume d'un journaliste démocrate, Frédéric Degeorges, qui, ainsi que Louis Blanc, alla le visiter pendant sa captivité à Ham. — Le livre sur le *Paupérisme*, dont on se plaît à citer des fragments, a été rédigé par le même écrivain, ce qui fit dire dans le parti que le citoyen Degeorges couvait l'œuf impérial dans son giron démocratique.

Louis Napoléon était sur le point d'obtenir une seconde fois sa grâce lorsqu'il parvint à s'évader de Ham déguisé en maçon, après six années de captivité.

L'obscur artisan qui donna ses défroques pour favoriser la fuite du prétendant s'appelait Badinguet !!! Ce nom devait aller à la postérité. — On ne sait pourquoi, mais depuis le 2 décembre : — partout ! — en France, à l'étranger, — même dans la bouche des rois !!! dès qu'il s'agit de Napoléon III, l'on entend prononcer ce sobriquet. Cela doit suffisamment lui prouver tout le respect qui s'attache à sa personne.

L'évasion du prétendant avait été assez adroitement combinée par trois ou quatre de ses affidés. Ce fut M. Bure, frère de lait de Louis Napoléon, qui, pour favoriser sa fuite, acheta les guenilles du manouvrier moyennant 25 fr. Le valet de chambre Thélin fit l'emplette de la voiture qui devait emmener le captif en

Belgique ; mais il était réservé au médecin de Son Altesse et à M. de Crouy-Chanel de jouer des rôles plus marquants.

Nous savons que le marquis s'était fait, pendant quelque temps, l'agent occulte de Louis Napoléon. A l'époque où celui-ci rongeait son frein sur les remparts de Ham, deux idées le préoccupaient surtout : la crainte de subir le sort du Masque de Fer, et la recherche du moyen de s'y soustraire. Ce que la réalisation de ce projet offrait d'impossible, quiconque a visité la forteresse peut le dire ; les plus audacieux n'auraient osé rêver une évasion. Restait l'emploi de la clef qui ouvre, dit-on, toutes les portes. Le difficile n'était pas de la forger, mais de s'en procurer le métal.

M. Bure, qui avait pour mission de faire valoir les fonds du prétendant, spéculait bien par-ci par-là sur la rente et les monnaies étrangères, mais alors il se disait décavé. Ce fut le médiocre et fidèle Conneau qui se chargea de ramasser l'argent nécessaire.

Venu à Paris sous un prétexte relatif à l'art médical, il fut mis en relations avec quelques faiseurs, et parmi les bohèmes du grand monde, toujours prêts à jouer sur la rouge ou la noire d'une équipée audacieuse, il se rencontra avec le marquis de Crouy-Chanel, en train d'achever sa ruine, qui mit un enjeu de 10,000 francs sur la carte de Conneau.

Les ruisseaux forment les rivières ; d'autres et particulièrement MM. Baring, banquiers à Londres, complétèrent l'emprunt. Une reconnaissance fut remise au marquis avec quelques lignes de remercîments. A la vérité, la somme ne fut pas remboursée, des événements ultérieurs ayant fait oublier l'échéance ; mais tout est pour le mieux dans le meilleur des mondes, comme on le verra plus loin.

Les journaux français et étrangers de l'époque ne manquèrent pas de raconter les divers incidents de la fuite de Badinguet, lui-même en fit un long récit dans le *Courrier du Pas-de-Calais* ; mais, quoique réfutable à plus d'un titre, nous le reproduisons textuellement :

« Mon cher monsieur Degeorges,

» Le désir de revoir mon père sur cette terre m'a fait tenter l'entreprise la plus audacieuse que j'aie jamais tentée, et pour laquelle il m'a fallu plus de résolution et de courage qu'à Strasbourg et à Boulogne ; car j'étais décidé à ne pas supporter le ridicule qui s'attache à ceux qu'on arrête sous un déguisement et un échec n'eût plus été supportable. Mais enfin, voici les détails de mon évasion :

» Vous savez que le fort était gardé par quatre cents hommes qui fournissaient une garde journalière de soixante soldats, qui étaient en sentinelle en dedans et en dehors du fort ; de plus, la porte de la prison était gardée par trois geôliers dont deux étaient toujours en faction. Il fallait donc passer devant eux d'abord, puis traverser toute la cour intérieure devant les fenêtres du commandant ; arrivé là, il fallait passer le guichet où se trouvaient un soldat de planton et un sergent, un portier-consigne, une sentinelle, et enfin un poste de trente hommes.

» N'ayant voulu établir aucune intelligence, il fallait nécessairement un déguisement. Or, comme on faisait réparer plusieurs chambres du bâtiment que j'habitais, il était facile de prendre un costume d'ouvrier. Mon bon et fidèle Charles Thélin se procura une blouse et des sabots ; je coupai mes moustaches et pris une planche sur mon épaule.

» Lundi matin, je vis les ouvriers entrer à six heures et demie. Lorsqu'ils furent à l'ouvrage, Charles leur porta à boire dans une chambre, afin de les détourner de dessus mon passage ; il devait aussi appeler un gardien en haut, tandis que le docteur Conneau conversait avec les autres.

» Cependant, à peine sorti de ma chambre, je fus accosté par un ouvrier qui me suivit, me prenant pour un de ses camarades ; au bas de l'escalier je me trouvai nez à nez avec un gardien. Heureusement, je lui mis la planche devant la figure et je parvins dans la cour, tenant toujours la planche devant la sentinelle et ceux que je rencontrai.

» En passant devant la première sentinelle, je laissai tomber ma pipe, mais je m'arrêtai pour en ramasser les morceaux. Alors je rencontrai l'officier de garde, mais il lisait une lettre et ne me remarqua pas. Les soldats, au poste du guichet, semblèrent étonnés : le tambour surtout se retourna plusieurs fois. Cependant les plantons de garde ouvrirent la porte et je me trouvai en dehors de la forteresse ; là, je rencontrai deux ouvriers qui venaient à ma rencontre et me regardèrent avec attention. Je mis alors ma planche de leur côté, mais ils paraissaient si curieux que je pensais ne pas pouvoir leur échapper, lorsque je les entendis s'écrier :

» Ah ! c'est Berthoud. »

» Une fois en dehors, je marchai avec promptitude vers la route de Saint-Quentin.

» Peu de temps après, Charles, qui la veille avait retenu une voiture pour lui, me rejoignit et nous arrivâmes à Saint-Quentin.

» Je traversai la ville à pied après avoir défait ma blouse.

» Charles s'était procuré une voiture de poste, sous le prétexte d'une course à Cambrai ; nous arrivâmes sans encombre à Valenciennes, où je pris le chemin de fer.

» Je m'étais procuré un passe-port belge ; mais on ne me l'a demandé nulle part. Pendant ce temps-là Conneau, toujours si dévoué, restait en prison afin de me donner le temps de gagner la frontière.

» J'espère qu'il n'aura pas été maltraité : ce serait pour moi une bien grande douleur, vous le comprenez.

» Mais, mon cher monsieur Degeorges, si j'ai éprouvé un vif sentiment de joie lorsque je me sentis hors de la forteresse, j'éprouvai une bien triste impression en passant la frontière : il fallait, pour me décider à quitter la France, la certitude que jamais le gouvernement ne me mettrait en liberté si je ne consentais pas à me déshonorer : il fallait enfin que j'y fusse poussé par le désir de tenter tous les moyens pour consoler mon père dans sa vieillesse. Adieu, mon cher monsieur Degeorges. Quoique libre, je me sens bien malheureux. Recevez l'assurance de ma vive amitié, et si vous le pouvez tâchez d'être utile à mon bon Conneau.

» Louis Napoléon. »

Dans cette lettre du prétendant à son ami Degeorges, il n'est question ni de Crouy-Chanel, ni de Badinguet, qui lui fournirent argent et vêtements pour son évasion. Le nom du sieur Bure n'y figure même pas, mais en revanche Charles Thélin et Conneau sont cités comme ayant rempli leurs rôles avec dévouement.

Nous ne marchanderons pas les éloges que Louis Napoléon donnait alors à ses deux Caleb. L'un et l'autre surent profiter de la liberté qu'on leur laissait d'aller et de venir pour tromper la vigilance du gouverneur de Ham. Celui-ci fut réellement mystifié par Conneau, qui en comédien consommé joua à la fois le rôle du prétendant et le sien.

Pendant que Badinguet se sauvait, le docteur Conneau se présentait chez le gouverneur et lui annonçait que le prince était légèrement malade, qu'il venait de lui faire prendre une potion et de l'engager à garder un repos absolu durant vingt-quatre heures.

Le bon gouverneur, s'étant rendu auprès de son prisonnier, le trouva au lit, ronflant péniblement sous ses couvertures et le tapis souillé par les effets du vomitif que Conneau s'était administré dans la matinée pour qu'on ne pût douter de l'indisposition de Son Altesse.

Ce jour-là le gouverneur n'en demanda pas davantage et il se retira, mais le lendemain, il revint deux fois sans pouvoir parler au prince qui dormait profondément, disait Conneau. A la fin, ce sommeil trop prolongé l'inquiéta, et malgré les subterfuges du docteur, le gouverneur voulut absolument réveiller le prince.

On conçoit sa surprise en trouvant une espèce de mannequin à la place de son prisonnier.

Il va de soi que l'officier fut puni et cassé, et qu'après quelques mois de détention Conneau rejoignit le prétendant, qui pour le récompenser lui acheta fort cher la clientèle du médecin Berrier-Fontaines, un démocrate réfugié à Londres depuis son évasion de Sainte-Pélagie. Le laquais Thélin devint propriétaire d'un château princier, et archi-millionnaire. A la cour du prétendant comme aux Tuileries il distribuait d'un air majestueux les largesses de son maître et recevait en échange les salutations des solliciteurs. C'était l'âne portant les reliques.

On remarquera qu'en écrivant à Degeorges, Louis Napoléon affecte une tendresse très-profonde pour son père nominal; mais la vérité est qu'au lieu de prendre la clef des champs afin d'aller lui fermer les yeux, il retourna à Londres et fut habiter King-Street, dans Saint-James Square; là il recommença son ancienne vie de débauches et de conspirations.

CHAPITRE VI.

RENCONTRE INATTENDUE.

Sommaire. — Élisa et Badinguet. — Le ménage à quatre. — Le prétendant policeman. — Le prince Napoléon Jérôme chez les démocrates. — Première lettre au gouvernement provisoire.

Continuant à chercher des maîtresses où nul autre que lui n'aurait mis les pieds, Badinguet, rôdant du côté des enfers de Tam-Tall, fit la rencontre sur le trottoir d'une de ces laïs *à une livre*, qui ne possédant pas de quoi héler un cab, rentrait pédestrement au logis.

Il était tard et la pluie tombait à travers un brouillard épais; cela n'empêcha pas notre héros de suivre la belle jusqu'à son domicile.

Arrivée à la porte, l'inconnue tira le bouton de sonnette et glissa *one penny* dans la main du prince, qu'elle prenait pour un mendiant obstiné.

Badinguet demeura tout confus.

— Mais vous vous trompez, miss, je ne demande pas l'aumône.

— Que voulez-vous donc?

— Ce que je veux... répondit-il lentement.

— Excusez-moi, fit la jeune miss en le toisant.....

— Vous êtes sans doute constable ou policeman. En ce cas, voici pour la peine que vous avez bien voulu prendre de me reconduire.

Elle remit alors un double schelling à Badinguet qui, peu flatté de la méprise, refusa de nouveau la pièce de monnaie.

Comme il n'est pas naturel qu'un policier anglais repousse pareille aubaine ou vous rende jamais un service gratis, la belle de nuit comprit son erreur et invita gracieusement le quidam à monter chez elle.

L'aspect de Badinguet n'a rien d'imposant, il faut en convenir, et l'on doit pardonner à une fille attardée de n'avoir point su faire de différence entre un vulgaire agent de police et notre futur monarque.

Quoi qu'il en soit, ce dernier ne put retenir une exclamation de surprise en entrant dans le boudoir de la sirène.

— Eh quoi, petite, c'est toi!
— Tiens, mon gentleman du Wapping!

Après les premiers épanchements, Élisa, car c'était elle, raconta ses aventures au prétendant. Il apprit qu'au foyer de Drury-Lane elle avait fait connaissance d'un fripon nommé Jack Young, très-connu dans les tripots sous le pseudonyme de Fitzroy, et que celui-ci l'aidait à ruiner un certain lord Clebben qui l'entretenait.

Pendant qu'Élisa parlait, le prétendant s'extasiait, il la revoyait cent fois plus jolie. Et comme elle lui paraissait jouer aussi bien de la prunelle que des doigts, il conçut aussitôt l'idée de relever sa fortune en spéculant sur les attraits de cette charmeresse.

Alors, il se fit connaître à Élisa qui, ravie d'avoir fait la conquête d'un prétendant, se voua à lui corps et âme.

Toutefois, en l'acceptant comme amant supplémentaire, elle le prévint qu'il faudrait d'abord faire ménage à quatre.

Badinguet n'y vit pas d'inconvénient, au contraire.

— L'union, dit-il, fait la force. Fitzroy, que nous ne saurions évincer, apportera dans l'association ses talents de brelandier; toi, Élisa, ta beauté fascinatrice. Lord Clebben jouera le rôle de mari complaisant et nous aidera de ses banknotes; moi, j'exploiterai mes idées napoléoniennes.

Tout fut dit, et la plus douce intimité s'établit entre Badinguet et ses coassociés.

De là vient que miss Howard, qui habitait un appartement dans Oxfort-Street, au n° 277, tomba en plein quartier noble, et remplaça à la cour du prétendant la fameuse Gordon déjà sur le retour. Le fait est que la nouvelle favorite ne tarda pas à attirer dans King-Street une foule d'étrangers de distinction et de milords qui rivalisèrent de munificence pour l'entretenir.

Ce commerce contribua singulièrement à payer les frais de la propagande impérialiste et enrichit si bien la *rose du Wapping*, que, stimulée, d'ailleurs, par la promesse d'une couronne, elle n'hésita pas à mettre sa fortune à la disposition du prétendant.

Les millions que ramassait miss Howard excitaient bien quelques murmures dans le parti, mais en dépit des grognards et des courtisanes qui la dénigraient elle conserva toute son influence sur son auguste amant jusqu'à ce que la Montijo vînt la supplanter.

En retrouvant son ancien amant lorsqu'elle y songeait le moins, miss Howard lui rappela qu'elle était mère et qu'il serait temps de songer au fruit de leur première rencontre. Badinguet promit de pensionner le baby, qui déjà vagabondait comme un chenapan.

Vers cette époque, les ouvriers chartistes commençaient leurs émeutes; ils arrivaient à Londres par milliers, et la police n'étant plus assez forte pour réprimer les troubles, le lord-maire demanda du renfort aux bourgeois de la Cité.

Quoique étranger, le prétendant s'enrôla parmi les policiers anglais, ainsi que le constate le document suivant, copié sur les registres du Parvis Saint-James, à Londres, et traduit littéralement.

« Le 6 août 1846, le prince Louis Napoléon, demeurant King-Street, n° 3, Saint-James, a prêté serment comme constable spécial pour deux mois, à la cour de police de Marlborough-Street, entre les mains de P. Bingham, écuyer, et il était en fonctions de constable pour la paroisse Saint-James le 10 avril, pendant le meeting chartiste, sous le commandement du comte Gray. »

A quelque temps de là, le prétendant chargea son cousin Napoléon Jérôme (autorisé par le gouvernement français à séjourner quelque temps à Paris pour des affaires personnelles) à ouvrir des relations avec le parti républicain. — Des réunions eurent lieu dans le but d'opérer une fusion, mais, en dépit des plus séduisantes promesses, l'émissaire impérial échoua dans sa mission.

Repoussé par les démocrates, Louis Napoléon s'était donc résigné comme eux à attendre la mort du vieux roi Louis-Philippe pour reparaître sur la scène politique, lorsque la révolution de Février vint inopinément ranimer ses espérances et celles de son infernale coterie, dont les circonstances favorisèrent les efforts.

Sans perdre un instant, Badinguet s'empressa de quitter Londres pour aller offrir ses services aux membres du gouvernement provisoire. A peine débarqué à Calais, il leur écrivit ce billet :

« Messieurs,

» Le peuple de Paris ayant détruit par son héroïsme
» les derniers vestiges de l'invasion étrangère, j'ac-
» cours de l'exil *pour me ranger* sous le drapeau de la
» République qui vient d'être proclamée.
» Sans autre ambition que celle de servir mon pays,
» je viens annoncer mon arrivée aux membres du
» gouvernement provisoire, et les assurer de mon
» *dévouement à la cause qu'ils représentent*, comme de
» ma sympathie pour leur personne.

» L. N. Bonaparte. »

Le prétendant débutait mal, et, malgré ses trente ans d'exil, il ne put attendrir l'aréopage qui, le sachant capable de lui ravir sa proie, l'engagea sur-le-champ à repasser la Manche.

CHAPITRE VII.

COMÉDIE DES REFUS.

Sommaire. — Le club Valentino. — Trois lettres du prétendant. — Intrigues bonapartistes. — Louis Blanc. — La journée du 15 mai. — Aloysius Huber. — Insurrection de juin 1848. — Assassinat du général Bréa. — Louis Napoléon est élu en Corse. — Sa démission. — Retour en France de la famille Bonaparte. — Louis Napoléon et Raspail. — Le prétendant à deux faces. — Louis Napoléon et ses gardes du corps. — Mme de Solms-Ratazzi. — Discours du prétendant à la tribune de l'Assemblée. — Il prête serment à la constitution Marrast. — Une rancune de journaliste.

A Paris, l'enivrement causé dans le camp bonapartiste par la chute de Louis-Philippe monta jusqu'au délire. On croyait enfin pouvoir, par une greffe bâtarde, faire refleurir la tige impériale. Restait à trouver le moyen légal pour rappeler de son exil le prince conspirateur et donner à sa personne un caractère inviolable. Rien n'était mieux porté alors que le titre de représentant du peuple; le comité napoléonien se hâta de sonder l'opinion en faveur de son candidat. A cet effet, il fonda à *Valentino* un club dont le but était de proposer la candidature du citoyen Louis Bonaparte à l'Assemblée nationale. — Pour un prétendant à l'empire, c'était un peu déroger, mais lorsqu'il s'agit de parvenir au pouvoir, il faut savoir transiger avec l'amour-propre.

Le croirait-on? il se trouvait alors des gens assez méticuleux pour suspecter le désintéressement du neveu de l'empereur et pour rappeler les ridicules escapades de Strasbourg et de Boulogne. A quoi le vieux colonel Dumoulin répliquait, assez logiquement du reste, que, sans ces deux coups de tête, Louis Napoléon serait toujours resté inconnu à la France.

L'Assemblée nationale, à peine élue et déjà menacée par les partis, n'était point décidée à amnistier Louis Napoléon, attendu qu'il fallait autoriser également la rentrée des d'Orléans et du comte de Chambord, et qu'alors on aurait trois prétendants sur les bras.

Cette grave question avait été débattue dans plusieurs réunions de représentants et l'on avait adopté en principe le maintien des décrets de 1814 et 1815. Louis Napoléon, voyant qu'on persistait à ne point les réviser en sa faveur, envoya immédiatement cette protestation :

Londres, 23 mai 1848.

« Citoyens représentants,

» J'apprends, par les journaux du 22, qu'on a proposé, dans les bureaux de l'Assemblée, de maintenir contre moi seul la loi d'exil qui frappe ma famille depuis 1816; je viens demander aux représentants du peuple pourquoi je mériterais une semblable peine.

» Serait-ce pour avoir toujours publiquement déclaré que, dans mes opinions, la France n'était l'apanage *ni d'un homme*, ni d'une famille, ni d'un parti?

» Serait-ce parce que, désirant faire triompher sans anarchie ni licence le principe de la souveraineté nationale, qui seul pouvait mettre un terme à nos dissensions, j'ai été deux fois victime de mon hostilité contre le gouvernement que vous avez renversé?

» Serait-ce pour avoir consenti, par déférence pour le gouvernement provisoire, à retourner à l'étranger après être accouru à Paris au premier bruit de la révolution?

» Serait-ce pour avoir refusé, par désintéressement, les candidatures à l'Assemblée qui m'étaient proposées, résolu de ne retourner en France que lorsque la nouvelle *Constitution serait établie et la République affermie?*

» Les mêmes raisons qui m'ont fait prendre les armes contre le gouvernement de Louis-Philippe me porteraient, *si l'on réclamait mes services, à me dévouer à la défense de l'Assemblée nationale*, résultat du suffrage universel.

» En présence d'un roi élu par deux cents députés, je pouvais me rappeler que j'étais l'héritier d'un empire fondé par l'assentiment de quatre millions de Français. En présence de la souveraineté nationale, je ne peux et ne veux revendiquer *que mes droits de citoyen français*; mais ceux-là, je les réclamerai sans cesse avec l'énergie que donne à un cœur honnête le sentiment de n'avoir jamais démérité de la patrie.

» Recevez l'expression de mes sentiments distingués.

» Louis Napoléon Bonaparte. »

L'Assemblée nationale refusa d'entendre la lecture de cette lettre ; mais peu après, Louis Napoléon était élu par trois départements. Le pouvoir exécutif avait alors des motifs suffisants pour l'exclure de la représentation nationale. Un coup de pistolet tiré sur le général Clément Thomas dans une émeute bonapartiste provoqua à la tribune diverses motions sur lesquelles on vota des mesures d'urgence contre les perturbateurs.

Dès lors, Louis Napoléon se posa en opprimé et, sous forme de lettre, adressa une nouvelle protestation au président Marrast.

En voici le texte :

« Monsieur le Président,

» Je partais pour me rendre à mon poste, quand
» j'apprends que mon élection sert de prétexte à des
» troubles déplorables et à des erreurs funestes.

» Je n'ai pas cherché l'honneur d'être représen-
» tant du peuple, parce que je savais les *soupçons* inju-
» rieux dont j'étais l'objet. Je rechercherais encore
» moins le pouvoir. *Si le peuple m'imposait des devoirs,*
» je saurais les remplir.

» Mais je désavoue tous ceux qui me prêtent des
» intentions *que je n'ai pas*. Mon nom est un symbole
» d'ordre, de nationalité, de gloire, et ce serait avec la
» plus vive douleur que je le verrais servir à augmen-
» ter les troubles et les déchirements de la patrie.
» Pour éviter un tel malheur, je resterais plutôt en
» exil. Je suis prêt à tous les sacrifices pour le bon-
» heur de la France.

» Ayez la bonté, monsieur le président, de donner

» connaissance de ma lettre à l'Assemblée. Je vous
» envoie une copie de mes remercîments aux électeurs.
» Recevez, etc.,

» Louis Napoléon Bonaparte. »

Ces ballons d'essai ne produisaient à Paris que peu de prosélytes à la cause du prétendant ; mais, une fois organisé, le club bonapartiste appela à son aide les réclames les plus excentriques. Il inonda les campagnes de journaux et de brochures ; ses agents pénétrèrent jusque dans les moindres hameaux, répandant partout de séduisantes promesses et invoquant le nom du grand Napoléon, que les chants de Béranger et les grossières images d'Épinal avaient popularisé jusque dans les chaumières. Remboursement des 45 centimes, abolition des impôts nouveaux, emplois en faveur des anciens militaires, un million à chaque département, tels étaient les dons de joyeux avènement du prince impérial, dont la fortune, au dire de ses courtiers électoraux, suffisait à elle seule pour soulager toutes les souffrances.

A en croire les *empiriques* et tous les compères de Son Altesse, rien ne pouvait égaler sa munificence et sa générosité. — La suite a bien prouvé qu'elles devaient s'exercer à nos dépens. — Les bons paysans, dans leur naïveté, écoutaient d'un air ébahi toutes ces belles prédictions ; — ils disaient : — Nos pères ont servi sous l'oncle ; nous voterons pour le neveu ! — D'un autre côté, les intrigants qui pullulent toujours et surtout les traîneurs de sabre, prêts à se vendre, se réjouissaient et appelaient de tous leurs vœux un régime qui souriait à leur ambition.

Le gouvernement provisoire fut bien imprudent de laisser aller le pays à son fol entraînement vers cet odieux aventurier. Pourquoi tolérer les complots bonapartistes de la place Vendôme et ne pas sévir avec plus de vigueur contre les émeutiers de ce parti ?... N'avait-on pas sous la main des instruments de répression fertiles en expédients, les vieilles bandes de la police et Baroche, le complaisant Baroche, qui dirigeait le parquet et la magistrature ? Avec de pareilles gens, déjà stimulés par un avancement improvisé, il eût été facile d'exhumer de vieux décrets à l'aide desquels on eût évincé légalement le prétendant et imposé silence à sa coterie.

A la vérité, les représentants montagnards, par l'organe du citoyen Baune, ne tardèrent pas à invoquer contre Louis Napoléon les lois de bannissement qui frappaient sa famille. Mais Louis Blanc, on ne sait trop pourquoi, se mit, seul dans la presse, à soutenir le candidat impérial ; il alla même jusqu'à prendre sa défense à la tribune, et dans la mémorable séance du 17 juin 1848, prit la parole contre le projet de proscription. Son discours rouvrit les portes de la France à Louis Napoléon. Vingt ans d'exil ont payé son dévouement.

C'en était fait : les manœuvres du parti napoléonien et la sotte crédulité des démocrates assuraient désormais la candidature du prétendant ; il fut de nouveau nommé dans plusieurs départements. Mais voyant combien était encore puissante dans les masses la popularité du gouvernement provisoire, le comité bonapartiste ne voulut pas exposer *Son Altesse* à mettre le pied sur le sol de la République. Il fit donc parvenir à Londres un avis qui, en annonçant cette victoire électorale, l'engageait à attendre un événement favorable. C'est alors que Louis Napoléon adressa à ses complices, avec ordre de la publier, une lettre dans laquelle il donnait sa démission de représentant. « Ne voulant pas, disait-il, que son nom servît de prétexte au désordre. » Par le même courrier, ce triple fourbe écrivait à son agent Bésuchet : « Il faut faire tout votre possible pour que je sois réélu à Paris. »

Le comité, qui savait à quoi s'en tenir sur la valeur de ce refus, redoubla d'activité et mit tout en usage dans l'intérêt de sa propagande.

On sait maintenant les causes qui ont amené la scission du parti républicain et la fameuse journée du 15 mai. — C'est au club impérialiste de Valentino que le farouche Aloysius Huber avait puisé ses instructions, lorsque après avoir envahi la tribune nationale, il s'écria dans son jargon alsacien : — *Au nom ti béble Francé, l'Azemplée il est tissute!* L'ex-régicide, l'indigne amant de Mlle Grouvelle, l'agent secret de Gisquet, s'était enrôlé sous la bannière du prétendant. Au reste, ce n'était que dans la fange ou en trompant la bonne foi de certaines gens que Louis Napoléon pouvait trouver des complices. Quoi qu'il en soit, Huber, démasqué au procès de Bourges par Raspail et condamné par la haute cour de Versailles, fut bientôt gracié. Faut-il ajouter que le président de la République, devenu empereur, le combla de concessions?

C'est également un fait acquis à l'histoire que l'insurrection socialiste des 24, 25 et 26 juin 1848 a été soutenue par le parti bonapartiste et que les actes de cruauté commis sur l'armée dans les quartiers de la rive gauche, ont eu pour auteurs des affiliés du club de Valentino. On a trouvé sur Lahr, un des assassins du général Bréa, des listes de candidats napoléoniens. Tout en commandant les insurgés de la barrière Fontainebleau, cet homme distribuait des bulletins de vote au nom de Louis Bonaparte.

Malgré l'insuccès de la tentative d'insurrection des partisans de la sociale et de l'empire, malgré son propre refus, Louis Napoléon fut nommé représentant de la Corse à l'Assemblée nationale. Mais l'affaire de juin n'avait pas raffermi le terrain et son nom avait été trop hautement prononcé pendant le combat pour qu'il pût rester des doutes sur sa complicité.

Louis Napoléon, sachant d'ailleurs que tout vient à point à qui sait attendre, résolut de se faire désirer davantage ; il envoya au président de l'Assemblée une nouvelle démission ainsi conçue :

« Londres, 10 juillet 1848.

» Citoyen président,

» Je viens d'apprendre que le département de la
» Corse m'a appelé à l'honneur de le représenter à
» l'Assemblée nationale, malgré la démission que j'ai
» donnée entre les mains de votre prédécesseur. Je
» suis sensible à l'honneur qui m'est fait ; mais LA RÉ-
» PUBLIQUE et la tranquillité du pays m'imposent un
» nouveau sacrifice. *Je dois donc attendre, avant d'ac-*
» *cepter un pareil mandat, que les ennemis de la Répu-*
» *blique soient convaincus de leur* ERREUR.

» Je vous prie d'agréer ma démission et l'expres-
» sion de mes regrets.

» LOUIS NAPOLÉON BONAPARTE. »

Cet hypocrite refus laissait entendre clairement que Louis Napoléon n'entendait pas refuser toujours, et qu'il se réservait d'accepter selon son bon plaisir.

A dater de cette lettre, le comité n'eut plus qu'à préparer les voies aux autres membres de la famille Bonaparte. Son influence croissante détermina l'élection de l'ex-roi de Westphalie et de son fils ; ces illustres rejetons de la branche impériale accoururent aussitôt à Paris et ne dédaignèrent pas de troquer leur titre de prince contre celui de citoyen.

Une fois entouré des siens et voyant la tranquillité se rétablir peu à peu, Louis Napoléon n'avait plus à hésiter. D'ailleurs l'occasion était belle ; plusieurs candidats se présentaient pour combler les vides que les journées de juin avaient faits dans l'Assemblée. Une immense majorité acclama les noms de Louis Napoléon et de Raspail. Singulier rapprochement, qui montre ce qu'on doit attendre de la justice des partis. Le prétendant proscrit, évadé, vint siéger sans obstacle à l'Assemblée, tandis que Raspail, son collègue, détenu *préventivement* à Vincennes par suite de l'affaire du 15 mai, ne put se rendre au poste que lui assignaient ses nombreux électeurs.

On a fait observer que, pendant tout le temps qu'il siégea à l'Assemblée, Louis Napoléon eut l'art d'éviter les discussions politiques et de s'abstenir dans les votes décisifs. C'était un calcul. Il fallait en ce moment masquer avec soin ses batteries, affecter le désintéressement et se ménager vis-à-vis de tous les partis. Mais, en revanche, avec quel bonheur le prétendant à deux faces se dédommageait lorsque, le long du quai d'Orsay, il souriait complaisamment à la petite armée de Ratapoils qui l'attendait pour lui faire des ovations et l'escorter jusqu'à l'hôtel du Rhin ! Au besoin, il eût pu dire les noms de chacun de ses fidèles, dont la physionomie n'avait rien de rassurant pour les passants.

De retour dans ses appartements, il y avait changement à vue : le prudent député, recouvrant tout à coup la parole, redevenait *Altesse Impériale* ; il donnait des ordres, dirigeait les intrigues, flattait Louis Blanc et Proudhon en feignant de comprendre leurs utopies, tandis qu'il s'efforçait d'attirer à lui les chefs du parti légitimiste, en caressant leurs idées rétrogrades et leurs instincts aristocratiques. Tel était le plan que lord Palmerston, consulté par lui, avait tracé au prétendant prêt à quitter l'Angleterre.

Mais un beau jour le gouvernement s'éveilla et sentit qu'il était temps de mettre un terme aux manifestations et aux hommages séditieux dont le soi-disant héritier de l'empereur était l'objet. Persigny, le colonel Dumoulin et quelques autres fauteurs de troubles furent arrêtés. On alla même jusqu'à signifier, avec beaucoup de ménagements, au citoyen Louis-Napoléon, un avis officieux qui l'invitait à user de son influence pour faire cesser ce manége, que son silence paraissait approuver. Mais déjà le mal était fait ; aussi, sentant sa force, le club impérialiste jeta-t-il les hauts cris contre la prétention exorbitante du pouvoir, et se mit-il à organiser une garde soldée pour protéger la personne du prince. On la vit alors s'établir en permanence à l'hôtel du Rhin et sur la place Vendôme.

Néanmoins, Louis-Napoléon ne se sentait pas en sûreté. Sa conscience ne le rassurait aucunement. C'est pourquoi, s'esquivant à la sourdine de l'hôtel qu'entouraient ses gardes du corps, il allait passer la nuit chez une de ses parentes éloignées (1) : là, moins alarmé, il présidait aux conciliabules de ses partisans et dictait à ses journalistes des réclames présidentielles.

Mis en demeure de s'expliquer sur son attitude équivoque, il monta à la tribune et tint ce discours:

« Citoyens représentants, l'incident regrettable qui s'est élevé hier à mon sujet ne me permet pas de me taire.

» Je déplore profondément d'être obligé de parler encore de moi, car il me répugne de voir sans cesse porter devant l'Assemblée des questions personnelles, alors que nous n'avons pas un moment à perdre pour nous occuper des graves intérêts de la patrie.

» De quoi m'accuse-t-on? D'accepter du sentiment populaire une candidature *que je n'ai pas recherchée?* Eh bien! oui, je l'accepte, parce que trois élections successives et le décret de l'Assemblée nationale contre la proscription de ma famille m'autorisent à croire que la France regarde le nom que je porte comme pouvant servir à la consolidation de la société ébranlée jusque dans ses fondements, *à l'affermissement et à la*

---

(1) Il y avait assurément, surtout pour une femme, un certain courage à donner ainsi asile au prétendant conspirateur qui croyait devoir se cacher, même à ses amis les plus dévoués. De semblables services sont de ceux qui ne s'oublient pas. Aussi Mme Selms-Ratazzi, sa cousine, était-elle, quatre ans après, expulsée de France et forcée de chercher un refuge à l'étranger. De là cette série de révélations si piquantes, que, pour y mettre un terme, Louis Napoléon acheta le silence de sa cousine moyennant une pension annuelle de 24,000 francs.

prospérité de la République. Que ceux qui m'accusent d'ambition connaissent peu mon cœur ! Si un devoir imprévu ne me retenait pas ici, si la sympathie de mes concitoyens ne me consolait pas de l'animosité de quelques attaques et de l'impétuosité même de quelques défenses, il y a longtemps que j'aurais regretté l'exil.

» On me reproche mon silence ! Il n'est donné qu'à peu de personnes d'apporter ici une parole éloquente au service d'idées justes et saines. N'y a-t-il qu'un seul moyen de servir son pays ? Ce qu'il lui faut surtout, *ce sont des actes*; ce qu'il lui faut *c'est un gouvernement ferme*, intelligent et sage qui se mette franchement à la tête des idées vraies pour repousser ainsi, mille fois mieux que par les baïonnettes, les théories qui ne sont pas fondées par l'expérience et la raison. »

C'était se démasquer que de déduire ainsi les motifs qui le poussaient à se mettre à la tête d'un gouvernement *régulier*.

Nommé président, le 10 décembre 1848, à une grande majorité, et cela grâce à son nom et aux intrigues de ses partisans, Louis Napoléon fut forcé, dix jours après, de prêter serment à la constitution que l'Assemblée nationale venait de promulguer. Ce jour-là (le 20 décembre 1848), la France entendit tomber de ses lèvres impériales les paroles suivantes, qui seules feraient exécrer sa mémoire :

« *En présence de Dieu et des hommes et devant le*
» *peuple français, représenté par l'Assemblée nationale,*
» *je jure fidélité à la République démocratique et de dé-*
» *fendre la Constitution.* »

En ce moment, Armand Marrast, président de l'Assemblée, éleva la voix et dit avec une visible émotion :

« Je prends Dieu et les hommes à témoin du serment qui vient d'être prononcé. Il sera inscrit au procès-verbal, au *Moniteur* et publié dans les formes prescrites pour les actes publics. »

Cette séance fit sur l'assistance une profonde émotion. Tandis qu'elle était dans ces dispositions, le citoyen Louis Napoléon Bonaparte, sentant qu'il tenait enfin le pouvoir, tira de sa poche un papier, le déplia et lut lentement ces lignes :

« *Grâce à la nation, le serment que je viens de pro-*
» *noncer commandera ma conduite future. Mon devoir*
» *est tracé :* C'EST CELUI D'UN HOMME D'HONNEUR.

» *Je remercie l'administration précédente des efforts*
» *qu'elle a faits pour transmettre le pouvoir intact et*
» *respecté à ceux qui devaient venir après elle. La con-*
» *duite du général Cavaignac est digne de son carac-*
» *tère, conforme à ce sentiment du devoir qui fait les*
» *hommes d'État.*

» *J'ai une grande mission à remplir, celle de* FONDER
» LA RÉPUBLIQUE. *Dans l'intérêt de tous, soyons les*
» *hommes du pays, et non ceux d'un parti. C'est ainsi*
» *que nous atteindrons notre but.* »

Ce discours, écrit d'avance, fit son effet et fut applaudi. Il allait devenir la critique la plus sanglante des actes que Louis Napoléon se disposait à commettre.

Lecture faite de cet écrit, on le vit monter vers le centre gauche, où siégeait Cavaignac. On remarqua l'hésitation que mit celui-ci à serrer la main qui devait, plus tard, le jeter dans un cabanon de la Bastille impériale, à Mazas.

L'incroyable fortune de Louis Napoléon provient moins de l'engouement des électeurs campagnards que du concours fortuit de circonstances où son habileté n'est entrée pour rien. Aussi, jaloux les uns des autres, chacun des partis a vu en lui, comme on l'a dit, *une planche* à l'aide de laquelle il pouvait arriver à son but, sauf à la repousser ensuite d'un pied dédaigneux ; Louis Napoléon a profité de cette erreur. — D'un autre côté, Cavaignac était né des flancs du *National;* — Émile de Girardin, par une mesquine rancune de journaliste, ne pouvait lui pardonner son origine, et faisait une guerre acharnée au chef du pouvoir exécutif. — On sait que, par la suite, le gouvernement impérial se montra fort ingrat envers ce publiciste.

Louis Napoléon avait l'*indépendance du cœur;* mais il est bon de constater à quelles causes infimes il a tenu que la France républicaine tombât aux mains de l'homme qu'un destin grotesque fit sortir de Ham sous la blouse d'un maçon, pour le faire asseoir sur le trône de saint Louis.

CHAPITRE VIII.

LES CRÉANCIERS DU PRÉTENDANT.

Sommaire. — Étranges ressources. — Intrigues des Élyséens. — Ratapoils et Burgraves. — Les deux pouvoirs. — Excursions de Louis Napoléon dans les départements. — Le Spectre rouge. — Barnabé Chauvelot et Coco-Romieu. — Revue de Satory. — L'empire est fait.

A partir de son avénement à la présidence, Louis Napoléon ainsi que ses familiers ne songèrent plus qu'à frapper un grand coup pour renverser l'Assemblée et détruire la République.

Il faut reconnaître pourtant que pendant les trois années qu'il passa à l'Élysée, la situation financière du prétendant fut souvent déplorable. Acculé sans cesse par les propagandistes qu'il s'était vu contraint d'enrôler, il ne savait à quels expédients recourir.

Tout le monde sait que, dès son arrivée en France, sa fortune particulière était fort ébréchée. Ses biens en Italie étaient grevés d'hypothèques. A la date du 2 décembre 1850, il demandait des délais au marquis de Pallavicini pour payer les 340,000 francs qu'il lui avait empruntés sur son domaine de Civita-Vecchia. — Le maréchal Narvaëz, duc de Valence, lui avait prêté, le 26 avril 1851, une somme de 500,000 fr., avec intérêt de 5 p. 100 payables par semestre, dans un délai de cinq ans et par cinquième d'année en année. Il devait 5,445,000 francs, dont un million se trouvait garanti par sa terre de Civita-Nova, à miss Howard, qui avait, disait-elle, engagé sa fortune particulière pour l'aider à effectuer son coup d'État. Cette somme que la *favorite* n'avait sans doute pas amassée au Wapping, était remboursable par à-comptes mensuels de 50,000 francs. Chez la plupart des gros banquiers de Paris, il avait des billets en souffrance. Un changeur du Palais-Royal s'était refusé à lui renouveler pour 10,000 francs d'effets protestés, et il s'endettait journellement avec une quantité d'usuriers et de petits créanciers trop crédules, auxquels M. de Montour, émissaire de l'Élysée, promettait des places, des pensions ou des priviléges, et qui tous par la suite furent évincés après avoir été ruinés.

A coup sûr, Louis Napoléon n'hésitait point à prendre de l'argent de toutes mains. — Cependant on se demandait comment les aumônes qu'il avait sollicitées de l'Assemblée pouvaient suffire à payer sa troupe si nombreuse de décembraillards, solder ses cris enthousiastes et alimenter les agents qui inondaient les campagnes pour préparer le rappel de l'empire. — Quel est donc, disait-on, le Pactole qui lui procure assez d'or pour apaiser la soif de cet amas de flibustiers? —Voici le mot de l'énigme : — d'abord, il existait une légion de courtiers marrons dont la mission consistait à découvrir de riches négociants disposés à fournir aux besoins de sa maison : commissionnaires en denrées coloniales, marchands de vins en gros, fabricants d'objets de luxe, manufacturiers, enfin commerçants de tous genres qui, ne soupçonnant point les frauduleux moyens dont usait le chef de l'État, et fiers aussi de pouvoir se dire fournisseurs de l'Élysée, s'empressaient, à chaque demande, d'expédier des quantités énormes de produits et de marchandises. Mais à peine ces fournitures étaient-elles arrivées par une porte qu'elles sortaient immédiatement par une autre et étaient revendues à vil prix, argent comptant, cela va sans dire : vin, charbon, dentelles, sucre, bijoux, armes, diamants, toiles, soieries, velours, laines, étoffes précieuses, tout était reçu, tout était exploité, tout servait à battre monnaie.

Telles étaient les honnêtes ressources dont usait le président de la République française. Tous ces braves négociants le traitaient en fils de famille, certains qu'un jour il assassinerait la République et se déclarerait effrontément son héritier.

Cependant, le *remboursement* se faisant trop attendre, on put voir tout à coup le papier des complaisants de l'Élysée tomber en discrédit sur la place ; dans les derniers temps, on le refusait tout net.

On avait enfin compris, dans le commerce, à quel genre de spéculation se livrait la Présidence. Il était même arrivé que, deux commissionnaires du port de Bercy causant affaires, l'un d'eux dit à son confrère :
« J'ai vendu il y a quelques jours à l'Élysée cent pièces
» de Bordeaux. On l'aura trouvé excellent, car on
» vient de m'en demander une nouvelle expédition
» dans le plus bref délai ; je suis à la recherche pour
». me les procurer. »

— « Tiens ! dit l'autre, cela tombe à merveille ; j'en

» ai justement acheté hier cent pièces première qua-
» lité; venez chez moi, vous verrez si ce vin peut vous
» convenir. »

Quelle ne fut pas la surprise de l'acheteur quand il reconnut ses fûts encore intacts! Son vin avait été tout bonnement revendu à moitié prix au confrère qui le lui offrait.

Dans la province, les commis-voyageurs de l'Élysée se livraient à un autre genre de trafic. On achetait sur les grands marchés des quantités immenses de céréales. La transaction avait lieu au moyen des traites d'une compagnie fortement organisée en apparence; on revendait ensuite les grains à la Halle.

Les loteries, principalement celle du Lingot d'or, étaient encore une des ressources qui alimentaient la caisse de l'Élysée, véritable tonneau des Danaïdes.

Mais la mine la plus abondante, et à laquelle on puisait dans les cas extrêmes, c'était l'exploitation des fausses nouvelles à la Bourse. On profitait de la connaissance anticipée des dépêches télégraphiques pour frapper des coups décisifs.

Voilà par quelles manœuvres commerciales et industrielles Louis Napoléon put subvenir à toutes les dépenses nécessaires pour préparer, solder et mettre à exécution le fameux coup d'État qui nous a si subitement fait passer de la République à l'Empire.

Évidemment, tout semblait marcher vers cette solution. La journée du 15 mai et l'insurrection de juin 1848 avaient été funestes à la cause démocratique; l'échauffourée de juin 1849, comprimée par le général Changarnier, acheva de réduire les républicains, qui ne formaient plus à l'Assemblée qu'une infime minorité incapable de s'opposer aux tendances réactionnaires des bonapartistes.

Le clan de l'Élysée, qui savait la Représentation nationale divisée en deux camps ennemis, intriguait ouvertement pour rétablir la dynastie impériale au moyen d'une dictature provisoire. — On n'en pouvait douter, car dans leurs écrits et leurs discours les décembristes comparaient la République *à une fille* dont le président pouvait abuser, mais qu'il se garderait bien d'épouser.

Déjà Morny avait tenté de rallier les chefs de la majorité afin d'en obtenir la prorogation des pouvoirs présidentiels, mais il ne tarda pas à comprendre que l'Assemblée n'accorderait ni argent ni sursis au prétendant.

Unis pour anéantir le parti révolutionnaire dont ils redoutaient les excès, burgraves et conservateurs de toutes nuances repoussaient néanmoins le principe de rééligibilité qu'invoquaient les Élyséens. Il fallut alors changer de tactique, circonvenir quelques membres influents du palais Bourbon qui, par esprit d'opposition, se mirent à saper les bases de la constitution.

Dans leur aveuglement, les représentants du peuple, croyant rétablir l'ordre dans les affaires politiques et sociales, votèrent l'expédition de Rome, l'état de siége, la dissolution de la garde nationale et les lois contre la liberté de la presse, les instituteurs, les réunions publiques, les associations ouvrières; enfin celle du 31 mai 1850, qui raya plus de trois millions d'individus inscrits sur la liste électorale.

La restriction du suffrage universel ne pouvait manquer de dépopulariser l'Assemblée nationale; Louis Napoléon le prévoyait bien et ses adhérents y avaient puissamment contribué par leurs manœuvres. Mais si l'élément républicain qui lui était hostile se trouvait éliminé, il perdait l'appoint des campagnes inféodées au parti impérialiste.

L'Assemblée avait fait coup double en éloignant du scrutin la multitude des villes et des campagnes, qui votaient sans discernement pour l'empire ou l'anarchie. Cela contrariait singulièrement le prétendant qui, au risque d'une rupture entre le pouvoir exécutif et le pouvoir législatif, demanda carrément dans un message l'abrogation de la loi qui réduisait de moitié le nombre de ses électeurs.

Louis Napoléon ne pouvait songer encore à dissoudre l'Assemblée ni à créer un gouvernement indépendant; mais entre elle et lui un conflit devenait imminent et l'on commençait à parler de coup d'État. Toujours est-il que, sans trop se soucier de l'agitation qui régnait à Paris, le prince-président annonça que, pour se pénétrer davantage des intérêts publics ainsi que de l'état de l'opinion dans les départements, il allait visiter une partie de la France.

N'étaient ses partisans, dont les ovations avaient un caractère significatif, Louis Napoléon ne laissa rien transpirer de ses prétentions, au contraire, il s'attacha surtout à dissimuler le vrai motif de son voyage. Conservant son attitude de sphinx et tenant un langage énigmatique, il répondait aux harangues qu'on lui adressait par de courtes allocutions, dont le vulgaire ne pouvait saisir la portée.

Dieu sait le mal qu'il se donnait pour cacher ses criminels desseins sous un faux semblant de bonhomie. Pour ne citer qu'un exemple de sa fourberie, reportons-nous à l'époque de sa première excursion à Bordeaux.

S'adressant aux autorités de cette ville, il s'exprimait ainsi :

« Des bruits de coup d'État sont peut-être venus jusqu'à vous, Messieurs, mais vous n'y avez pas ajouté foi ; je vous en remercie. Les surprises et les usurpations peuvent être le rêve des partis sans appui dans les nations, mais l'élu de six millions de suffrages exécute les volontés du peuple, il ne les trahit pas !

» Mais, d'un autre côté, si des prétentions coupables se ranimaient et réveillaient la France, je saurais bien les réduire à l'impuissance en invoquant encore la souveraineté du peuple ; car je ne reconnais à personne le droit de se dire son représentant plus que moi. »

Louis Napoléon se croyait sans doute très-fort en démentant aussi ouvertement les projets qu'on lui attribuait. Cependant il suffisait de prendre le contrepied de ses paroles pour connaître le fond de ses plus secrètes pensées.

Comme ces autruches qui croient se dérober aux regards du chasseur en fermant les yeux et ne bougeant pas, le prétendant s'imaginait qu'en se taisant ou en disant le contraire de ce qu'il méditait, rien ne transpirerait. Mais on se défiait tout autant de son mutisme que de ses discours vagues et mystérieux.

A son retour à Paris, le Président put voir que l'on avait facilement interprété le sens et l'idée de ses *improvisations*, ainsi que la cause réelle de sa tournée en province. Le mécontentement prenait de l'extension ; il fallait y parer par une diversion habile.

C'est alors que parut le *Spectre rouge*, factum ébouriffant sorti de la plume de l'ex-clubiste Barnabé Chauvelot, et non pas du cerveau de Romieu, qui le signa et le lança avec fracas.

Quoique mal pensé, mal écrit, d'un style mystique et ennuyeux, le *Spectre rouge* eut beaucoup de succès, mais n'enrichit pas son véritable auteur. Celui-ci, frustré de ses droits, ne toucha qu'environ 500 fr., tandis que Romieu fut largement rétribué par le prétendant.

Le citoyen Barnabé nous excusera sans doute d'avoir éclairci ce point d'histoire ; encore ne dirons-nous rien de ses lettres à 50 fr. qu'inséra la *Patrie*, ni de ses travaux littéraires *ou autres*; après tout, il ne voulait que racheter ses erreurs en combattant les doctrines anarchiques qu'il avait tant prêchées dans les clubs ; se faire dominicain pour tonner en chaire contre les impies, aller à Rome voir le pape, comme son ami Marchal (de Bussy), et revenir ensuite, chanoine à Notre-Dame de Paris, nous donner sa bénédiction.

De leur côté, les décembraillards ne restaient pas inactifs ; ils colportaient les bruits les plus absurdes au sujet de la commission de Permanence, qui, à les entendre, projetait de faire arrêter et conduire à Vincennes le président de la République.

Cela chauffait l'opinion et masquait les manœuvres de Louis Napoléon qui, pendant ce temps, organisait la fameuse revue de Satory, — prélude de son coup d'État.

La destitution du général Neumayer et la révocation du commandant en chef de l'armée de Paris, qui s'étaient opposés à cette manifestation militaire, furent les premières mesures d'autorité prises par le prétendant. M. Thiers n'attendit pas plus longtemps pour prononcer ces paroles prophétiques : « L'empire est fait ! »

CHAPITRE IX.

LES PRINCESSES DU BAS-EMPIRE.

Sommaire. — Les Nymphes de l'Élysée. — La señora Montijo et sa mère. — Le cornac de ces dames. — La phalanstérienne. — Prédiction d'une gitane.

En attendant que le coup d'État et le plébiscite le conduisissent aux Tuileries, Badinguet tenait parfois cour plénière à l'Élysée ; mais, tout en faisant son apprentissage de souverain, il ne renonçait pas aux jouissances de la vie parisienne. Sa vie se partageait alors entre les intrigues et le libertinage. Après les grandes réceptions et l'expédition des affaires de l'État, il retournait de lui-même aux plaisirs vulgaires ; car, n'étaient son rang et ses visées ambitieuses, il préféra de tout temps le demi-monde, où il s'amusait, à la haute société qui l'ennuyait horriblement.

Quoique manquant de pénétration, Badinguet était encore assez clairvoyant pour ne pas se méprendre sur les sentiments qu'il inspirait à notre aristocratie, qui ne pouvait supporter son accent germanique, sa figure ingrate et les ricanements qui trahissaient si bien ses mauvais instincts.

Au reste, Louis Napoléon n'avait ni le caractère ni l'esprit français, et comme il ne payait pas plus de mine que de réputation, la bonne compagnie se souciait médiocrement de figurer aux fêtes de la présidence, où les étrangers qui y pullulaient amenaient des beautés excentriques et jusqu'à des boulevardières masquées, qu'on qualifiait à juste titre de princesses du Bas-Empire.

Enclin aux amours faciles, le prétendant n'observait pas toujours les convenances avec ses invitées, et pour peu que l'une d'elles lui plût, il la conviait sans façon à un fin souper. C'était ainsi qu'il jetait le mouchoir aux habituées de l'Élysée, mais pas une Française de distinction ne daigna répondre à ses avances, il est bon de le constater.

Il est à remarquer que jamais ce parvenu n'ébaucha des liaisons intimes avec des femmes de notre pays. Sauf deux dames du noble faubourg, qui se laissèrent prendre à l'appât de sa couronne et qui s'éclipsèrent parce qu'il voulait des gages avant de signer un contrat sérieux, on ne lui connaît que des intrigantes à qui le rôle de favorite pouvait convenir. — Enfin la liste de ses maîtresses ne se compose absolument que d'aventurières cosmopolites : la Gordon et miss Howard étaient Anglaises, et c'est sur le refus de plusieurs filles de rois qu'il se vit réduit à épouser une camériste espagnole, la señora Montijo.

Voici par quel genre de hasard notre chevalier rencontra cette autre Dulcinée du Toboso.

Un soir, à l'Opéra, il arriva que le prince-président

l'aperçut. Soudain, il braqua son binocle sur la loge qu'elle occupait avec sa mère. La toilette excentrique d'Eugénie, sa chevelure ardente fixaient surtout les regards.

— Qu'est-ce que cela ? fit César en tressaillant.

— Eh mais, dit Mocquard, j'ai déjà vu cette rousse quelque part. C'est une ex-camériste de la reine Isabelle. Sa mère ne la quitte pas. Il paraît qu'on glose beaucoup sur ces dames.

— Nous avons tant de mauvaises langues! répliqua Badinguet qui ne cessait de lorgner Nini pendant qu'elle répondait aux saluts qu'on lui adressait de l'orchestre. Ces messieurs sont bien heureux de connaître cette jolie personne. Je veux aussi la connaître. Vous l'inviterez à notre prochaine soirée.

Devant un ordre ainsi formulé, Mocquard s'inclina, et le lendemain Nini et sa maman faisaient leurs débuts à l'Élysée.

L'approche d'un malheur s'annonce toujours par quelque pressentiment ; aussi miss Howard tremblat-elle à l'idée que son sultan ne lui donnât une rivale préférée. Mais Nini fit la renchérie quand Badinguet lui proposa d'être présidente.

« Plus tard, répondit-elle, nous verrons s'il est possible de nous entendre. »

Et comme elle aimait mieux coiffer sainte Catherine que de ne trôner qu'à l'Élysée, elle se prit à voyager avec sa maman et un certain Mouvillon de Glimes, ex-ambassadeur de don Carlos, qui leur servit de porte-respect.

Nous les retrouverons plus loin, mais notre devoir de chroniqueur nous oblige d'entrer de prime abord dans quelques détails sommaires.

Tout en appréciant le cadeau que Mme Montijo mère a fait à la France, il est bon de relater les aventures de cette duègne, rendue fameuse par ses procès scabreux et sa conduite tapageuse.

Fille d'un petit épicier de Bruxelles nommé Kirkpatrick, elle épousa le comte de Teba-Montijo, vieillard caduc et à demi ruiné, qui la rencontra dans un tripot. Répudiée pour cause d'infidélité après trois mois de mariage, la comtesse de Montijo plaida et replaida tant de fois, afin de se faire servir une pension alimentaire, qu'elle se fit remarquer, courtiser et entretenir par de nombreux amants. Comme gage de ses conquêtes, il lui resta deux filles, également belles, mais d'un caractère totalement différent. L'aînée, à qui l'on n'a rien à reprocher, épousa le duc d'Albe; quant à sa sœur cadette, elle entra en 1838 au Sacré-Cœur. Certains journalistes, habitués à mystifier leurs lecteurs, ont prétendu que, malgré son jeune âge, la señora Montijo travaillait déjà à résoudre les grands problèmes sociaux, la cause du progrès et des idées nouvelles; que ses amies du couvent l'appelaient en riant la *Phalanstérienne*, parce qu'elle comprenait déjà les doctrines du divin Fourier sur la femme libre. Ces mêmes gens de lettres affirmaient avec autant d'autorité que son père avait combattu les alliés aux buttes Chaumont et tiré le dernier coup de canon en 1815; qu'enfin Nini éprouvait de telles sympathies pour les opprimés que, sans une circonstance imprévue, elle allait, sous l'aile de sa mère, faire un pieux pèlerinage pour porter des consolations au prisonnier de Ham.

En écrivant cela, ces messieurs venaient sans doute de prendre le thé chez l'ex-impératrice, car nous savons qu'elle était impatiente de quitter le Sacré-Cœur pour courir le monde et se livrer au plaisir.

La mère, qui fondait sur elle de magnifiques espérances, semblait ravie de la voir dans de telles dispositions. Une gitane avait prédit dès sa naissance qu'Eugénie atteindrait aux plus hautes destinées. Il ne s'agissait plus que d'aller à la recherche du Prince Fortuné qui devait réaliser les prédictions de la sorcière.

Déjà Nini voyait s'ouvrir devant elle un brillant avenir : — le duc de Valence et le comte d'Ossuna aspiraient sérieusement à sa main. — La grandesse, les richesses immenses de ces personnages, devaient éblouir une descendante des Kirkpatrick.—Mais notre future souveraine était alors si novice que, dans sa naïveté, elle consulta moins ses intérêts que son cœur. Avant l'hymen sa vertu chavira, et, pour comble d'infortune, il lui naquit un poupon que nul soupirant ne consentit à légitimer.

Dieu sait dans quels termes sa maman lui reprocha cette première faute et le mal qu'elle prit pour la styler par la suite. Peine inutile ! La caque sent toujours le hareng, et tant qu'elle vivra, Nini ne pourra se corriger de ses défauts, dont les moindres sont d'être prétentieuse, coquette, impérieuse, capricieuse. Faut-il ajouter qu'elle chasse de race en poussant la bêtise et l'effronterie jusqu'à des limites inconnues ?

Dans sa jeunesse, il fallait à madame sa mère des amours romanesques ; aussi la chronique scandaleuse veut-elle voir en Nini le fruit d'une union chère à lord Clarendon. En effet, à sa chevelure rousse, à ses traits, on reconnaît plutôt le type anglais que le type espagnol. Après tout, qu'importe la nationalité de son père ? nous n'avons pas à discuter là-dessus.

Constatons cependant que la vieille Montijo (pour la distinguer de sa fille) fut l'héroïne du duel dans lequel le danseur Petipa éborgna le comte de Chabrillant, son rival, et qu'en tout temps, en tous lieux, elle inspira des passions malheureuses.

Après que Badinguet se fut amouraché de sa fille au point de la vouloir relancer dans les Pyrénées s'il n'eût été retenu à Paris pour forger des complots, la comtesse de Montijo se reprit à courir les villes d'eaux. L'été, elle allait ainsi chercher fortune avec Nini, puis s'en revenait hiverner dans la patrie du plaisir et de l'amour. Toutes deux y retrouvaient un essaim de galants qui papillonnaient à leur suite; mais aucun salon ne s'ouvrait devant ces créatures qui, malgré leurs avances, étaient tenues à distance respectueuse.

Pendant qu'elles menaient joyeuse vie, Badinguet, activement secondé par ses complices, attendait l'heure qui devait décider de sa destinée.

CHAPITRE X.

IL FAUT EN FINIR.

Sommaire. — Les rosières du prince-président. — Apprêts du coup d'État. — Les complices. — Le général Saint-Arnaud. — Pierre Carlier. — M. de Maupas. — La liste des suspects. — L'*Indépendance belge*. — Le complot des trois épiciers.

A ceux qui lui reprochaient la composition de son entourage intime, Louis Napoléon répondait invariablement : — « Pour faire un coup d'État, il ne faut pas songer à prendre des rosières. » — La moralité de ce nouvel axiome est tout à fait édifiante; elle nous permet d'apprécier à leur juste valeur les Morny, les Fould, les Mocquard, les Romieu et autres faiseurs d'affaires qui, sous le régime impérial, sont devenus millionnaires.

Néanmoins, la lettre que fit publier le général Changarnier prouve suffisamment que le futur empereur n'épargna ni les moyens de corruption que donne la puissance, ni les promesses éblouissantes, ni les traitements fabuleux ; mais tout cela fut inutile auprès des hommes honnêtes qui mettaient au-dessus de tout leur serment et l'amour de la patrie. Il lui fallut donc jeter les yeux plus bas, et tirer de leur obscurité de hardis compagnons qui, sans hésiter, consentissent avec enthousiasme à partager ses périls et ses espérances.

Au premier rang de ces soudards figure de droit Jacques Leroy, dit de Saint-Arnaud, dont la gigantesque ignominie ne pourra jamais, quoi qu'on fasse, être reproduite qu'en réduction. — Successivement chassé des gardes du corps, de la légion corse, du 51e de ligne, et finalement rayé des cadres de l'armée, que pouvait-il devenir? C'est alors qu'on le vit tour à tour souteneur de filles au quartier Montmartre, cabotin sifflé sur les théâtres du boulevard, professeur d'escrime, chevalier d'industrie à Londres, à Paris, et en 1824 prisonnier pour dettes à Sainte-Pélagie. Comme toutes les qualités qui mènent au bagne brillaient en lui, il était naturellement digne de commander les massacres de décembre.

Grâce au général Bugeaud, alors geôlier de la duchesse de Berry, Saint-Arnaud fut employé au château de Blaye en qualité d'espion; au départ de la princesse, on lui permit d'aller reprendre du service en Algérie.

Si l'art militaire consiste à faire des razzias sauvages sur des malheureux qu'on rançonne jusqu'à épuisement pour jouer et s'enrichir, et s'il est permis de soulever impunément, par des atrocités sans bornes, de justes et implacables haines, à coup sûr aucun des officiers d'Afrique ne fut ni plus savant ni plus habile. Mais comment concevoir qu'à Paris, le 24 février, chargé de défendre la position du Palais de Justice à la tête d'une division de 4,000 hommes, Saint-Arnaud se laissa chasser par l'émeute et n'eut pas honte, en s'échappant, de lui abandonner 1,200 gardes municipaux bloqués dans la Préfecture de police!

Renvoyé à l'armée d'Afrique, Saint-Arnaud recommença à piller les tribus arabes, et pressura les colons avec une telle impudence que ceux-ci, indignés, portèrent plainte. La magistrature du pays dut alors diriger des poursuites contre lui ; mais il fut assez heureux pour échapper encore à la justice au retour de la malheureuse expédition de la Kabylie.

Trois mots avaient suffi pour qu'il se vendît à Louis Napoléon : « La cour d'Orléansville a la preuve de vos » déprédations. Évitez une mauvaise affaire et gagnez » un million. »

Il ne pouvait hésiter!

Sa nomination au ministère de la guerre après de tels antécédents et celle de Magnan au commandement en chef de l'armée de Paris étaient significatives.

Sûr de ceux à qui il avait donné un avancement si rapide, Louis Napoléon fit un choix parmi les chefs de corps les plus tarés et les appela à Paris. Espinasse, Corté, Marulaz, Reybell, Forey, la honte de l'armée, y vinrent tenir garnison. — Déjà, par des promesses antérieures, le colonel Fleury, son Leporello, avait pris soin de s'assurer leur coopération.

Toutefois, Louis Napoléon avait compris que les seules forces de l'armée seraient insuffisantes pour écraser le mouvement populaire que son attentat allait infailliblement soulever.

Les janissaires étaient prêts : restait à organiser les sbires.

Leur concours était ici d'autant plus précieux, plus

indispensable, qu'il fallait rendre impossible tout essai de résistance et réussir par la surprise et l'excès même de l'audace. Or, pour marcher dans l'ombre et violer outrageusement les lois du pays, il fallait des instruments serviles, d'une bassesse à toute épreuve, et pour les diriger, un alguazil émérite, se vouant au mal par instinct ; — n'est-ce pas nommer Pierre Carlier ?

On n'improvise pas un semblable exploit. Aussi, pendant un an, Jérusalem assemble ses élus, les arme jusqu'aux dents, donne aux Judas leur denier et répartit les rôles pour le drame sanglant qui s'apprête.

Ayons maintenant le courage de descendre dans la sentine policière, et pour bien étudier cette partie honteuse et ignorée de la mise en scène du coup d'État, rappelons-nous que c'est là en réalité ce qui a fait le succès de la pièce.

M. Véron, dans les *Mémoires d'un Bourgeois de Paris*, a dit, et cela est vrai, que P. Carlier avait posé les bases du coup d'État. Il est même certain qu'en homme peu scrupuleux, il eût contresigné des deux mains les ordonnances de décembre, si Louis Napoléon, tenant sa promesse, se fût empressé de lui donner le titre de ministre de la police. Mais voyant approcher le moment décisif, P. Carlier conclut des hésitations du Président que ce dernier lui réservait le rôle de Raton et qu'il n'atteindrait jamais au bienheureux portefeuille, objet de ses convoitises.

Ne voulant donc pas compromettre l'espèce de célébrité qu'il s'était acquise dans le parti réactionnaire, P. Carlier profita de la retraite du ministère Barrot pour donner sa démission.

L'importance qu'on s'est plu à donner à ce personnage, la haute position qu'il a occupée après Février, les événements auxquels il s'est trouvé mêlé, nécessiteraient quelques détails et quelques réflexions sur son caractère et ses antécédents ; mais nous réservons sa biographie pour un autre ouvrage (1).

Après avoir résigné ses fonctions, P. Carlier resta cependant trois jours à sa chère Préfecture, espérant que Louis Napoléon se raviserait ; mais ayant appris que M. de Maupas, gendre du traître Vaudrey, l'emportait sur lui, P. Carlier se retira.

A son départ, toute la rue de Jérusalem avait un aspect de deuil et l'on se demandait quel mortel assez audacieux oserait le remplacer. Les chefs de bureaux, adorateurs fanatiques du *père Carlier*, se promettaient bien de susciter à plaisir des entraves et des embarras à son successeur pour le dégoûter du métier.

En effet, celui-ci ne tarda pas à s'apercevoir des difficultés que les agents principaux de son administration faisaient surgir. Il fut même sur le point de perdre courage ; mais grâce aux mesures sévères qu'on lui conseilla d'adopter, tous les services reprirent bientôt leur cours ordinaire.

M. de Maupas était, par hasard, le seul des familiers de l'Élysée qui, avant le coup d'État, pût se passer des largesses du prétendant. Aussi était-il plaisant de l'entendre répéter, dans ses moments d'humeur : « J'étais riche, moi ! Je n'avais pas besoin de risquer ma tête pour rétablir ma fortune ou payer mes dettes ! » — Ce qui voulait dire à ses collègues, Morny, Saint-Arnaud, Persigny, Magnan et consorts : — « Vous êtes des gueux, qui n'avez agi que pour de l'argent. »

(1) Les Policiers.

Quelques-uns d'eux se sont offensés de cet orgueil excessif, MM. de Morny et de Persigny surtout. C'est ce qui engendra la fameuse querelle qui amena la dissolution du ministère d'action, qu'on regardait comme devant suivre aveuglément les destinées de Louis Napoléon.

La découverte d'un petit complot vint donner, fort à propos, un certain relief au nouveau préfet. Le comité dissident des proscrits de Londres ayant été prévenu que le président de la République préparait un coup d'État qui allait prochainement éclater, voulut se tenir en mesure de profiter des chances que pourrait lui fournir cet attentat, et dépêcha à Paris deux de ses membres les plus intrépides, Vidil et Gonté.

Ils devaient, disait-on, trouver à Paris 3,000 hommes, armés, organisés et prêts à marcher. Ce comité, entièrement composé des hommes de l'école de Blanqui, avait encore pour but de devancer l'aristocratie républicaine de Londres, et voulait avoir le temps de faire tourner les événements à son profit avant que les gros bonnets du parti songeassent à passer le détroit.

Malheureusement, Vidil et Gonté furent arrêtés quatre ou cinq jours après leur arrivée à Paris, chez une lorette de la rue de Bréda.

M. de Maupas, à qui l'un des rôles importants dans le coup d'État était réservé, se prépara alors à prendre toutes les mesures nécessaires pour en assurer la réussite.

Une circonstance cependant faillit faire avorter le complot des Élyséens : M. de Maupas ayant ordonné aux chefs de son administration de lui remettre la liste des personnages politiques réputés dangereux, cette demande éveilla leurs soupçons ; ils se réunirent et la conclusion de leur conférence fut que le préfet préparait une razzia des sommités de tous les partis.

« Voilà, dit l'un d'eux, la véritable cause de la re-
» traite de notre patron : ce petit Maupas est un casse-
» cou ; le Président est un cerveau brûlé ; soyons
» attentifs, évitons de nous compromettre. »

Cependant, il fallut bien s'exécuter et donner les listes demandées. M. de Persigny devait y ajouter quelques noms d'hommes honorables, que la police était loin pourtant de considérer comme dangereux pour la sûreté de l'État.

Les employés supérieurs de la Préfecture qui, tout en simulant le zèle, n'obéissaient qu'avec dépit aux mesures ordonnées par le successeur de leur idole, essayèrent de déjouer les plans de M. de Maupas. Ils s'empressèrent de faire connaître aux principales personnes désignées sur la liste le danger qu'elles allaient courir.

Il ne faudrait pas voir dans cette action la généreuse pensée de sauver la liberté des personnages menacés, mais l'intention de nuire à M. de Maupas qu'ils abhorraient.

Les représentants Baze, Leflô, Thiers, etc., prévenus indirectement, se réunirent aussitôt dans un des bureaux de l'Assemblée, et y convinrent qu'une réunion générale aurait lieu, le soir même, chez le général Changarnier. Cette conférence fut fort agitée. Tous ceux qui la composaient connaissaient de longue date les projets et l'audace du prétendant ; ils sentirent que le moment décisif était arrivé et qu'il fallait demander à la Chambre la mise en accusation.

Cette réunion, connue le lendemain de M. de Maupas, lui fit craindre quelque résolution subite des représentants du peuple : il fit venir à la hâte un écrivain très-connu dans la presse étrangère et lui confia son embarras. Le correspondant en question promit de le tirer d'affaire : dès le lendemain, il envoyait à l'*Indépendance belge* une lettre contenant les plus mordantes plaisanteries contre les peureux de l'Assemblée et qui les couvrit de ridicule. L'effet espéré fut produit. Rapportée par tous les journaux de l'Élysée, ceux-ci recommencèrent à nier de plus belle la possibilité d'un coup d'État et à rappeler le serment qu'avait fait le président de la République de respecter la constitution.

Des réunions analogues avaient déjà eu lieu au sujet du complot des trois épiciers ; mais, cette fois, il fallait en finir avec le prétendant, dont la croissante audace pouvait devenir fatale aux intérêts du pays. Malheureusement, il était trop tard ; l'Assemblée nationale, par ses discussions et ses hésitations, avait perdu tout prestige ; les lois restrictives qu'elle votait coup sur coup la frappaient d'impopularité, et, d'ailleurs, les distributions de champagne et de cervelas au camp de Satory achevaient de rallier l'armée de Paris à la cause du prétendant.

Toutefois, Louis Napoléon aurait été enchanté de voir les représentants commencer l'attaque contre lui ; car, aux yeux de la France et de l'étranger, cette agression l'aurait mis dans le cas de *légitime défense*, en lui permettant de chasser une assemblée de factieux.

Par malheur, elle avait jusqu'alors évité avec un

soin extrême de donner lieu à la moindre démonstration ; la majorité faisait même des concessions pour empêcher les turbulents de la Montagne d'aggraver la situation ; elle ne voulait employer que la légalité et n'avait réellement qu'un but : celui d'attendre, sans secousses, l'échéance si redoutée de mai 1852.

Cette attitude pacifique contrariait beaucoup les impatients de l'Élysée ; aussi déblatéraient-ils avec violence contre les parlementaires dont la longanimité contrariait leurs projets.

Le prétendant lui-même était à bout de ressources ; une bande affamée avait épuisé ses finances et son crédit. Toute la science de Morny, mise à bout, ne donnait plus désormais un écu ; il n'y avait donc pas à reculer. Louis Napoléon joua son va-tout.

D'ailleurs, l'instant fatal arrivait à grands pas ; il lui fallait déposer son mandat et rendre ses comptes à la nation. Or, comme il avait depuis longtemps calculé toutes les chances de succès et de revers, il réunit ses confidents les plus intimes et tout à coup, sans préambule, il leur dit : « Définitivement, je divorce avec
» l'Assemblée. J'ai choisi cette nuit : c'est l'anni-
» versaire d'Austerlitz. Allez prendre vos dispositions
» et agissez ! »

Alors, sans échanger une seule parole, sans témoigner la moindre surprise, les conjurés se séparèrent, et chacun d'eux alla s'embusquer au poste assigné.

CHAPITRE XI.

LE COUP D'ÉTAT.

Sommaire. — Une nuit historique. — Les rouleaux d'or. — La razzia. — Bertoglio. — Espinasse, une action d'éclat, 100,000 fr. de pourboire. — Arrestations des questeurs. — De l'or à pleins fourgons. — Le comité de résistance. — Inertie des faubourgs. — Les proscrits. — Défaite des insurgés. — Massacre des boulevards. — Les prisonniers fusillés. — Le juif Vieyra.

Pendant que Saint-Arnaud, Persigny et le colonel Fleury stimulaient les chefs de corps de la garnison de Paris et leur faisaient force promesses, M. de Maupas agissait.

Vers minuit, les commissaires de police et les officiers de paix qu'il avait fait mander à la préfecture de police pour *affaire urgente* se trouvaient réunis dans une salle, en permanence.

M. de Maupas les fit introduire dans son cabinet ; il était debout, un pistolet à la main ; sur son bureau était placée une vaste corbeille remplie de rouleaux de pièces d'or.

Il fit connaître en peu de mots la détermination du

Président, donna ses ordres, remit lui-même les mandats d'arrêt à ses commissaires, ajoutant une poignée de rouleaux de pièces d'or pour chacun. — Tous, enchantés de l'aubaine, partirent sans faire la moindre objection. On sait comment ils s'acquittèrent de leur mission.

Heureusement pour quelques montagnards des plus célèbres et des premiers sur la liste, ils avaient, par précaution sans doute, élu domicile dans les lupanars de la rue Saint-Honoré, ce qui les préserva d'une arrestation.

La plus périlleuse de ces expéditions nocturnes fut confiée au commissaire Bertoglio, connu par son audace et son habileté dans les coups de main.

M. de Maupas le prit à part, et lui dit : — « J'ai jeté » les yeux sur vous pour exécuter une opération d'où » dépend le succès du coup d'État. Il s'agit d'arrêter » les questeurs et surtout le général Leflô, qui garde » l'Assemblée avec un bataillon du 42e de ligne. Il ne » faut pas qu'un seul coup de fusil soit tiré ; car si » une fusillade s'engageait entre les troupes, tout » serait perdu. » Bertoglio, après avoir réfléchi un moment, répondit : « Pour réussir dans l'accomplisse- » ment de l'ordre que vous me donnez, il me faut ab- » solument le concours de l'officier supérieur qui » commande ce régiment ; sans cela un engagement » est inévitable. »

« — Vous trouverez le colonel du 42e à six heures » du matin à la tête de 800 hommes, devant la porte » de l'Assemblée, dit le préfet à Bertoglio ; il vous ap- » puiera dans l'exercice de vos fonctions. »

Sur ces entrefaites arriva Persigny. Il quittait à

l'instant même le colonel Espinasse, qu'il avait recordé en lui remettant 100,000 fr. en billets de banque de la part du Président.

A l'heure indiquée, Bertoglio, escorté d'un peloton de sergents de ville et d'une compagnie de gendarmerie mobile, était à son poste. Tout était morne et silencieux dans les environs de l'Assemblée.

Après quelques minutes d'attente, il aperçut le colonel qui arrivait, suivi d'une troupe nombreuse. MM. de Morny et Persigny l'accompagnaient.

L'adjudant-major, qu'on avait aussi mis dans le complot, livra les portes du palais de l'Assemblée et reçut 25,000 fr.

Aussitôt les agents de police se précipitèrent vers l'appartement du général Leflô, qui venait à peine de se jeter sur son lit. Au bruit qu'on fait, il comprend ce dont il s'agit et met l'épée à la main ; il est saisi et entraîné. La garde de l'Assemblée, surprise, ne fait aucune résistance, et se joint au bataillon amené par son colonel. Quant aux agents de Bertoglio, ils font main basse sur les autres questeurs logés à l'Assemblée, sans s'inquiéter des plaintes ni des prières de leurs femmes et de leurs enfants, effrayés de cette scène.

Le coup fait, Louis Napoléon reçut avis de cette importante capture ; ce fut le colonel Espinasse lui-même, tout fier d'avoir livré son général, qui vint en donner la première nouvelle. Un brevet de maréchal de camp et une liasse de billets de banque récompensèrent cette action d'éclat.

Louis Napoléon pouvait se montrer généreux. Il avait, pendant la nuit, fait enlever vingt millions de la

Banque de France. C'était l'application en grand de l'emprunt forcé dont Rapallo avait donné l'idée lors de l'expédition de Boulogne.

Désormais assuré du succès, Louis Napoléon envoya aussitôt l'ordre d'abattre la statue de la République, élevée sur la place du Palais-Bourbon. Puis, il s'écria : « Messieurs, la journée est à nous ! » C'est alors que Morny s'en fut prendre le poste qui lui avait été assigné au Ministère de l'Intérieur.

Pendant cette nuit néfaste, le bruit sinistre de voitures escortées par la cavalerie réveilla la population de Paris; et au petit jour, on connut enfin, par d'insolentes proclamations, le résultat du complot.

Le parti républicain, un moment abasourdi par cet événement, sortit bientôt de son apathie ; son exaspération fut au comble quand il apprit les arrestations nocturnes.

La Montagne forma aussitôt un comité de résistance, et rédigea un premier appel aux armes, qu'on fit placarder dans les faubourgs. Tout ce que Paris renferme d'hommes d'action se mit sur pied, et courut au faubourg Saint-Antoine pour l'insurger; mais cette population, tant de fois abusée et décimée, ne répondit pas à son appel.

Repoussés après un effort infructueux dans ce quartier, les démocrates se replièrent sur les quartiers du centre de la ville, espérant y trouver plus d'appui.

De leur côté, quelques bandes de décembraillards voulurent tenter sur divers points des manifestations en faveur de leur triste héros; mais l'attitude sombre et morne de la population les contraignit à se retirer et à se taire. Comme ils gênaient les opérations de l'armée, les chefs leur ordonnèrent de ne pas s'exposer plus longtemps et de rester chez eux.

Bientôt les troupes arrivant de toutes parts se massèrent aux Champs-Élysées, et Louis Napoléon, rassuré par leur présence, parcourut les boulevards au milieu des huées de la foule et des coups de sifflet qu'on lui prodiguait.

Plusieurs échecs subis par les républicains, pendant la première journée, démontrèrent qu'il était impossible de résister à l'élan des soldats, gorgés d'or et de vin, et à qui l'on avait fait comprendre qu'ils avaient à venger l'injure de Février.

Il fallait donc changer de tactique et essayer de les fatiguer par des escarmouches multipliées en prolongeant l'insurrection.

Ils espéraient avec raison que les départements où ils avaient des affiliations se soulèveraient à leur tour, ce qui compliquerait la situation. Ils comptaient encore sur l'arrivée des proscrits de Londres et de la Suisse, piètre renfort, et sur les secours considérables que devaient envoyer Rouen, Limoges, Tours, Nancy, Lille, Strasbourg et Lyon.

Cette tactique épouvantait Morny et Maupas ; ils en donnèrent immédiatement avis au général Magnan, qui tout de suite fit retirer ses troupes et laissa libres certaines circonscriptions de la ville, où l'on vit bientôt les républicains s'agglomérer et se fortifier.

Le 4 au matin, voyant que le terrain était libre, les patriotes s'armèrent de tous côtés, persuadés que l'armée hésitait. Ils se croyaient déjà vainqueurs comme en Février. Leur erreur fut de courte durée.

Les journalistes sans emploi, les débris des anciens clubs et les sociétés secrètes, toute la cohue socialiste enfin, se rua dans les 4°, 5° et 6° arrondissements, excitant les ouvriers à prendre les armes. Inutiles efforts. Le peuple énervé, dégoûté, les regarda froidement passer. Cependant la présence de quelques représentants montagnards, rendus féroces par la perte de leurs 25 francs, entraîna quelques hommes ardents qui furent victimes de leur courage.

L'insurrection ne resta pas longtemps maîtresse du terrain qu'elle s'était choisi, et où Magnan la tenait bloquée.

Vers les trois heures de l'après-midi, les troupes impatientes commencèrent l'attaque avec un acharnement terrible; la soldatesque furieuse n'épargna personne. Elle suivait ponctuellement les ordres de Louis Napoléon, qui voulait vaincre *à tout prix*, et surtout jeter la terreur dans Paris.

Malgré tous les efforts de la police, on ne put parvenir à soulever les démocrates de la rive gauche. Ils étaient encore sous la terreur du canon de Cavaignac.

On sait le reste : au bout de quelques heures, le parti républicain, privé de ses chefs, et ne se voyant pas soutenu par le peuple, succomba après un suprême effort. — Rendons-lui cette justice, pour la première fois, peut-être, il s'armait avec raison, au nom de l'honneur et de la liberté trahis par un parjure.

Chose inouïe, et qu'on ne peut se rappeler sans frémir, c'est sur les points les plus tranquilles et les plus opulents de la capitale, à une heure où la foule des promeneurs est toujours compacte, que, tout à coup, pour obéir à l'ordre féroce parti de l'Élysée, on mitrailla tout ce qui circulait dans les rues. A trois heures, le général Canrobert fait commencer, sans la moindre sommation, un feu roulant d'artillerie et de mousqueterie sur les passants qui encombraient les boulevards. Avides de carnage, les troupes, placées sous les ordres de ce mauvais officier, se précipitent avec fureur sur les blessés et les achèvent à coups de crosse et de baïonnette. Dans un massacre qui n'a de pendant dans notre histoire que la Saint-Barthélemy, la cavalerie, commandée par le général Reybell, que l'ivresse avait rendu furieux, se fit surtout remarquer par ses cruautés. Le colonel Corte, à la tête de ses uhlans, chargea les fuyards dans les rues et sur les boulevards qui, en un instant, furent jonchés de cadavres. On y voyait pêle-mêle des femmes, des enfants, des vieillards horriblement mutilés.

Ailleurs, sur les bords de la Seine, les soldats, voyant les quais déserts et ne trouvant pas d'insurgés à combattre ni de passants à égorger, ouvrirent avant l'heure une fusillade effroyable sur les maisons et commirent des excès révoltants. — Plus de cinq cents personnes furent victimes des atrocités de cette journée.

Pendant ces scènes de carnage, Louis Napoléon, dont *on exécutait les ordres*, recevait dans son cabinet les rapports de ses complices sur les événements du jour, et se réjouissait de l'effroi produit sur les citoyens par l'immense tuerie des boulevards. Lorsque ses familiers, qui le soir arrivaient en foule à l'Élysée pour le féliciter de ce plein succès, lui racontaient avec emphase l'ardeur des soldats à se précipiter sur les *Bédouins de Paris*, on le voyait sourire de cet air froid et sinistre qui le caractérise : « *Paris*, répondait-il, *avait besoin de cette petite leçon.* »

A la Préfecture de police, M. de Maupas avait donné ordre à ses agents de refuser les prisonniers qu'on amenait au dépôt; il les faisait renvoyer impitoyablement à la disposition du général Magnan. Afin d'éviter cette corvée, les ex-municipaux, commandés par le colonel Tisserand, les fusillaient en route et même aux portes de l'hôtel. Qu'auraient gagné ces malheureux à être conduits devant le chef de l'armée de Paris? N'avait-il pas proposé, le 2 décembre au matin, l'extermination de tous les prisonniers arrêtés la veille de l'attentat? Il comptait pourtant parmi eux d'anciens amis et même des frères d'armes.

Notons en passant qu'au coup d'État, deux préfets des départements, dont l'un était M. Masson, refusèrent d'exécuter les ordres de l'Élysée. Ils n'affichèrent ni circulaire ni proclamation.

Après les massacres ordonnés par lui, Louis Napoléon décréta une transportation cent fois plus arbitraire que celle qui avait eu lieu sous le général Cavaignac. C'est ainsi qu'un grand nombre de personnes de tous rangs, de tout âge et de tout sexe furent exilées ou incarcérées. Les deux tiers n'avaient pris aucune part aux événements.

Pendant deux mois, M. de Maupas lança ses meutes dans Paris à la chasse des républicains, et tous, innocents ou coupables, subirent la déportation ou la proscription. Nous avons alors calculé que sur

26,642 individus arrêtés, 15,038 furent condamnés par le conseil de guerre, les tribunaux et les commissions mixtes ; 5,008 demeurèrent internés ou soumis à la surveillance ; 6,501 obtinrent leur liberté. Dans la catégorie des transportés, 9,530 partirent en Algérie, et 239 pour Cayenne. Le reste fut éloigné.

Mais ce n'était point assez d'annihiler les formes de la légalité en se faisant l'àme du gouvernement, d'improviser des décrets, de légiférer sur tout, de mettre en question la vie et la liberté des citoyens, Louis Napoléon devait signaler son usurpation par l'acte odieux qui dépossédait Louis-Philippe de sa fortune héréditaire. C'est à l'instigation du fameux Teste, l'ex-ministre du Roi des Français, qui rédigea les décrets de confiscation des biens de la famille d'Orléans, que l'amnistié de Strasbourg dépouilla son bienfaiteur.

Il faut être juste envers tout le monde, Louis Napoléon doit une belle chandelle au major Vieyra. Sans lui, le coup d'État échouait. Ce coquin de juif sut empêcher la garde nationale de prendre les armes et de faire battre le rappel dans les légions. Avant d'en crever les tambours, il avait déjà donné des marques de sa valeur en mettant à sac une imprimerie, à l'heure même où ses presses allaient lancer d'effroyables révélations. On a su depuis que ce ruffian tenait une maison de prostitution, rue Rameau ; le fait a été prouvé à l'occasion d'un transfert qui masquait une escroquerie, dévoilée depuis par un arrêt du 8 juin 1852. Force fut alors de lui arracher ses épaulettes qui faisaient rougir nos *soldats citoyens* ; mais on lui a jeté une sinécure à ronger. Il fallait bien ruolzer son ignominie.

Ainsi se termina le drame de décembre, dont les moindres épisodes seront un jour si curieux à connaître.

CHAPITRE XII.

LE SAUVEUR DE LA PATRIE.

Sommaire. — La terreur bonapartiste. — Le chauvinisme ressuscité. — Prophétie de Proudhon. — Une drôle de cour. — Rencontre à Compiègne. — Les rivales. — Lucrèce et Tarquin. — Le mariage imprévu.

La position était conquise, il fallait s'y consolider. — Sur le pavé des rues, où gisaient encore les défenseurs de la constitution, campait, ivre et insolente, une soldatesque prête à tout.

La terreur bonapartiste plane sur Paris : c'est le moment de tout oser. Louis Napoléon venait de violer trois serments ; il se déclare le *sauveur de la patrie* et s'apprête à revendiquer le sceptre impérial. Mais d'abord il faut demander à l'opinion, tandis qu'elle flotte épouvantée, un simulacre d'absolution pour le crime qui vient d'être commis. On rétablit tout exprès le suffrage universel, mais on pèse sur les colléges électoraux ; on escompte les votes, la tribune est muette, la presse bâillonnée, les opposants sont en exil et en prison. Cette tactique devait réussir.

On l'a dit, en France les masses s'impressionnent et

ne raisonnent pas. Le prétendant le savait ; aussi c'est aux yeux qu'il s'adressa. Il fit un second tour dans les départements, traînant une phalange de grognards venus on ne sait d'où, affublés de défroques du vieil Empire et colportant comme une réclame son chauvinisme aviné. Cette étrange cabale, dont on rit à Paris, eut pour auxiliaire l'immonde société du Dix-Décembre. Elle s'est recrutée dans les mauvais lieux. Mais cette suite carnavalesque émerveilla les badauds. Dès lors, l'impulsion fut donnée ; il suffit de la seconder, puis de l'exploiter habilement. Dans les provinces, nous l'avons vu, on se souvenait encore de l'oncle ; on vota pour le neveu.

Vraiment, il ne manquait plus au peuple français, pour couronner sa honte et sa ruine, que d'abdiquer sa souveraineté et de couvrir un tel bandit de la pourpre impériale. — Proudhon l'avait bien prédit lorsque, dans son cynique langage, il s'écriait : « La France est » en rut ; il lui faut un homme. A défaut d'homme, » elle ne reculerait pas devant un âne ! »

Bref, l'*empire est fait !* on le proclame. Louis Napoléon quitte l'Élysée et entre triomphant aux Tuileries.

Maintenant la comédie va se continuer sur un théâtre plus élevé. Empereur *parvenu*, comme il s'intitule lui-même, le conspirateur du 2 décembre adopte naturellement des diplomates de rebut, des généraux de hasard, une femme d'occasion ; ces éléments incohérents composeront une cour de bric-à-brac qui pourra du moins saluer sans rire sa couronne de carton. Tout sera en harmonie : les Turenne s'appelleront Saint-Arnaud, les Colbert de Morny, la souveraine Nini tout court, car il faudra une impératrice pour compléter la farce.

Nous avons dit plus haut que la señora Montijo, faisant fi de la présidence, était retournée à ses adorateurs ; mais dès que Badinguet se fut transformé en empereur, elle lui apparut tout à coup à la chasse, costumée en amazone, et galopant sur un cheval fougueux.

Aussitôt la passion du galant se ranime, et il se met à courir sur les traces de sa Diane qu'il rattrape dans la forêt et la ramène au Château avec accompagnement de fanfares.

Grande colère de miss Howard en voyant reparaître Nini et sa mère. Informations prises, la favorite fit une scène à son auguste amant, qui n'en devint que plus amoureux de l'Andalouse. Quelquefois même, dans la posture des anciens preux, il l'aidait à monter en selle. N'était-il pas d'un comique insensé de voir la Montijo poser son pied mignon sur le genou de cet homme qui lui servait d'étrier ?

En désespoir de cause, miss Howard s'adressa à sa rivale même.

— Vous voulez donc m'enlever le père de mes enfants ? dit-elle un jour à Nini.

— Je serai franche, répliqua cette dernière. L'empereur demande ma main, et comme il est libre ainsi que moi, j'ai l'honneur de vous annoncer notre prochain mariage.

— Ah ! la bonne plaisanterie ! s'écria miss Howard. Lui, vous épouser ! j'en rirai longtemps.

— Pensiez-vous donc que Sa Majesté manquerait à sa parole ou que j'envierais votre emploi ?

— Faire de vous une impératrice? allons donc!

— Pourquoi cet étonnement? demanda Nini d'un ton superbe.

— Ma chère amie, fit la sultane, j'en suis fâchée pour Votre Grandesse; mais l'empereur se moque de vous, j'en suis certaine.

— Ah! oui-da? repartit la Montijo, il croit me prendre pour dupe? Eh bien, je me tiens pour avertie.

— D'abord, prenez garde qu'il ne vous compromette pas cette nuit, car je sais que vous êtes menacée d'une visite.

— Je m'enfermerai si bien...

— A quoi bon? la chambre qu'on vous a donnée au Château a une issue secrète; c'est par là que l'empereur doit entrer chez vous.

— S'il osait se présenter ainsi, je le cravacherais! fit Nini avec un geste énergique.

— Vous dites cela, mais la peur du scandale vous fera céder.

— Jamais! Je puis être sa femme mais non pas sa maîtresse.

— Quelle idée vous avez là, señora! reprit l'Anglaise d'un air de compassion. En vérité, je vous plains.

— Vous êtes bien bonne, miss. Recevez mes remerciments.

Sur ce mot, l'Anglaise se retira en riant sous cape, et Nini, rentrée chez elle, se prépara à recevoir le don Juan qui, au lieu de la trouver endormie, la revit debout et caressant un charmant stylet.

Badinguet avait pris, en effet, le chemin indiqué par miss Howard. Il comptait bien vaincre la résistance de Nini, qui dans la soirée l'avait charmé par sa coquetterie ; mais la surprise, l'émotion le clouèrent sur place quand elle lui eut débité la tirade de Lucrèce.

Moins audacieux que Tarquin, l'auguste Badinguet se précipita aux pieds de sa belle et implora son pardon avec une chaleur de jeune premier.

Nini triomphante fut sans pitié ; elle exigea une réparation solennelle.

— A dater de ce jour, je me déclare votre futur, dit César vaincu, transporté.

Le lendemain, Louis Napoléon, qui n'avait pas de secrets pour Mocquard, lui fit l'aveu de la sérieuse passion qu'il éprouvait pour la belle Espagnole.

— Quoi ! dit le secrétaire intime, vous auriez un caprice aussi prononcé pour cette petite ?

— Mieux que cela ; je n'y tiens plus et suis prêt à faire toutes les folies qu'elle voudra. Jamais minois ne me causa pareille impression.

— Vous en disiez autant des ravissantes Marquet, Plumkett, Ceritto et de je ne sais combien de jolies créatures.

— C'est vrai ; mais je suis rassasié des ballérines, des filles de théâtre et des lorettes qui se rient de moi. D'ailleurs, je veux faire une fin.

— Comment l'entendez-vous, sire ?

— Mon cher, je pense qu'il est temps de me marier, et je ne vois pas pourquoi j'hésiterais à épouser Mlle de Montijo. Après tout, elle a de la naissance.

— Y songez-vous, sire ? répliqua Mocquard. Et le monde ! et la France !

— Je m'en bats la prunelle.

— Mais c'est une mésalliance !

— Je suis maître de prendre la femme qui me convient.

— Puisque vous avez intention de faire dynastie, choisissez du moins une princesse.

— Ne sais-tu pas qu'on me refuse toutes celles que je demande? C'est un parti pris contre moi. Aussi vais-je céder à mon penchant.

— Et que dira miss Howard en apprenant que Votre Majesté lui préfère sa rivale?

— Arrange-toi pour m'épargner une explication avec ta pupille. Qu'elle ne se leurre plus du fol espoir de ceindre un diadème.

— Vous lui aviez si bien promis de lui donner un jour la main droite! fit Mocquard en souriant.

— Promettre et tenir sont deux. — Sans compter que son fils ne fera jamais qu'un crétin et qu'Élise m'ennuie avec ses airs d'Ariane éplorée. Sa jalousie est insupportable, surtout lorsqu'elle est à jeun. J'aime mieux son ivresse échevelée que ses larmes. Qui donc me délivrera de cette maudite Anglaise?

C'est ainsi que Louis raisonnait à propos de miss Howard, mais celle-ci jouait le sentiment, de peur de trahison et pour s'attacher à jamais Badinguet. Vains efforts; sa sensiblerie, ses fureurs même ne pouvaient changer la résolution de son amant.

Nonobstant tous les bruits qui circulaient au sujet du mariage impérial, miss Howard refusait d'y croire. Dans sa conviction, Badinguet bernait sa rivale, et Mocquard, qui n'osait la désabuser, de crainte d'un éclat, trouva moyen de la conduire au Havre la veille même de l'heureux jour où son maître allumait le flambeau de l'hyménée.

Voilà donc que, sur son front incapable de rougir, Badinguet a résolu de mêler le myrte au laurier sanglant de Décembre. — Des tentatives faites dans ce but par vingt agents diplomatiques avaient échoué. Ce monarque de plaisante espèce était au ban de toutes les familles régnantes, pas une famille princière ne voulait de lui pour gendre; il se vengea à sa manière en épousant une courtisane.

On ne pouvait se montrer difficile quant au blason; sur un chapitre plus délicat, on le fut moins encore. Personne à Madrid n'ignorait les aventures *romanesques* de Mlle de Montijo, ni ses intrigues avec le comte de Glaves, ni ses rendez-vous du matin au musée de Madrid avec son cousin, ni sa tentative de suicide à Spa pour un amant infidèle ; — puis à Paris ses joyeuses parties carrées avec MM. Aguado dans les cabinets particuliers du restaurateur Philippe. Ces dernières aventures se sont révélées d'ailleurs lors du procès de Mme Hope.

Évidemment, disait-on, l'impératrice manque d'esprit; mais en revanche quel profil et quel bras ! Elle fume la cigarille, adore les combats de taureaux et monte à poil comme un palefrenier. Toujours est-il que l'équitation l'a menée loin et qu'elle ne s'attendait pas à tenir un jour un sceptre au lieu d'une cravache.

Dans une proclamation officielle qui expliquait son singulier mariage, Louis Napoléon a osé affirmer que la famille Teba-Montijo, quoique étrangère, est éminemment française par le cœur et qu'elle a épousé notre cause pendant le règne de Joseph Bonaparte. C'était un impudent mensonge; l'historien Nélaton démontre, au contraire, que les Teba sont de vrais Espagnols; ils nous ont toujours été hostiles et ont combattu contre nous dans la Péninsule. C'est même l'oncle d'Eugénie qui a été personnellement cause de l'échec honteux essuyé par l'armée française à Baylen.

Ainsi que nous le savons, c'est dans une chasse à Compiègne que la plus rouée des duègnes tendit le piége où devait tomber le plus sensuel des hommes. Un tel choix n'était qu'un insolent défi jeté à la France. Mais comment la reine Victoria, noble fille de tant de rois, a-t-elle pu consentir à venir faire sa cour à un usurpateur et à saluer une *Lola Montès* réussie, digne compagne de celui qui, avant d'arriver au trône, s'était vautré dans la fange? — La politique a parfois de singulières exigences.

D'autres historiographes expliqueront sans doute cette particularité mystérieuse. Mais rentrons dans l'action, qui va prendre des proportions étourdissantes; car, sur le théâtre impérial, c'est toujours de plus fort en plus fort, comme chez Nicolet.

CHAPITRE XIII.

SUITE DU PRÉCÉDENT.

SOMMAIRE. — Miss Howard à Frascati. — Madame *mère* et le financier. — Badingue et *Nini* chansonnés. — L'impératrice et le comte de Glaves. — Assassinat de Camerata.

Nous venons de dire que miss Howard, cédant aux désirs de son tuteur, était allée faire une excursion sur les bords de la Manche. Confinée à Frascati par Mocquard, elle s'abandonna à son ancien penchant pour les vins fins et les liqueurs, jusqu'à ce que le *Moniteur* lui eût révélé qu'Arlequin-Empereur avait épousé Colombine.

Alors la favorite ploya bagage et accourut à Paris à toute vapeur. Mais quel spectacle frappa ses yeux en rentrant chez elle (1)! Piétri, par l'ordre de Badinguet, avait fait main basse sur les meubles et les papiers.

— Ah! le marpeau! le filou! l'assassin! hurla-t-elle. Quoi! il a dit oui pour cette *jument foireuse!* Oh! je l'en dégoûterai!

(1) Miss Howard avait son hôtel rue du Cirque, n° 14.

Sur-le-champ, elle vida quelques verres de rhum, sa liqueur de prédilection, et se mit à écrire à Badinguet une lettre que la pudeur nous empêche de reproduire en entier.

Entre autres gentillesses, on y remarquait ce passage :

« Ce n'est pas une femme que tu as épousée, mais une fuite de gaz qui infectera tes palais. Hâte-toi d'y faire construire des ventilateurs si tu ne veux pas être asphyxié. »

On croira peut-être que le dépit où la jalousie dictait ces lignes à miss Howard ; mais il n'en est rien. Pareille à ces cavales ardentes qui crépitent d'aise sous l'étalon, Nini ne pouvait retenir ces doux soupirs que la duchesse du Maine envoyait si poétiquement à son mari. Elle est réellement affligée d'une *tympanite* chronique depuis sa tentative de suicide en Belgique. Cette maladie, qu'accusait du reste son extrême pâleur, lui causa bien des désagréments.

Le roi de la sacoche s'amusait un jour à nous raconter la plus réjouissante historiette qui se puisse imaginer. Comme tant d'autres il avait payé son tribut aux charmes de Nini. Cela lui avait coûté gros ; car, indépendamment d'une maison montée et de tout ce qui s'ensuit, madame sa mère, en femme positive, s'était fait accorder une pension mensuelle de 10,000 francs, moyennant quoi elle servait de plastron à sa fille.

Mécontent d'avoir été mystifié quant à *l'innocence* de Nini, le Crésus eut une vive altercation avec sa maman. Celle-ci, toujours un peu poissarde, l'accabla de mauvaises paroles.

— Vous me débiteriez tout le vocabulaire des

Halles, riposta le financier, que ça ne m'empêcherait pas de dire que vous m'avez dupé en me vendant votre fille. Non-seulement, elle n'avait plus sa virginité, mais vous me cachiez l'infirmité qui rend son voisinage si incommode.

— Qu'entendez-vous par là? fit la duègne toute confuse.

— Vous le savez aussi bien que moi, répliqua le banquier.

— Je croyais vous avoir prévenu qu'Eugénie est légèrement vaporeuse, ainsi que la plupart des jolies femmes.

— Quoiqu'il y ait beaucoup mieux, je ne discute pas sa beauté. Mais pour sa vertu...

— Vous mettriez en doute sa pureté, ce parfum de noblesse?...

— Quant au parfum... il est assez étrange!

— Vos plaisanteries sont de haut goût, baron; ma fille est fraîche et suave.

— Pour ceux qui n'aiment pas la chair fraîche.

— Mais c'est vous qui empestez!

— Modérez vos expressions, la mère!

— N'insultez donc pas ma fille.

— Vous ai-je acheté le droit de la déflorer?

— D'accord, mais Eugénie était sage avant de vous connaître.

— A d'autres! je me connais en pucelles.

— Comment, vieux satyre, vous oseriez soutenir devant moi que vous n'avez pas eu l'étrenne de ma fille?

— Je vous le répète, malgré ses artifices, Mlle de Montijo n'a pu me tromper à l'endroit de son ingénuité. Et comme elle n'est pas plus vierge qu'inodore, notre marché est rompu.

— Eh bien, nous plaiderons.

— Ça m'est égal ; j'ai deux cas rédhibitoires que mon avocat fera valoir au besoin.

La vieille Montijo voulait poursuivre, dans l'espoir de faire chanter le financier, mais son avoué parvint à l'en dissuader.

Assurément ce n'est pas pour le plaisir d'entrer dans la vie privée de la Montijo et de sa mère, mais bien pour exposer les mœurs du temps, que nous prenons à tâche de dévoiler leurs turpitudes. — A la rigueur, on pourrait absoudre Louis Napoléon de son coup d'État, mais on ne lui pardonnera jamais de nous avoir donné Eugénie pour régente. Quelle honte pour la France de voir une pareille femme signer des décrets et présider au conseil des ministres !

L'esprit gaulois, mis en verve par les noces de Badingue et de Nini, fit pleuvoir sur *ces Majestés* un déluge de chansons.

Parmi *les moins graveleuses* nous trouvons ce couplet :

Air connu.

A Compiègne Napoléon
Vous a mis la main au derrière,
Et depuis ce jour-là, dit-on,
Vous faites par trop de poussière.
Mais sa couronne est en carton :
Badinguet vous vole, ma chère.

Nous en passons de plus *drôles* pour ne pas choquer des susceptibilités pudibondes.

On doit bien penser que miss Howard faisait sa partie dans ce concert burlesque et que Nini dut souffrir des traits acérés qu'elle lui lançait de temps à autre. La rivalité de ces deux créatures tracassait le Badinguet; mais la raison du plus fort étant toujours la meilleure, l'impératrice *tomba* la favorite.

Ce fut Mocquard qui eut la corvée d'éloigner de Paris sa rancunière pupille.

— Ma chère Élise, lui dit-il un jour, je viens vous annoncer une bonne nouvelle.

— Va te promener! fit l'Anglaise, qui sentait que ce préambule ne présageait rien de bon.

— De ce que l'empereur n'a pu tenir sa parole, il veut au moins vous donner une fiche de consolation.

— Qu'il divorce d'avec sa *pourriture* d'Espagnole, c'est tout ce que je demande.

— Ça viendra peut-être, mais en attendant voici les parchemins de comtesse de l'empire que Sa Majesté vous fait remettre.

— Et mon argent?

— Outre les lettres de propriété du château de Beauregard et les frais d'arrangement qu'il prend à sa charge, l'empereur vous offre 50,000 francs par mois, jusqu'à complet acquittement de la somme dont il vous est redevable. Cet arrangement vous convient, sans doute? ajouta Mocquard.

Il fallut en passer par là, mais le secrétaire intime n'avait jamais mis autant de diplomatie pour traiter une affaire d'État.

La pétulante Eugénie triomphait sans esclandre; mais quoique reléguée à Beauregard, miss Howard lui faisait une guerre sourde.

Poussée à bout, l'impératrice la fit expulser de France, où elle ne put revenir qu'après un certain laps de temps, grâce au comte de *** qui l'épousa et dont elle devint veuve on ne sait comment.

Par malheur, il était écrit que Badinguet, qui avait tout risqué pour ce mariage d'inclination, ne pourrait savourer en paix les douceurs de la lune de miel. — Madame Mère, paraît-il, avait le madère expansif, la mémoire trop fidèle, et il lui arrivait parfois de s'attendrir sur le pauvre *chérubin* laissé en Espagne et que sa grand'maman eût bien voulu voir aux Tuileries.

Il fallait couper court au péril de ces révélations : ce fut l'affaire d'un moment. Un beau soir, Mme de Montijo disparut, bien accompagnée, lestée d'environ *quatre millions* d'excellentes valeurs, et rapidement emportée par un express-train du Grand Central. — Depuis on en a rarement entendu parler.

Les conjoints étaient tout heureux du départ de la vieille Montijo. Ils respiraient, n'ayant plus auprès d'eux cette satanée douairière qui débitait tant de bruits scandaleux. La cour s'organisait au grand complet, quand Badinguet devint tout à coup taciturne. Un accident fâcheux était arrivé au jeune comte de Glaves, qui, on l'a dit, était à la fois l'*ami* et le compatriote de Nini.

Ce noble Castillan, en conduisant un quadrille, fit un soir une chute malheureuse. Tout le monde crut qu'il s'était cassé la jambe. Nini le fit aussitôt transporter dans un appartement des Tuileries.

Elle lui prodiguait tant de soins qu'une nuit l'empereur ne la trouva pas dans sa chambre à coucher, et comme il s'en retournait tout pensif, l'idée lui vint d'entrer sans se faire annoncer chez le comte de Glaves.

L'impératrice était auprès du blessé... Son mari, fronçant le sourcil, grommela, sur le ton du sire de Framboisy :

Corbleu! madame, que faites-vous ici?

Il n'y avait pas à répondre :

J' danse la polka, etc.

Toutefois, Nini se disculpa ; mais au petit jour, un des chambellans de Badinguet fit déloger le grand d'Espagne et l'escorta jusqu'à la frontière en lui signifiant que, s'il reparaissait à Paris, l'ordre était donné de l'expédier sans miséricorde.

Le comte de Glaves ne répliqua pas et bien lui en prit.

Un autre événement qui survint par la suite se termina plus tragiquement.

Napoléon III, pendant les premières années de son mariage, était horriblement jaloux. Le moindre écart de l'impératrice le rendait d'une humeur massacrante. Un moment vint où son confident Mocquard ne l'abordait plus qu'en tremblant ; mais les exigences du service l'obligeant à communiquer un rapport à son empereur, il ne put résister à lui demander la cause de sa tristesse et de son inquiétude.

— Mon vieil ami, dit Badinguet, je suis consterné, indigné de ce qu'un messager confidentiel m'a appris ces jours-ci et de ce qu'il m'a fait découvrir.

— Serait-ce une indiscrétion de demander à Votre Majesté ce dont il s'agit?

— Tu es dévoué autant que discret, je puis donc t'avouer qu'on me trompe... qu'on me trahit!

— Est-ce possible ! Et qui donc ?

— L'impératrice.

— Ah ! sire ! ne le croyez pas. On veut sans doute empoisonner votre bonheur.

— C'est ce que j'ai pensé en lisant ce rapport qui me vient je ne sais d'où ; mais on m'y révèle tout le passé honteux d'Eugénie. J'en étais vaguement instruit, mais je suis on ne peut plus mal servi ; aussi, j'ai voulu savoir par moi-même à quoi m'en tenir, et l'impératrice a été surveillée de près. T'imaginerais-tu que l'infâme que j'ai conduite à Notre-Dame en habits de fiancée était la maîtresse du comte Camerata et qu'elle a continué d'entretenir avec lui de coupables relations ! On m'assure même qu'elle est enceinte de son amant.

— Calomnie ! fit Mocquard, qui, plus atterré que surpris par cette révélation, tenta d'en atténuer l'effet.

— Je voudrais pour beaucoup qu'il y eût de l'exagération dans les faits qu'on me signale. Par malheur, les preuves nombreuses, éclatantes de la perfidie et des infidélités de ma femme s'accumulent. Un de mes Corses vient de m'annoncer qu'hier, en plein bal, Camerata, donnant le bras à l'impératrice, a eu l'audace de lui exprimer hautement son amour, et que ce soir même, elle doit prétexter une indisposition pour ne pas m'accompagner au théâtre et rester jusqu'à minuit en tête-à-tête avec Camerata. Ah ! si ce qu'on m'a dit est vrai, malheur à lui, malheur à elle, je me vengerai cruellement !

Pour abréger autant que possible les détails, nous irons droit au fait. — La nuit venue, l'empereur part en grand équipage pour l'Opéra, où il affecte de se montrer pendant quelques instants. Profitant de son absence, Eugénie sort des Tuileries et se rend clandestinement rue du Cirque, où demeure le comte Camerata.

Celui-ci, loin d'écouter les avertissements d'une amie fort bien en cour, donnait des preuves de tendresse à sa bien-aimée souveraine. Tout à coup, les portes du boudoir s'ouvrent brusquement.

A l'aspect de César courroucé et des sinistres personnages qui l'accompagnaient, Camerata et Nini restèrent pétrifiés de terreur. . . . .

Finalement, pour donner le change sur la mort du comte Camerata, le fidèle Mocquard rédigea un petit entrefilet qui fut envoyé aux journaux de l'époque avec ordre de l'insérer sans commentaires.

A titre de document, nous le reproduisons textuellement:

« Le comte Napoléon Camerata, fils de madame Bacciochi, cousine germaine de l'empereur et tante du premier chambellan des Tuileries, vient de se suicider. On attribue cet acte de désespoir *à la mort d'une jeune artiste du théâtre du Gymnase*, Mlle Marthe, *dont la fin suivit de très-près celle du jeune comte.* »

Ce désespoir qui *précède* la mort de celle qui l'occasionne, serait de la plus haute bouffonnerie si ce n'était atrocement odieux.

CHAPITRE XIV.

COUR PLÉNIÈRE.

SOMMAIRE. — Jérôme Bonaparte et son fils. — Mathilde Demidoff. — Saint-Arnaud et Cornemuse. — Un précieux autographe. — Le cordon des Magnan — Le traître Vaudrey. — Le docteur Conneau. — Un juif retors. — Fleury et Bacciochi. — Le lupanar impérial. — Napoléon III et la Marquet. — Le pourvoyeur et la Montijo. — La chambre noire. — Un soufflet vaut une chanson. — Coquetterie de la belle Espagnole. — Les soirées impériales. — Trianon. — Une petite fête de famille. — Impératrice et favorite.

Les principaux membres de la famille Bonaparte accourus de tous les coins de l'Europe n'étaient pas faits, il est vrai, pour dédommager l'empereur de la bassesse de son entourage, ni pour relever sa considération dans les cours étrangères.

Si de déplorables antécédents avaient flétri le passé du Nestor de la race, son présent ne valait guère mieux. Libertin dans sa jeunesse, Jérôme Bonaparte, le plus jeune frère du vrai Napoléon, se croyait propre à tout : sa prétention fut d'abord d'être l'aide de camp du grand homme. Celui-ci mit le jeune présomptueux dans la marine. Mais ne se sentant pas l'étoffe d'un Jean Bart, Jérôme se fit exempter d'une si rude carrière par la Faculté. La suite montra bien d'ailleurs ce qu'était l'homme, lorsque par condescendance pour son aîné il eut la lâcheté de renier tout à la fois sa femme légitime, Mlle Paderborn, et le fils qu'elle lui avait donné.

Devenu roi de Westphalie, on ne vit plus à sa cour de Cassel que des filles de joie. Lorsque le censeur tout-puissant qui trônait aux Tuileries envoyait des aides de camp mettre aux arrêts ce monarque pour rire, l'officier chargé de cette mission était sûr de trouver le royal délinquant attablé et entouré d'un essaim de *beautés* amenées du Palais-Royal et dont le galant Pigault-Lebrun, son secrétaire, esquissait les profils pour en orner ses romans.

Ce que l'on pouvait attendre d'un homme de cette trempe, la déroute de Moscou l'a tristement montré. Chargé par son frère de protéger les dépôts de la grande armée, Jérôme se laissa surprendre par les Russes, qui s'emparèrent des vivres et des munitions destinés à alimenter nos troupes pendant trois mois. Fatale impéritie, qui devait avoir pour conséquence d'ouvrir le chemin de Paris aux Cosaques, et dont les flatteurs qui sous l'empire de son neveu firent à Jérôme d'élogieuses biographies ont eu bien soin de ne pas parler.

Il est vrai que la profonde nullité de cet oncle a servi de contre-poids aux prétentions qu'il semblait vouloir émettre, au grand effroi de Louis Napoléon, qui le confina bien vite aux Invalides.

Pourtant, il faut l'avouer, Jérôme a conçu dans sa

vie une idée raisonnable. Napoléon III, qui dans son
sot orgueil croyait faire dynastie, voulait placer dans
les caveaux de Saint-Denis, d'où les cendres de son
frère aîné avaient été rejetées en 1814, le tombeau du
chef de sa race ; mais l'ex-roi de Westphalie, compre-
nant d'instinct que tôt ou tard la chute de son impérial neveu occasionnerait encore une violation de
sépulture, s'y opposa avec l'entêtement du désespoir.
Cela a donné lieu à de curieuses scènes d'intérieur
aux Tuileries.

Somme toute, Jérôme a dû finir comme il avait
commencé ; sa vieillesse libertine se complaisait encore dans des galanteries surannées, qui usèrent le
reste de ses forces ; en sorte que la vie de ce vieux
penard fut constamment ignoble, inutile et sans gloire.
— Fidèle à ses idées, il a voulu aussi être inhumé
dans le temple des braves, vis-à-vis de son frère. Le
géant et le pygmée en parallèle ! En songeant à ses
obsèques, Louis Napoléon, qui ne voyait pas d'autres
obstacles à ses desseins nécro-dynastiques, avait, dit-on,
résolu de lui faire inaugurer l'ouverture des caveaux
impériaux ; mais ce projet fut ajourné. Cependant
Eugénie, qui se piquait d'être bonne catholique, ne
voulut pas que Jérôme partît pour l'autre monde sans
confession. Elle lui décocha un archiprêtre éloquent
et subtil, qui, nouvel Alcide, parvint à nettoyer la
conscience de ce paillard, plus immonde peut-être que
l'étable d'Augias.

On pourrait croire qu'il est des infirmités morales
héréditaires ; car si Jérôme Bonaparte ne fut rien
moins qu'un héros, son fils est si peu brave qu'il
en est ridicule.

Tout le monde n'a pas reçu ce don de la nature ; mais quand on est prince, et qu'on manque de cette qualité, cela peut avoir des inconvénients.

La fatalité a voulu que le général *Plonplon* (c'est le nom de guerre de Son Altesse Napoléon Bonaparte), qui croyait avoir hérité, avec une grande ressemblance physique, des vertus martiales de son oncle, rende plus fâcheuse encore la comparaison. Pour surcroît d'infortune, il arrive que ce gros garçon a précisément mis son amour-propre à imiter le geste, la parole saccadée, la pose familière et les décisions brusquement impérieuses de son modèle.

Ces façons hautaines faillirent un jour lui coûter la vie, non pas en duel, car il ne se battit jamais, dût-il être giflé, cravaché, comme il le fut par le comte de La Rochepouchin, ancien ministre de la guerre de Lucques et Parme; mais pour s'être emporté contre un de ses palefreniers qui, furieux de sa brutalité, l'étendait d'un coup de fourche sur le fumier si l'on n'était accouru à son secours.

Les sarcasmes de l'empereur et de l'impératrice, qui l'engageaient à aller en Belgique pour une affaire d'honneur, ne purent le décider à croiser l'épée avec le duc d'Aumale, qui le bafouait et lui proposait un cartel, à cause d'un libelle injurieux qu'il avait osé publier contre les d'Orléans.

Mais un jour retentit un bruit de guerre ; le fils de Jérôme ressent tout à coup une violente passion pour les combats. Il demande à partir pour la Crimée. En bon parent, Louis Napoléon l'improvise général et lui donne procuration pour se faire tuer. Plonplon jure de revenir vainqueur des Moscovites.

Un certain proverbe dit que c'est au pied du mur qu'on connaît le maçon ; le prince, paraît-il, n'était pas de ceux qui renversent les murailles.

A peine a t-il vu l'ennemi qu'une indisposition subite le saisit. Les docteurs accourent, interrogent le diagnostic du prince et cherchent vainement le principe de la maladie. Ce n'est qu'après trois jours qu'un trait de lumière leur révèle la vérité.

Ils constatent que, par un singulier phénomène, l'odeur de la poudre agit sur les entrailles du prince à la manière des drastiques, et que le soin de sa santé exige qu'on l'éloigne du champ de bataille.

Par là s'expliquent le retour précipité de cet Achille aux pieds légers, et la grimace qui le fait involontairement sourciller chaque fois que dans une conversation il est question de *tranchées*. Une chanson un peu grossière courut à ce sujet d'un bout du camp à l'autre ; elle a été composée devant Sébastopol par un sergent-poëte. On ne l'a pas décoré !

A quelque temps de là naît un bébé au couple impérial. — Adieu le titre de prince héréditaire, les prérogatives, les espérances... La disgrâce commence ; *Plonplon*, désormais annihilé, fait de l'opposition : il groupe, à ses soirées du Palais-Royal, les Émile de Girardin, les Peyrat, les Nefftzer, etc., etc. Déjà sous le Président *ce César déclassé*, tant vanté par About, avait essayé de renverser son cousin en se liant avec les démagogues les plus forcenés. On lui prête même encore un rôle déloyal, convenu à l'intérieur avec les républicains et à l'extérieur avec des princes étrangers.

Alors l'empereur l'envoie faire quelques voyages d'agrément au pôle Nord, ou des explorations scientitiques en Islande. Là se manifeste la crasse ignorance du prince, qui à un discours en latin ne trouve rien à répondre. Pas un de ses compagnons ne savait traduire un vers de Virgile et il se trouvait dans sa suite de prétendus polyglottes. Le fait est consigné dans le livre même où Son Altesse retrace ses excursions dans les mers polaires.

Rentré en grâce, le prince Napoléon se montre acharné contre le gouvernement papal et les prêtres ; il pousse de toutes ses forces à une campagne maritime et continentale. Il ne respire plus que canonnières, frégates et bâtiments cuirassés. Il va assister aux premiers essais de *la Gloire*, ce qui permet aux plaisants de faire observer que pour la première fois *la Gloire* et le vainqueur de Crimée parviennent à se rencontrer.

Pendant quelques jours, il tient le ministère de l'Algérie, créé tout exprès pour lui, et se rend impossible par ses décrets. — Enfin, on le marie à une princesse de Savoie, mais un tel honneur ne l'empêche pas de s'avilir avec des prostituées connues de tout Paris.

Un jour, son auguste cousin décrète une grande exposition universelle. *Plonplon*, se voyant condamné à d'éternels loisirs, sent le besoin de sortir de cette nullité désespérante. Il veut présider à la chose. A l'aide de trois ou quatre bâtiments supplémentaires et d'un ajournement prolongé, il finit par être en mesure ou à peu près d'en faire l'inauguration. — Un tarif longuement mûri et élaboré au Palais-Royal détermine les jours et le prix d'entrée ; on l'applique aussitôt ; mais l'expérience prouve qu'il est absurde. Vite un décret, inséré dans le *Moniteur*, développe une série de considérants et ordonne un contre-tarif. Huit jours sont à peine écoulés, que des considérants TOUT CON-TRAIRES viennent prouver qu'on s'est trompé et que le prince s'en tient définitivement au tarif arrêté d'abord.

Ce n'est pas tout : il faut que la péroraison soit digne de l'exorde. Les objets envoyés au Palais de l'Industrie sont entassés pêle-mêle, dans une ingénieuse confusion, ce qui rend les comparaisons des produits similaires impossibles, et il faut que chaque visiteur revienne dix fois avant de rien comprendre. Quel gâchis! et quel héritier présomptif!

Finalement, pour prendre ombrage d'un pareil imbécile, il fallait vraiment que Louis Napoléon n'eût pas grande confiance en lui-même.

Poursuivons, et du frère passons à la sœur. Que dire de cette créature appelée *Mathilde* à la cour de Napoléon III?... — Ne pouvant plus, pour l'avoir sali, porter le nom de son époux légitime le prince Demidoff, elle en est réduite à un simple prénom, comme les courtisanes. La nature l'avait faite lorette ; le sort, par raillerie, a pu en faire une princesse, mais il n'a pu changer ses instincts natifs. Aussi, les étrangers qui allaient visiter Enghien pouvaient, le soir, entendre sur le lac une femme à la voix éraillée, aux allures décolletées, qui faisait retentir la rive de cris et d'exclamations empruntés au glossaire des bals publics. Cette rencontre en un tel lieu les étonnait, et quand on leur assurait que la bacchante était une Altesse Impériale, ils s'en allaient avec la conviction qu'on les avait cruellement mystifiés.

Il était sans doute dans la destinée des cours napoléoniennes de briller fort peu par les femmes. — On sait que les mœurs de Joséphine n'étaient pas complétement exemptes de galanterie ; le manque d'intelligence de Marie-Louise est historique, et les scandaleux débordements d'Hortense sont encore présents à la mémoire de tous ses contemporains. — Le reste de la cour, sous le premier Empire, était à l'avenant : des cantinières, qui avaient épousé des sergents, sentaient bien la nécessité d'apprendre à lire et à marcher, mais à leur âge la chose n'était pas facile. Quelles cocasseries ! quels cuirs ! quels mots saugrenus se commettaient le soir aux Tuileries et se répétaient dans les salons du noble faubourg, sous le règne du petit Caporal !

La cour de Napoléon III était moins ignare, mais bien curieuse à étudier ; elle fournira un jour un recueil très-piquant à l'observateur qui aura pris des notes sur les façons, les habitudes et le langage de *ces dames*, à commencer par en haut. Si la princesse Clotilde lui prêta pour un instant de gracieux reflets, la Waleska et bien d'autres en furent le triste correctif. En somme, le blason d'une Demidoff faisait pendant à l'écusson de la Cruvelli ou de la Mogador.

Ennuyé de son isolement, il était tout simple que Louis Napoléon voulût se fabriquer une famille ; mais, dans une si nombreuse lignée, s'il n'a trouvé rien de mieux que ce qu'il proposa aux hommages des Français, c'est qu'en réalité elle fournissait peu ou qu'il ne sut faire que de mauvais choix. Encore cette étrange parenté lui donna-t-elle presque autant de souci que celle qu'il tenait de la nature.

Nous ne voulons parler ici que des collatéraux bâtards ou adultérins ; d'un Morny, que Louis-Napoléon n'a pas eu honte d'appeler dans ses conseils après lui avoir reconstitué une fortune scandaleuse à l'aide du télégraphe et des concessions de chemins de fer, et auquel il ne cessa de témoigner une prédilection qui accusait sans pudeur les faiblesses de sa mère; d'un Walewski, pantin dont il tenait les ficelles, et qui avait longtemps colporté sa nullité dans la presse avant qu'on en fît un homme d'État.

A la suite de ces honorables membres de la *légitimité* impériale, on vit paraître à la cour tout ce qui, de près ou de loin, tenait à la famille : les Murat, les Abattucci, les Bacciochi et autres noms en *i*, bref, toute la corserie qui s'abattit aux Tuileries comme une bande de vautours.

Bien qu'en 1836, dans les *Idées napoléoniennes*, il eût pleinement démontré l'inutilité des castes, Louis Napoléon, imitant Soulouque, qui venait de créer des ducs de *Trou-Bonbon* et de la *Marmelade,* s'empressa d'anoblir les raffalés de Carlton-Gardens. Indépendamment d'un certain nombre de titres et de collations de la particule qui n'ont pas été rendus publics et qu'on peut évaluer à environ cinq cents, il y a eu, sous le second empire, 368 particules autorisées; mais, comme son oncle, Napoléon III avait horreur du marquisat ; il n'a fait que 12 ducs, 19 comtes ou vicomtes et 24 barons.

Ce n'était qu'un commencement, car Sa Majesté Impériale voulait nous gratifier de 30 autres ducs, 60 comtes et 400 barons, qui devaient s'élever avec le trône, avoir maison à Paris, bons de caisse pour la payer et rentes sur l'État afin de tenir leur rang à la cour. La liste était toute prête, ainsi que le décret qui devait ressusciter de nos jours l'ancienne féodalité et tous ses priviléges seigneuriaux.

A présent, mieux que tout autre, Louis Napoléon doit savoir que l'homme propose et Dieu dispose.

Quoi qu'il en soit de cette réminiscence du moyen âge, le sieur Fialin, pour services rendus, reçut une prime de 500,000 fr., le titre de comte de l'empire et plus tard le duché de Chamarande, avec une pension de 40,000 fr. par mois sur la cassette particulière de Sa Majesté. Créé ambassadeur, grand'croix de la Légion d'honneur, ministre, sénateur, fonctions grassement appointées, il faut avouer que Jean-Gilbert-Victor-François Fialin de Persigny n'était pas trop à plaindre pour un conspirateur et qu'il a fait en somme un assez beau chemin. Il n'est pas certain que ses talents militaires ni même ses facultés littéraires lui eussent aussi bien réussi que les complots, si l'on en juge par ses états de services et ses écrits. N'oublions pas cependant qu'on le cassa de son grade pour irrégularités graves dans sa comptabilité et qu'on le renvoya du régiment sans le moindre certificat de bonne conduite. A une époque où l'humble prétendant propageait l'*Idée impériale* parut l'*Occident français*, où se trouvent soulignés les passages suivants : « A nous l'idée napoléonienne, suppliciée et mise à mort à Sainte-Hélène dans la personne de son glorieux représentant. Que ceux qui l'ont crucifiée apprennent leur sentence. (En gros caractères :) « *Il ne doit pas rester pierre sur pierre de la Babylone britannique !* » Telle est la mission que nous nous sommes donnée et à laquelle nous engageons notre fortune et notre existence d'homme. Ce sera notre tâche ! A nous cette œuvre de destruction, dont la formule incarnée se résume en Louis Napoléon. »

Cela est signé Persigny. Mais il est de notoriété publique que le jour où cet anglophobe fit tirer la première affiche qui posait la candidature de Louis Naléon, la fortune personnelle de Persigny se composait d'une pièce de deux francs, et qu'il empruntait dix francs au bottier Devaux, du passage des Panoramas, pour acheter un chapeau.

N'oublions pas non plus que, devenu ministre et représentant de Napoléon III auprès de la reine Victoria, ledit Persigny changea si lestement de caractère et de langage, que ses discours filandreux tournaient à l'anglomanie ; mais John Bull, qui a bonne mémoire et se rappelait les passages de la brochure précitée, allait de temps en temps casser les vitres de Son Excellence.

Outre qu'il s'évertuait à nous expliquer à sa façon les libertés anglaises, les avantages du traité de commerce et autres choses encore, l'ex-maréchal des logis Fialin brodait sur différents thèmes. Quand la politique lui en laissait les loisirs, il s'amusait à folâtrer à tort et à travers dans les domaines de la science. C'est ainsi que, voulant nous prouver sa prodigieuse érudition et la puissance de son raisonnement, ce virtuose du césarisme exécutait des variations sur des motifs tirés de l'Histoire ancienne, de la Mythologie et des Métamorphoses d'Ovide. Non content d'avoir argumenté sur les Pyramides, il aborda ce sujet fabuleux :

« Je me suis, dit-il, demandé souvent pourquoi les anciens représentaient Vénus accompagnée des trois Grâces, et voici le sens allégorique que je crois naturel de prêter à cette fable : c'est de voir dans *les trois compagnes de Vénus* (???) la grâce du corps, la grâce de l'esprit et la grâce du cœur.

» Lorsque Junon, Pallas et Vénus se disputèrent le prix de la beauté, elles durent apparaître au berger Pâris aussi belles, aussi admirables l'une que l'autre, car c'étaient les premières déesses de l'Olympe. Mais la fière Junon n'avait pas la grâce du cœur, et Pallas était trop virile pour se soucier des grâces de l'esprit.

» Seule, Vénus avait les trois grâces. »

Les malveillants, qui sont partout nombreux, ne laissaient pas de causer du tracas à ce diplomate imbu de paganisme. Tout en rendant hommage à son entier dévouement, ils remontaient à son origine et détaillaient complaisamment les mystères de sa vie politique et privée.

Citant son interrogatoire devant la Cour des pairs, on rappelait cette question que lui adressa le président Pasquier :

— Fialin, pourquoi vous appelez-vous de Persigny ?

— Parce que ce nom est celui d'une terre appartenant à ma famille, répondit l'accusé.

En effet, on lit dans l'Annuaire de 1830 que son père, huissier à Saint-Martin d'Estréaux, ayant acheté dans les environs une petite sapinière et une cabane, s'était, depuis cette époque, donné le nom de Persigny, sous lequel il était connu. Cette coutume de s'anoblir est particulière au Forez.

L'Annuaire de 1850 raillait quelque peu le vicomte de fraîche date sur son titre de noblesse; mais l'Annuaire de 1853 paraissait avec cette variante ingénieuse :

« En 1698, d'Hozier, dans l'*Armorial général de France*, dressé par ordre de Louis XIV, enregistra d'office le blason d'Antoine Phialin, écuyer, sire de Persigny, auquel il donne pour armes : d'azur « à un chevron d'or chargé d'un losange de sable. »

Ainsi M. de Phialin ou Fialin posséderait des parchemins authentiques, mais il est à supposer que ses titres de comte et duc de l'empire sont plus contestables.

Toujours est-il que voici ses états de service : engagé volontaire au 3e hussards, maréchal des logis au 4e de la même arme dans la compagnie du capitaine Kersausie; libéré du service, il s'engagea dans l'armée du prétendant et fit la campagne de Strasbourg comme sous-officier.

Quelques-uns ont prétendu qu'à cette époque il reçut de l'argent du gouvernement de juillet pour avoir rendu compte au général Noïrial, commandant la place de Strasbourg, des dispositions prises par le prétendant en vue d'une attaque sur la Finkmatt. Le fait est que Fialin se sauva et ne parut point au procès.

Devenu le champion du prince Louis, l'intrépide Fialin se fit prendre avec lui à Boulogne et passa plusieurs années en prison. Dieu sait combien il souffrit pour l'empire; c'est au point que, durant sa captivité à la Conciergerie et à Doullens, il éprouvait le besoin de casser des chaises et de briser ce qui lui tombait sous la main. C'était un passe-temps tout comme un autre.

Tant d'héroïsme, tant de zèle méritaient une récompense. Aussi les premières largesses de son maître ont-elles été de lui donner un demi-million et une femme de son choix.

Quoiqu'une affiche célèbre ait interdit, sous des peines sévères, de faire allusion aux infortunes conjugales de cet homme d'État, nous en parlerons brièvement.

Évidemment, son mariage ne fut pas plus heureux que celui du prince de la Moskowa, son beau-père, avec Mlle Laffitte qui, séparée de son époux, vivait très-retirée avec ses enfants, dont elle était légataire universelle.

En mère sage et prévoyante, Mme de la Moscowa s'opposa tant qu'elle le put au mariage de sa fille avec Persigny; mais Badinguet, qui avait ses raisons, insista pour que cette union s'accomplît.

Mlle de la Moskowa apporta d'abord en dot une somme de sept millions, et, très-peu de temps après, elle héritait de la part de son frère qui mourut subitement au collége.

Il a couru alors des bruits étranges sur la fin prématurée de ce jeune homme; on a prétendu même que, la veille de sa mort, des individus de mauvaise mine avaient été vus sous les murs du lycée; mais la belle-mère, qui n'avait consenti qu'à regret à donner sa fille à M. de Persigny, revendiqua son titre de légataire et voulut en justifier le cas échéant. Par contre, son gendre lui dénia ce droit en vertu d'une clause qu'il avait eu la *malice* d'introduire dans le contrat de sa femme.

Bien mieux encore : Persigny déclara la belle-mère

tout à fait folle et la pourvut d'un conseil judiciaire.
C'est ainsi que les quatorze millions du banquier Laffitte
passèrent dans les mains de l'ex-maréchal des logis.

Dépouillée de sa fortune, Mᵐᵉ de la Moskowa dut se
réfugier en Suisse auprès d'une ancienne domestique
que son gendre avait fait expulser de France pour la
laisser sans appui.

Il faut lire une petite brochure intitulée *Le Marchand de Genève* pour bien connaître les intrigues qui
amenèrent cette spoliation.

Mais le bien mal acquis porte toujours malheur.
On fit tant de cancans que Fialin, qui était fou de
sa femme, en faillit devenir enragé. Quoique notoirement et itérativement *trompé*, il paraissait esclave de
ses moindres caprices. Aussi quelle douleur pour lui
que d'entendre dire qu'avant et après son mariage, il
existait une coupable intimité entre Mᵐᵉ la comtesse de
Persigny et l'empereur ; qu'elle avait disparu avec lui
dans un incendie et s'était fait enlever par Gramont-
Caderousse ; qu'enfin elle était la maîtresse d'un diplomate étranger et que pour s'en rapprocher rien ne
l'avait arrêtée.

La translation du ministère de l'Intérieur à la place
Beauvau n'eut pas d'autre cause. Madame s'ennuyait
beaucoup du calme de la rue Bellechasse, où elle n'entendait que les cloches des églises. Elle préféra le faubourg Saint-Honoré, et son galant aussi.

Ce déménagement, cette translation et les frais
accessoires représentaient la bagatelle de 600,000 fr.
qui ne se trouvaient disponibles nulle part. Il fallut se
rabattre sur les fonds secrets et rogner sur quelques
autres allocations pour se les procurer. Toujours est-il

que, les caisses se trouvant vides, on cessa dès ce moment toute espèce d'avances aux employés, et ce n'était que la veille du paiement des traitements que venaient les fonds du Trésor au ministère.

A côté de Persigny devait figurer de droit dans le cirque impérial le séide de Louis Napoléon. — Illustration du même calibre, le maréchal Saint-Arnaud aima mieux briller, on a vu pourquoi, à la cour du nouveau César que devant la Cour d'assises d'Orléansville.—Mais toutes les flatteries prodiguées à cet homme dès qu'il a grandi n'ont pu parvenir à effacer la tache de sang que le meurtre du général Cornemuse a imprimée à son front. Les faits sont bien connus; nous nous bornerons à les rappeler brièvement.

Un vol de 300,000 francs venait d'être commis dans le cabinet de l'empereur : seuls, Cornemuse et Saint-Arnaud y avaient pénétré. Tous deux se défendent de cette imputation; des injures ils passent à la provocation. On se bat dans le jardin réservé du Château, et Cornemuse est frappé mortellement avant même de s'être mis en garde. Cependant la victime conserve assez de force pour blesser grièvement son assassin.— Bravant ses souffrances, Saint-Arnaud prend aussitôt la fuite et ne s'arrête qu'à Antibes : sa conscience avait déjà d'autres crimes à porter. Que sont devenus les 300,000 francs? Qui les avait volés? Évidemment, lui, Saint-Arnaud.

Louis Napoléon voulait d'abord envoyer le meurtrier devant les tribunaux, mais Saint-Arnaud, passé maître en fourberie, avait eu la précaution de mettre en lieu sûr l'ordre sanglant du 2 décembre, écrit et signé L. N. Bonaparte, qui lui enjoignait *d'incendier Paris et d'égorger sa population en cas de résistance.* Entre coquins, il est bon de prendre des garanties. Cet autographe fut son égide.

Au reste, Saint-Arnaud n'en était pas à son coup d'essai. On avait bien d'autres larcins à lui reprocher. Certains vieux généraux de l'armée d'Afrique, et le parquet de la Bourse, où il se fit exécuter étant *ministre de la guerre*, en savent long sur ce chapitre.

Saint-Arnaud n'était pourtant ni le plus avili, ni le plus corrompu des courtisans de Louis Napoléon. A certains égards, Magnan le dépassait.

Le jour où Magnan reçut le grand cordon, les méchants s'écrièrent que c'était un héritage de famille (le grand-père de Magnan était portier à la chaussée d'Antin). Quant à lui, le caractère le plus saillant de sa physionomie, c'était une excessive rudesse empreinte sur ses traits, dans ses cheveux en brosse, dans sa structure, dans son geste, dans sa voix de rogomme. N'ayant pu adoucir sa grossièreté native, il s'en faisait un cachet qu'il croyait très-militaire.

En voyant cette tête de vieux sanglier, on était tenté de se demander si la qualité de grand-veneur n'était pas une épigramme contre sa physionomie.

Si Magnan n'eût été que brutal, on en aurait été quitte pour l'accepter ainsi ; mais il était corrompu et vénal comme un marquis de la Régence. Il avait de grosses passions ; il avait toujours joué et fait des dettes. Sa vie était émaillée de bassesses ; de tout temps son sabre a dû porter un bouchon de paille indiquant qu'il était à vendre ; souvent même il se vendit deux fois. Il est vrai qu'il refusa de livrer la garnison de Lille à l'aventurier de Boulogne, dont il croyait la cause perdue et trouvait les offres mesquines ; mais la veille du coup d'État, il acceptait, d'une main 300,000 francs que versait un légitimiste, et de l'autre, comme salaire du 2 décembre, une somme de 500,000 francs que lui comptait le colonel Fleury.

En Belgique, au camp de Beverloo, il vole à un officier une idée ingénieuse, s'en fait un mérite auprès du roi Léopold, et lui carotte de quoi payer ses dettes. A Lille, la bonne compagnie le repousse et la population le déteste. On sait qu'en Algérie il a fort peu brillé. Sa tête, vide d'idées, n'aurait jamais dû porter que le tricorne de sergent de ville. A Paris, ses désordres le perdent, et il n'échappe à la prison de Clichy que grâce à l'intimité d'un chef des gardes de commerce. Un jour, enfin, il se permet envers un officier judiciaire des violences dignes des galères : l'intervention de Louis Napoléon et d'humiliantes excuses suffisent à peine pour arrêter les conséquences de cette scandaleuse affaire. Père indigne, il laissa traîner son fils devant les tribunaux, plutôt que de solder ses créanciers ; enfin, à sa mort, il laissa pour héritage à sa famille plus de 800,000 fr. de dettes.

On se demande encore aujourd'hui comment on a pu faire descendre la dignité du maréchalat jusqu'à cet ignoble soudard.

Il semble en vérité que cette étrange cour impériale représente toutes les bigarrures de la bassesse humaine. Voici Vaudrey, l'ancien colonel du 4º régiment d'artillerie, qui pour avoir trahi son Roi, dans l'échauffourée de Strasbourg, est nommé gouverneur des Tuileries, honteuse sinécure. Quelques mots d'allusion blessante, échappés à d'anciens camarades, ont suffi pour empoisonner de remords sa coupable existence, lui ôter la raison et le mener au tombeau.

Voici le docteur Conneau, le Coictier du moderne Louis XI ; il professe une dévotion très prononcée pour Bacchus, dont le culte se concilie mal avec celui de la déesse Hygie. — La société parisienne n'ignorait pas cette particularité, aussi laissait-elle au docteur impérial tout le temps de cuver en paix ses souvenirs de Ham et ses déjeuners chez Véfour.

En général, les courtisans de Louis Napoléon avaient un trait de ressemblance commun. Altérés d'or, âpres à la curée, insatiables viveurs, les mines de la Californie n'eussent pas suffi à satisfaire leurs appétits. Le maître, qui connaissait cette maladie des parvenus, y avait porté remède. A la direction de sa maison et des finances de l'État, il avait préposé un Juif retors, inflexible, effronté : il avait mis dans ses mains la clef du Trésor et celle de l'Opéra. C'était, en effet, le seul moyen d'opposer un frein à ces soudards sans vergogne, dont les passions, dès qu'elles triomphent, ne connaissent plus ni borne ni mesure. Au surplus, un seul trait suffira pour le peindre. Failli lui-même, Fould a conseillé aux membres du Gouvernement provisoire de 48 la banqueroute de l'État.

Comment ne pas sourire en lisant au *Moniteur* la liste des invités aux fêtes des Tuileries? Jamais ces noms étranges n'ont figuré au *nobiliaire* de France, jamais ils n'y seront inscrits. C'était une noblesse d'un nouveau genre, une race à part, née des besoins du moment. Quant aux femmes, ce n'était que des *filles* dans toute l'acception du mot.

8.

O vous, majestueuses douairières, soyeuses duchesses aux seize quartiers, qui gardiez les grandes traditions de la cour et dont les ancêtres combattaient aux croisades, vous qui saviez par cœur les généalogies triséculaires, qu'eussiez-vous dit en voyant ces Richelieu descendant en droite ligne de Judas, ces Bayard issus d'une loge de portier ! — Et vous, gracieux génies, amours de Vatteau, des plafonds du grand salon Bleu, quel spectacle de contempler ces quadrilles où des Lauzun de caserne déploient leurs grâces devant des reines de théâtre ! d'admirer ces preux qui déchirent maladroitement de leurs éperons le point d'Angleterre de leurs belles et se dandinent au sein d'une atmosphère où l'odeur du cigare et le musc odieux déguisent à peine un arrière-goût d'écurie !

Quelles pouvaient être, en effet, les mœurs d'un pareil monde ? A des hommes nés de la veille et qui devaient tomber le lendemain, des femmes de rencontre suffisaient. Aussi les Tuileries n'étaient plus qu'une succursale de Mabille.

Les pourvoyeurs de cet essaim de Phrynés étaient le chambellan Bacciochi et l'aide de camp Fleury, l'officier le plus libertin de l'armée. Rien n'égalait le zèle de ce Dubois moustachu, diplomate de ruelles, ex-colonel de soudards empanachés, qu'on voyait galoper dans Paris portant des coupons de loges aux lorettes du quartier Bréda et des rendez-vous aux actrices en vogue. Noble entremetteur de son auguste maître, on assure que, parfois, celui-ci daignait lui abandonner les restes du festin. Une si haute faveur n'exaltait point son orgueil ; il portait même avec une certaine modestie le poids de ses honorables fonctions.

Son collègue Bacciochi, à l'instar de Lebel, avait la direction d'un petit *parc aux cerfs* dont il tirait le personnel du Conservatoire et des théâtricules du boulevard. Le principal inconvénient de ses attributions était de recevoir plus de gourmades que d'éloges ; mais d'habitude le premier chambellan du palais raillait de tout, même des plus mordantes épigrammes qu'on lui adressait.

Bacciochi, comme tous les Corses, se disait quelque peu parent des Bonapartes, et c'est à ce titre qu'après l'élection de Badinguet il vint s'installer à l'Élysée.

On l'accuse d'avoir escompté trop souvent la signature de l'empereur pour des concessions immenses, telles que : « les docks Napoléon, les docks de Marseille, la fusion des omnibus de Paris, les omnibus de Londres, l'augmentation de 500 voitures de place, la cession du port d'Ajaccio sans soumissions cachetées, etc. »

Associé à M. Mouvillon de Glimes, le cornac de Mme Montijo et de sa fille, il fonda, sous le couvert de cet ex-diplomate, une société en commandite au capital de 6,000,000 de francs pour l'exploitation d'une fabrique de produits chimiques à Clichy-la-Garenne.

Le personnel des Tuileries, voulant plaire à l'impératrice, souscrivit pour la somme de douze cent mille francs aux actions de ladite société ; mais dès que Mouvillon de Glimes eut les fonds à sa disposition, il disparut, et la plainte en escroquerie portée contre lui au parquet de Paris n'eut pas de suite. Eugénie s'interposa entre la justice et le coupable.

Comme preuve des tripotages de Bacciochi, on

trouve dans la faillite Mirès que, pour *services rendus*, M. le chambellan a reçu un million.

Nommé directeur de la musique de la chapelle impériale et surintendant des théâtres, le comte Bacciochi fit une fortune colossale. Astucieux, narquois et vindicatif comme un Corse, il n'était pas homme à reculer devant les conséquences de l'emploi qu'il tenait de son cousin.

Si nous voulions imiter certains chroniqueurs qui ont abusé de la littérature *galante,* nous raconterions tout au long des quantités d'anecdotes sur le règne scandaleux de notre héros; mais à peine allons-nous effleurer celle-ci.

Le vulgaire ignore encore qu'avant la Commune, il existait aux Tuileries une chambre noire où l'on introduisait les solliciteurs qui, après enquête, obtenaient audience de Sa Majesté. — Un petit judas, pratiqué dans la boiserie, permettait de les examiner avec attention, pendant qu'ils attendaient d'être présentés. — Et si, par hasard, l'un d'eux paraissait agité, si ses traits, ses mouvements exprimaient quelque trouble intérieur, on le congédiait brusquement.

Or il arriva qu'un jour où César recevait des mains de son chambellan une timide adolescente, et qu'il prenait d'aimables privautés, Nini bondit soudain comme une panthère dans la chambre noire.

— Caraco! s'écria-t-elle en flanquant un soufflet à Bacciochi.

— Bien touché! fit celui-ci en se retirant avec la fillette.

Une scène atroce se passa entre Badinguet et Nini. Mais les représailles de l'Italien ne se firent pas attendre. Comme il tournait assez bien le couplet, il fit une chanson sur l'impératrice qu'on fredonna bientôt partout. — En auteur prudent, M. le chambellan trouva bon de garder l'anonyme.

Cette chansonnette, qui a pour titre *la Badinguette*, est assez connue pour que nous puissions nous dispenser de la reproduire ici.

Cette élucubration poétique n'était pas la seule qui partait des Tuileries. Badinguet se désespérait, car toute la diligence de sa police ne parvenait pas à surprendre les maudits rimailleurs. Leurs irrévérencieuses productions allaient leur train.

Il est de fait, néanmoins, que dans les premiers temps de son mariage, la fameuse fiancée de Compiègne a naturellement joui du prestige qui, en France, entoure toujours une jolie femme. Au dehors comme au dedans, elle a été acclamée, encensée. Mais depuis, comme tout a changé ! De gros nuages ont çà et là bien obscurci l'horizon matrimonial et l'enthousiasme se réduisit promptement à zéro.

Il est certains traits qui suffisent à peindre un caractère ; en voici un exemple. C'était à Pierrefonds, cette fois, que la cour de M. et Mme Badinguet prenait ses joyeux ébats. Elle n'avait pas précisément, on le sait, les traditions de celle du Roi-Soleil, et il ne se piquait pas, lui, d'être fort au jeu de bouchon.

Madame avait décidé, ce jour-là, qu'on ferait une course à ânes dans la forêt, comme les calicots et les couturières à Montmorency. Nini marchait en tête, son auguste époux suivait à distance ; tout allait bien, mais la Montijo, toujours la même, s'amusait à tourmenter diaboliquement sa monture. Aliboron, plus malin qu'on ne croit, dissimule, mais dix minutes plus tard, il lance Mme César par-dessus un fossé, et elle tombe de telle façon qu'empêtrée dans les broussailles elle montre à toute l'assistance... ce qui ne se montre pas d'habitude. — On voit d'ici les sourires ; mais Badinguet dit à sa suite : « Attendez un peu, elle va prendre sa revanche ; je la connais ! » En effet, dix minutes après, au détour d'un sentier, Nini met tout à coup pied à terre, ramasse un gourdin et assomme l'âne qui ne se relève plus.

Quelle aimable régente cela nous eût fait !

Cette historiette nous rappelle qu'autrefois, une reine de France fit une chute aussi malheureuse, mais sa pudeur offensée n'alla pas jusqu'à tuer sa monture.

« Les manants l'*ont-ils vu ?* » demanda-t-elle à ses écuyers.

« Non, madame, il n'y a que nous, » dit un malin page.

La reine ainsi rassurée remonta en selle et repartit au Château. Mais Nini était moins placide.

Sa bigoterie d'Espagnole, son luxe effréné n'étaient pas faits pour lui donner un semblant de popularité. Quant à cette grande bienfaisance dont on a fait tant de fracas, elle s'est réduite à des titres officiels constituant une sinécure, si l'on veut bien tenir compte de la rareté des actes et de la nullité des secours.

Le caractère de la dame s'aigrissait chaque jour davantage. Elle sentait sa beauté décliner ; en même temps que croissait sa jalousie, sa mauvaise humeur faisait place aux gracieusetés des premiers temps. Impérieuse et hautaine avec ses femmes de service, dure même avec ses dames d'honneur (il en est une qu'elle a rendue malade de fatigue et de chagrin), elle exigeait une ponctualité militaire; pour une minute de retard, elle boudait; pour cinq, elle faisait une scène. — S'il lui prenait fantaisie de garder le silence pendant une heure, pendant toute une soirée, personne n'osait ouvrir la bouche. Quel supplice pour des Françaises!

Sa prétention était de donner le ton et les modes en ville et à la cour. C'est à ce point qu'une gravure de journal lui ayant par hasard ressemblé, l'amour-propre de cette femme, qui portait une couronne, en a été on ne peut plus flatté.

Il ne faudrait pourtant pas croire que cette fureur de coquetterie favorisât le commerce. Aigre, exigeante jusqu'au ridicule avec les fournisseurs qui tremblaient, elle lésinait sur les mémoires et ne les acquittait qu'après avoir arraché un rabais. Aux mécontents, elle répondait : « Votre brevet vous enrichit assez ! » Mme Paulet, sa première camériste, avait fini par se rendre ridicule à force de marchander. Et, le croirait-on, pour concilier cette lésine avec sa fantaisie sans frein et ses caprices toujours renaissants, on avait établi, dans une dépendance des appartements impériaux, un *atelier* de six femmes dirigé par l'ancienne première de la maison Worth; là, du matin au soir, on suffisait à peine à créer, à tailler des robes, des chiffons et des modes. D'ailleurs, dans l'intimité, Nini n'avait pas d'autre sujet de conversation.

A une soirée, à un bal quelconque, il ne fallait pas qu'une autre femme attirât les regards ou fit preuve de goût dans sa toilette, car à l'instant madame devenait d'une humeur affreuse et n'avait pas de repos qu'elle n'eût emmené son époux en lui disant : « J'ai des op-

pressions; je ne me sens pas bien, ce soir. Filons!
Filons! »

Au fameux bal Walewski, qui fit événement, l'impératrice s'était torturé l'esprit pour imaginer un costume de caractère qui écrasât toutes les dames de la fête; rien ne lui plaisait. Mais quand elle eut connu les dessins de quelques-uns des plus brillants, le dépit lui fit prendre la résolution de n'y aller qu'en domino. Elle força son mari de l'imiter.

Cette soirée a donné lieu aux sommités féminines de la cour de laisser voir leur... distinction. L'une d'elles, sachant que Nini projetait de se montrer en nymphe, s'était avisée de paraître en *vague*, ce qui était plus transparent pour ses formes. — La Walewski, qui n'était plus à son printemps, eut recours aux diamants et à une bohémerie bizarre. Cela lui réussit, mais ses dettes s'en accrurent. Il est vrai que jamais elle n'a payé personne.

La maréchale Magnan, dans un moment de dépit contre les lenteurs de sa femme de chambre, déchira une coiffure en articulant le *mot* historique de Cambronne.

Dans la cour de la maison Worth, au dernier moment, sa voiture faisant obstacle à celle de Mme de Persigny, celle-ci, furieuse, mit la tête à la portière et lança à son cocher une épithète assez grossière pour faire rougir un portefaix.

Pendant qu'elles s'habillaient chez le costumier de la cour, les commis allaient, venaient, confondus avec les ouvrières; en sorte que ces dames montraient, avec un très-grand sang-froid, des choses que le sexe voile avec soin; mais elles n'y prirent pas garde. Il était curieux d'entendre les révélations des employés sur cette singulière soirée.

Puisque nous en sommes sur ce chapitre, nous raconterons ce qui se passa lors d'une folle journée dans une résidence impériale.

Il est vraiment heureux que ce qu'on disait des dieux Lares, aussi bien que de la légende irlandaise des *Vieux murs*, ne soit qu'une fiction et que les habitations ne participent point du caractère de leurs anciens maîtres, car le palais de Trianon eût été, sous l'empire, par trop affligé. — Se figure-t-on les grands trumeaux où se mira la Fontanges, forcés de réfléchir la hure du vieux sanglier qu'on appelait Magnan ! le parquet en bois de rose que caressa la frange des robes majestueuses de Mme de Longueville raclé par la crinoline insolente de Mathilde et de ses suivantes ! et ces lambris augustes que vinrent saluer tous les monarques du monde, abritant les anciens sous-officiers de Lunéville, les grands hommes de l'unification de la rente et les héros du turf de la Marche ! tout cela faisant des grâces, heureux de sa sottise et se prenant au sérieux.

Ah ! c'est qu'on voulait faire figure et montrer aux descendants des vieilles dynasties que la cour du 2 décembre en valait bien une autre.

On n'a sans doute pas perdu de vue la petite fête de famille qui eut lieu lors du voyage à Paris de Leurs Majestés néerlandaises. D'abord, on s'était proposé de recevoir les Nassau à Versailles ; mais en présence des grandeurs du palais de Louis XIV, les pygmées se sentaient écrasés. C'est pourquoi l'on préféra Trianon, et tous ces parvenus d'hier, ignorant profondément l'étiquette, imaginèrent de s'y dérober en donnant à cette réception souveraine le nom de fête de *famille.*

Aussi, grâce à ce petit subterfuge, ces dames donnèrent-elles libre cours aux plus incroyables excentricités. Les décrire serait impossible. Les unes développaient une envergure de trois mètres, persuadées que les grandes robes font les grandes dames ; les autres arboraient au sommet de leurs tudors des aigrettes de chasseurs à cheval ; toutes affectaient des allures folâtres qui pouvaient faire prendre à des étrangers le péristyle de Trianon pour une annexe du Casino. On s'ébaudissait en conséquence, et les gentillesses allèrent si loin que les filles de l'ambassadeur d'Angleterre dépouillèrent de ses feuilles le chèvrefeuille historique de Marie-Antoinette. — (On sait que pas un enfant du peuple ne se permettrait d'arracher à Hyde-Park une feuille ou un brin d'herbe !)

Le ton fut à l'avenant. Au banquet, vers la fin, quand l'aï fit son effet, Mathilde, Mme Murat, Mme Lepic étaient grises ; il se disait là des galanteries de mousquetaires ; c'était un laisser-aller *charmant;* pour un peu plus, on allait chanter, et Dieu sait quelles chansons ! Le champagne inondait les nappes et le parquet ; c'était une orgie.

Comme M. Hyrvoix, le chef de la police des châteaux impériaux, avait convoqué les chroniqueurs bien pensants pour qu'il fût rendu compte de la solennité, les valets de plume n'eurent garde d'y manquer. Ils circulèrent partout, et on leur servit dans un petit salon les *reliefs* du festin sardanapalesque.

Les écrivains repus ont appelé cela *un laisser-aller charmant.* — L'un d'eux, embarrassé de dire ce qu'il avait vu, et forcé de parler, se tira d'affaire par une gasconnade :

— « Cette cordialité, dit-il, et cet entrain sans
» façon ont dû donner à penser aux diplomates habi-
» tués aux pompeuses exigences de l'étiquette. » Ce que ces diplomates ont pensé, on le devine aisément.

Jamais Mathilde ne s'était livrée à de pareilles cascades, ni madame César n'avait paru plus impertinente. Toutes deux se croyaient sans doute encore dans quelque *musico* d'Allemagne.

Les journalistes, en revenant à Paris, faisaient entre eux des gorges chaudes ; qu'on juge de l'effet que cette hospitalité *sans façon* a dû produire sur les souverains si dignes et si nobles de la grave Hollande !

Ce que les hôtes durent souffrir de ces écarts de langage se lisait sur leur physionomie. Au reste c'était l'habitude de Nini de faire des réflexions saugrenues et de se comporter d'une façon ridicule. Badinguet lui-même en souffrait.

Combien de fois, à l'Opéra, troubla-t-elle la représentation par des impatiences ridicules et des réflexions de mauvais goût sur les atours de quelque jolie spectatrice. Et quels accès de colère lui prenaient lorsque miss Howard, de retour à Paris, venait se placer avec son fils en face de la loge impériale !

— Voilà ton Anglaise qui s'amuse encore à me narguer, disait-elle à Badinguet.

— Qu'y faire ? Je ne puis l'empêcher de venir au théâtre.

— Il faut à tout prix l'expulser.

— L'expulser ! Pour qu'elle aille nous draper de la belle façon dans la presse anglaise !

— Je m'en.... fiche, à présent!

— Chut! plus bas! dit Badinguet.

— Qu'elle parte! Cette femme m'est odieuse; qu'on la chasse!

— Il faudrait achever de la payer.

En même temps un regard chargé de haine était lancé vers miss Howard, qui, à vrai dire, lorgnait elle-même d'une façon insolente.

L'Anglaise, qui n'ignorait rien des secrets du ménage impérial, savait par Mocquard, qui continuait d'entretenir avec elle une active correspondance, que Badinguet n'en était pas à son premier regret d'avoir épousé Eugénie. Mais comme celle-ci lui attribuait une partie de ses chagrins, et qu'elle savait par des rapports secrets que la Beauregard intriguait plus que jamais pour la faire divorcer, Nini résolut de se débarrasser, bon gré mal gré, de sa plus mortelle ennemie.

Le lendemain du colloque provoqué par les ricanements de miss Howard, le vieux Mocquard annonçait à sa pupille avec toutes sortes de précautions que l'empereur la priait de se retirer *dans ses terres.*

— Et pour quelle raison, cher tuteur, veut-on encore me faire déguerpir?

— Parce que vous avez le malheur de déplaire à l'impératrice, ma belle enfant.

— Ah! oui-da?

— J'en suis navré, mais il faut vous éloigner dès demain, l'ordre est formel.

— C'est bien, j'irai à Beauregard, fit l'Anglaise en grinçant des dents.

— Ma chère Élise, plaignez-moi d'accomplir une

mission si désagréable, dit Mocquard en la saluant à reculons.

— Ah ! s'écria miss Howard, dès qu'elle fut seule, ça ne se passera pas ainsi !

Un papier que son tuteur avait laissé tomber de sa poche attira son attention et fit refluer le torrent d'injures qui allait s'échapper de ses lèvres.

— Qu'est-ce que cela? reprit-elle, en ouvrant le billet qui contenait cette phrase à son adresse :

« Chaque fois que je sors, il faut que je rencontre cette femme ; et comme je ne peux plus souffrir qu'elle me nargue avec ses toilettes, ses équipages et le luxe de ses diamants, vous lui ferez comprendre que sa présence m'est insupportable et que j'userai de tout mon pouvoir pour la contraindre à me débarrasser de sa présence. »

C'était en raison de cet ukase, revêtu du scel et de la griffe d'Eugénie, que Mocquard s'était rendu chez miss Howard, qu'il n'espérait pas trouver si docile à ses injonctions.

Élisa, qui était déjà à moitié *grise* quand son tuteur se montra, s'efforça de se contenir, jusqu'à ce qu'il eût disparu ; mais sous l'influence de quatre à cinq verres de sherry, son exaspération redoubla. Puis, relisant le billet d'Eugénie, elle éclata de rire : une idée bizarre lui était venue.

Surexcitée par ses libations, miss Howard remit sous enveloppe la lettre de Nini et la fit porter aux Tuileries, comme s'il se fût agi d'un message confidentiel pour l'impératrice.

On ne saurait exprimer la rage de l'Espagnole en voyant un certain *cachet* que miss Howard avait apposé au-dessous de sa signature, avec ces mots en marge :

« Je te renvoie la présente, ornée de ma réponse.

E. H. B. »

— Tu recevras la mienne avant peu ! fit Nini en rugissant.

Depuis lors, miss Howard n'a reparu nulle part. On présume que l'impératrice l'a fait *enlever* du château de Beauregard.

Toutefois, il faut croire que les engagements pris par Mocquard au nom de l'empereur ne furent pas rigoureusement observés.

On en voit la preuve dans cette lettre adressée à son tuteur.

Château de Beauregard, 24 juillet 1855.

« Mon très-cher ami,

» Nous sommes aujourd'hui le 24 juillet et je vois avec peine que les engagements pris envers moi ne sont pas accomplis (quand j'ai doute, faiblesse, il ne faut plus douter) ; en fait, j'ai cru et je crois encore que c'est une erreur ; pourquoi me faire souffrir ? Si les choses doivent en être ainsi, j'aurais mieux fait de garder les *six millions*, au lieu de trois millions cinq cent mille francs qui devaient sur ma demande être payés au bout de l'année 1853, et c'était pour cela que j'ai prié l'empereur de déchirer la première somme (*deux millions cinq cent mille francs*). Le cœur me saigne d'écrire ceci, et si mon contrat de mariage n'était pas fait comme il est, et si je n'avais pas un enfant, je ne ferais pas cette démarche, qui est devenue un devoir. Je compte sur vous pour faire fin à tant de souffrance. Le cœur de l'empereur est trop bon pour laisser *une femme qu'il a aimée tendrement* dans une fausse position, où il ne voudrait pas être lui-même ; vous savez ma position, vous êtes mon tuteur, et c'est à double titre que je m'adresse à vous. Je me suis *trompée* l'autre jour, en écrivant à Sa Majesté ; par une de ses lettres datée de mai, il dit : « Je donnerai à Giles, demain, papier pour les trois millions cinq cent mille francs. » Alors il *n'a* rien à faire que de calculer de 50,000 depuis le 1er juin 1853 la rente, et 50,000 depuis janvier jusqu'à octobre. Je prie Dieu qu'il ne soit pas plus question d'argent entre lui et moi qui ai tout un autre sentiment dans mon cœur. Je vous embrasse tendrement et vous aime de même.

Votre affectionnée,

E. H. DE BEAUREGARD. »

« Je vous en conjure ne laissez pas cette lettre ; vous pouvez en faire lecture à Sa Majesté si vous jugez convenable, et brûlez-la ausitôt après. J'ai vu Mme Mocquard lundi à quatre heures, elle était très-souffrante l'autre jour. »

Cette épître, qui justifie de l'authenticité de nos récits, a été trouvée le 4 septembre dans les papiers de l'empereur au sac des Tuileries, elle est empruntée aux *Fascicules*. (19me livraison, pages 68 et 69.)

CHAPITRE XV.

L'AGE D'OR DES SACRIPANTS.

Sommaire. — Le chauvinisme ressuscité. — L'emprunt national. — Guerre d'Orient. — Traité de Paris. — Campagne d'Italie. — Banquet de l'Hôtel de Ville. — Nouveaux emprunts. — Expéditions en Asie et au Mexique. — Main basse sur le budget. — L'idée usera le sabre.

Un trône entouré de la sorte avait peu de prestige : il était indispensable qu'une apparence de gloire militaire vînt suppléer à tout ce qui manquait sous le rapport de la naissance et de l'illustration. Le hasard, ce dieu des aventuriers, y pourvut. — Si absurde qu'elle fût quant à la France, la guerre d'Orient venait à propos pour couvrir certains embarras financiers que la restauration brutale de l'empire avait occasionnés. — Pour consolider ce trône à peine élevé et déjà chancelant, il fallait flatter les instincts belliqueux des Français, mettre l'Europe en feu et tenir sans cesse l'armée en haleine. Or, le César de carrefour, pour parodier complétement son oncle, ressent le besoin d'avoir une garde impériale. — Aussitôt, à Paris, un carnaval militaire parsème les quais et les boulevards de costumes

qui donnent aux gamins l'envie de crier à la *chienlit.*
Qui pourrait décrire ces pauvres chasseurs aux pieds de
héron, portant des jupons flottants et des vestes sans
basques ; ces grands dadais à l'air niais, aux jambes en
échasses, se pavanant sur l'asphalte, l'épée en verrouil,
et faisant naître ce dicton : « Bête comme un *cent
gardes* » ; enfin ces infortunés grenadiers coiffés d'our-
son, et ces tristes voltigeurs qui, vus de haut, rappelaient si bien aux touristes anglais les pâquerettes et les
pissenlits des prairies de Battersee ! Heureuses et ga-
lantes innovations qui feront bien rire un jour aux
dépens de L'AGE D'OR DES SACRIPANTS.

Si l'empire était la paix, comme Napoléon III l'avait
dit dans un discours solennel, pourquoi ressusciter
cette chauvinerie passée de mode ? A quoi bon créer un
emprunt national et déclarer la guerre au czar ?

Mais qu'importaient les contradictions ? il fallait couper la queue du chien d'Alcibiade et résoudre avant tout
les difficultés provenant des dépenses que les agitations bonapartistes avaient occasionnées. On courait
réellement à la banqueroute : le prétexte d'une guerre
allait sauver tout.

C'est un simple sous-chef aux finances qui imagina
de s'adresser aux petits rentiers, et prouva par la sta-
tistique qu'il y avait là d'immenses ressources. Telle
fut l'origine du fameux emprunt dit *national* auquel les
cuisinières, les portiers, les laquais et les filles entretenues apportèrent leurs économies. A leur exemple, tout
ce qui pouvait disposer de quelques centaines de francs
courut souscrire : jamais on n'avait offert à des prêteurs
d'aussi magnifiques conditions. Et là-dessus toute la
presse bonapartiste d'entonner l'*Hosanna,* comme si

Soulouque ou le roi de Maroc, avec de pareils moyens, n'eussent pas également réussi ! Le *dollar* n'a point de drapeau ; pourvu qu'il croisse et multiplie, sable ou fumier, tout lui est bon.

A la vérité, 30 millions à titre d'intérêts seulement vinrent dès ce moment alourdir encore la dette publique. On espérait bien voir une partie de la somme revenir au Trésor en se capitalisant ; mais quel danger d'intéresser à toutes les crises de la hausse et de la baisse cette foule de créanciers d'une intelligence bornée, et quelle imprévoyance que d'ôter au commerce et à l'agriculture, déjà si dépourvus, une circulation métallique de deux milliards !

Toujours est-il que la politique impériale se montrait très-hasardeuse ; mais en recourant aux emprunts, Louis Napoléon se persuadait que PLUS UN GOUVERNEMENT S'ENDETTE ET PLUS IL ENRICHIT LE PAYS. Il ne s'agissait donc que de prouver la valeur de cet axiome en décrétant *l'urgence*.

On ne sait pas assez ce que ce grand mot peut permettre. Dès qu'il a été prononcé, la porte s'ouvre à tous les abus ; les mandats, les visa, les formalités qui protégeaient la régularité des dépenses font place à la fantaisie administrative. Tous les chapitres du budget sont confondus, les écritures se font après coup ; plus de contrôle ; il y a *urgence* ; cela répond à tout.

On ne va pas loin dans cette voie-là ; mais alors, comme toujours, le chef du pouvoir n'envisageait que l'opportunité présente. Encore mal assis, il allait se faire accepter quand même, et, d'ailleurs, il fallait aux complices du coup d'État la haute paie et l'avancement promis. Et puis, envoyer périr sous Sébastopol et dans les marais empestés de la Dobruscha cette armée d'Afrique soupçonnée d'orléanisme parce qu'elle avait combattu sous les princes, n'était-ce pas un coup de maître?

Considérée au point de vue de la science stratégique, cette guerre sanglante et si ruineuse a malheureusement trahi de grandes incapacités; c'est l'avis de tous les hommes du métier. Ainsi, dès le début, il eût suffi de tourner la position des Russes à l'Alma et de marcher droit sur Sébastopol, alors dépourvu de défenseurs, et qui n'aurait pu résister à une vigoureuse attaque. On pouvait, du reste, investir cette ville du côté du nord et se retrancher à Pérékop. Par là, on évitait onze mois de siége et des pertes incalculables. Comment s'étonner si, finalement, le prétendu vainqueur a dû demander la paix au vaincu en faisant jouer tous les ressorts de la diplomatie européenne?

On ne saurait, sans éprouver un sentiment d'effroi, récapituler, même sommairement, ce que cette sotte guerre a coûté à la France. Sans parler des 2 milliards empruntés et dont il n'est pas resté un centime, la marine y a perdu un ministre; quatre amiraux, un contre-amiral, morts à la peine ou de la fièvre; cinq vaisseaux de ligne, dont un de 120 canons et une frégate de 50. L'armée de terre y a laissé un maréchal, cinq généraux de division, huit généraux de brigade, 2,033 officiers, — 171,983 sous-officiers et soldats, morts, blessés, estropiés à toujours ou rayés des contrôles.

Et qu'a recueilli la France en échange de ce douloureux sacrifice? — Son territoire s'est-il accru? A-t-elle du moins remporté de riches dépouilles? — Hélas! elle a payé de ses deniers les frais de la guerre et partagé avec l'Angleterre, son alliée, quelques quintaux de bronze et de ferraille. Les militaires qui ont survécu ont obtenu des pensions et de l'avancement ; voilà le plus clair de l'affaire. S'il en est sorti quelque gloire, elle reste bien stérile en résultats, car notre siècle se préoccupe beaucoup plus de science, de bien-être et d'industrie que de lauriers et de parades militaires. En vérité, ce n'était pas la peine d'infliger aux familles d'aussi sanglantes hécatombes et de mettre un an toute l'Europe en feu pour aboutir à consolider au pouvoir un Napoléon III.

Par le bilan de la guerre d'Orient qui établit pour nous une perte sèche de 100,000 soldats et de plusieurs milliards, il est visible que les lauriers ne se recueillent pas gratis. Mais n'a-t-on pas dit que la France est assez riche pour payer sa gloire, — même ses revers ?

Cependant il faut croire que les plus belles choses ont le pire destin. Alors que les ministres de l'empereur signaient le traité de Paris avec une plume d'aigle pour lui donner une durée éternelle, se serait-on figuré que le czar le foulerait sitôt sous ses pieds ? Qu'on dise encore que les congrès n'ont de valeur que lorsqu'ils sont tenus dans notre capitale.

Toujours est-il que Louis Napoléon venait à peine de conclure la paix avec l'autocrate qu'il se préparait de nouveau à sacrifier, pour *une idée*, 50,000 hommes et un demi-milliard.

Il savait fort bien que le cabinet de Pétersbourg nourrissait une profonde rancune contre celui de Vienne, qui nous avait prêté un concours déguisé en occupant les Principautés danubiennes. Cette mesure, qui forçait la Russie à immobiliser un nombreux corps d'armée sur le Pruth, était regardée par cette puissance comme une trahison.

Persuadé qu'Alexandre II n'interviendrait pas dans une guerre qui aurait pour but d'enlever à l'Autriche ses possessions italiennes afin de les réunir au Piémont, Louis Napoléon, en dépit des avis de tous les souverains de l'Europe, commença les hostilités.

Déjà, en quelques mots prononcés devant le corps diplomatique, Sa Majesté avait laissé percer ses intentions. Au lieu de salamalecks qui le rendaient si ridicule, Napoléon s'était approché très-résolûment de M. Hubner et lui avait dit : — « Monsieur l'ambassadeur, *j'estime infiniment l'empereur d'Autriche, mais sa politique m'est tout à fait désagréable; vous pouvez lui communiquer mes paroles.* »

Un pareil outrage équivalait à une déclaration de guerre; il interrompit aussitôt les relations diplomatiques entre Vienne et Paris. Quelques mois après, la lutte commençait en Lombardie et se terminait à notre avantage.

A cette campagne rapide, Louis Napoléon fut certes plus heureux que capable. Il commit fautes sur fautes, faillit se faire prendre à Magenta et battre à Solferino ; mais la valeur des soldats suppléa à son impéritie. Toutefois il fit bien de profiter de sa victoire pour conclure la paix à Villafranca. S'il ne s'était hâté, la Prusse et l'Allemagne, quoique contenues par le czar, allaient lui tomber sur les bras. Ajoutons qu'il n'avait pas 50,000 hommes en observation pour parer aux éventualités qui pouvaient surgir du côté du Rhin.

Évidemment, en s'arrêtant sur les bords du Mincio,

Louis Napoléon mentait à son programme, car il avait juré, à son départ, que *l'Italie serait libre jusqu'à l'Adriatique*, et Venise restait aux Autrichiens ; mais une félonie de plus ou de moins pesait peu sur sa conscience.

Nous le vîmes donc revenir à Paris comme un triomphateur d'Hippodrome, suivi de ses guerriers et d'une légion de mutilés qui inspiraient sur leur passage un sentiment de pitié mêlé d'indignation. En effet, c'était un triste spectacle que Sa Majesté nous donnait. Déjà nous avions assisté au retour des soldats de Crimée, et l'aspect des blessés semblait consterner tout le monde. Mais Louis Napoléon voulut aussi traverser les boulevards pour nous montrer ses trophées qui consistaient en trois ou quatre drapeaux et une trentaine de canons pris aux Autrichiens.

L'idée de reconstituer l'Italie pour s'en faire une alliée n'avait pas le sens commun ; il eût mieux valu la laisser morcelée, s'entendre avec l'Autriche pour reprendre le Piémont ; mais en attendant d'autres indemnités concordantes avec le principe du droit nouveau, qui devait amener l'unification, la Savoie et le comté de Nice, revendiqués par l'empereur, retournaient à la France.

Le vainqueur de Solferino avait fait une école sur les champs de bataille d'Italie, et son incapacité dans l'art de la guerre fut assez remarquée pour lui arracher cet aveu cruel : « La campagne qui vient de se terminer si heureusement pour nous a été entreprise contre l'avis de l'Europe ; mais il faut espérer qu'à l'avenir nous saurons profiter des leçons que l'expérience nous a données. »

L'historique du 3ᵉ corps, publié par M. le général de Courson, fournit de précieux renseignements sur la façon dont la campagne a été conduite, et nous pouvons y voir que si le conflit Niel-Canrobert n'a pas causé la perte de l'armée française, l'empereur doit plutôt son succès au hasard qu'au plan conçu par lui et ses généraux.

Quoi qu'il en soit, la chance le favorisait si bien qu'un homme d'État célèbre disait à cette époque : — « Le bonheur de Napoléon III fait douter de la gloire de son oncle ! »

Dans son enthousiasme, un préfet de l'empire allait encore plus loin ; car il écrivait dans une proclamation : — « Dieu fit Napoléon III et se reposa ! »

Au banquet de l'Hôtel de Ville, l'ex-avocat Billaut, devenu ministre de l'empereur, porta un toast qui fut considéré comme dépassant toutes les limites de la haute facétie. Ce qu'il y avait de sensé dans l'assistance parut réellement embarrassé de l'entendre dire :

« A Sa Majesté Napoléon III, le victorieux et le pacifique. Lorsque la France est satisfaite, le monde est tranquille. »

Nous avons bien dîné, donc tout le monde se porte bien.

« La guerre de Crimée et la guerre d'Italie ont prouvé notre amour de la paix (sic). Vive le prince impérial ! il apprendra par les exemples de son père que c'est par les œuvres de la paix qu'on asservit les grandeurs. (???) »

On ne commente pas de telles paroles, on les enregistre au profit de l'histoire.

Malgré ces métaphores, l'on s'apercevait bien que l'empire n'était pas un gouvernement sérieux et qu'en politique le militarisme était le dernier mot de Napoléon III. Évidemment, sa force reposait sur des baïonnettes; aussi faisait-il construire une multitude de casernes. Le malheureux ne pensait qu'à consolider son pouvoir absolu; mais quand on n'a qu'un prestige et qu'il vient à s'user, on tombe vite.

Cependant, pour détourner les esprits de leur cours, Louis Napoléon envoyait ses troupes guerroyer en Syrie, en Chine, en Cochinchine et au Mexique. De nouveaux emprunts achevèrent de creuser le déficit toujours ouvert comme un gouffre béant.

D'autre part, pour maintenir le soldat toute sa vie sous les drapeaux, on modifiait sans cesse la physionomie de l'armée, et par ce système on en faisait un instrument aveugle entre les mains d'un pouvoir despotique.

Au moyen des réengagements avec prime on arrivait encore à ce résultat qu'un quart seulement de l'effectif se composait d'hommes appelés par le sort; ce qui immobilisait dans les garnisons les individus à qui le travail était antipathique et la famille étrangère.

Le progrès dans les armes était en outre monopolisé par l'empereur; il lui convenait d'ordonnancer les fonds nécessaires aux essais divers, car la fabrication des engins de guerre et les expériences comparatives absorbèrent des sommes folles. — De là l'idée d'instituer une caisse de dotation pour l'armée et d'y puiser jusqu'à la mettre à sec, de créer des crédits supplémentaires et de s'approprier, au moyen de virements, les allocations votées pour d'autres emplois. Mais ces procédés ne suffisaient pas, et les Chambres se montraient légèrement hostiles aux dépenses de guerre parce qu'elles voulaient conserver à la France sa tranquillité et repoussaient la paix armée.

Alors Louis Napoléon se prit à tailler largement dans le budget. L'effectif réglementaire porté à 400,000 hommes dévorait annuellement plus de 400 millions; mais en délivrant plus de 100,000 congés on réalisait une économie de 100 millions sur laquelle l'empereur faisait main basse pour ses menus plaisirs, sans que la Cour des Comptes pût vérifier ce détournement et en instruire le Sénat et le Corps législatif.

C'est ainsi que Louis-Napoléon opérait en prévision de l'avenir autant que pour donner suite à ses idées politiques et militaires, nous pourrions dire à ses passions aventureuses et à ses goûts dispendieux.

Évidemment, on s'étonnait que la nation intelligente et expansive par excellence eût assez de longanimité pour supporter en silence le joug abrutissant que lui imposait l'auguste représentant du caporalisme. Cependant rien de ce qui se passait n'échappait à l'opinion. Ce qu'on ne disait pas, le salon, l'atelier, la coulisse, tous les centres de Paris le savaient et l'expérimentaient. De temps à autre, les élections venaient prouver que le mutisme n'empêchait pas l'idée de germer. Enfin, à des symptômes significatifs, on reconnaissait que les masses étaient fatiguées de se courber sous le despotisme et que, tôt ou tard, l'idée userait le sabre.

CHAPITRE XVI.

PLATITUDE GÉNÉRALE.

Sommaire. — Bassesse de la magistrature. — Procès scandaleux. — Jérôme Patterson et *Plonplon*. — Affaire Mirès. — Le cas de M. Crouy-Chanel. — Les grands corps de l'État rivalisent de servilité. — La presse soumise. — L'historien César. — Napoléon III empereur, pape, académicien, historien, romancier et dramaturge. — Badinguet polyglotte. — L'Université de Ham. — César cuisinier. — Le *Livre bleu*. — La censure. — Deux acteurs anglais. — L'oncle et le neveu.

Mais voyez ce que peut un personnage quand, corrompu lui-même, sa position lui donne de l'influence dans cette France, jadis si renommée par le libéralisme de son caractère. La platitude, née du régime impérial, défigurait tout; les classes qui confinaient au pouvoir rivalisaient de bassesse devant lui.

Au lieu des imposants parlements dont la haute censure faisait contre-poids à l'absolutisme du monarque, les Baroche, les Troplong, les Delangle, les Rouher, dont la toge serait aussi haute qu'une tiare si chaque parjure y avait placé un galon, brassent la justice au nom de l'audacieux violateur de la constitution. Le sang qui souille les bottes de ce Cromwell, ils le lèchent, et s'empressent de faire fléchir la loi sous ses plus absurdes caprices.

Animées par une scandaleuse rivalité entre elles, les cours impériales rendent des arrêts complaisants ou étouffent les affaires au gré du pouvoir. Ici, c'est l'empereur qui intervient dans le procès Patterson et fait débouter le fils légitime du roi Jérôme plaidant contre Plonplon.

Là, c'est Mirès dont le nom fatigue la publicité, depuis qu'un jour on l'a jeté sans façon à Mazas sous prévention d'escroqueries, et qui se dresse avec audace devant la justice, accuse les magistrats de corruption, les avocats de vénalité, les experts jurés du crime de faux.

Est-il besoin de citer les faits qui se rattachent à l'affaire Mirès et de dérouler les malheurs de ce financier? Ne sont-ils pas nés de l'agiotage et des coups de Bourse qui caractérisaient si bien les mœurs de l'époque?

La note du *Moniteur*, qui précéda l'arrestation de Mirès et tua son emprunt ottoman ou autrichien, disait assez qu'on ne s'arrêterait pas dans la voie de l'arbitraire et que les gens de cour qui avaient puisé dans ses caisses voulaient le ruiner à tout prix et l'envoyer aux galères. — Mais l'irascible banquier, connaissant le secret de leurs bassesses, résolut de parler quand même, et dès qu'il ouvrit la bouche, on lui fit entendre que son acquittement était certain, pourvu qu'il consentît à se taire. Avec un homme fatigué de Mazas, ce système devait aboutir au silence.

On s'étonnait à bon droit cependant de voir cet

individu, absous, il est vrai, du délit qu'on lui reprochait, prolonger pendant des années une lutte ouverte contre les principaux membres du Parquet.

L'appel de la cour de Paris contre celle de Douai est d'ailleurs un fait sans précédent dans les annales de la jurisprudence. Jusque-là, le ministère public, seul, avait le droit d'appel et en usait ; alors, les trois degrés de juridiction une fois épuisés, le jugement devenait définitif, et aucun recours n'était plus possible.

En effet, il faut un terme à tout litige, le législateur l'a senti et il a dû marquer la limite aux débats judiciaires.

Franchir cette limite, c'est éterniser les plaidoiries, mettre tout en question, et par le doute même qu'on soulève enseigner au peuple que rien n'est certain, qu'un tribunal peut en déjuger un autre et que, par conséquent, la justice est faillible et ne mérite aucun respect.

Il était déplorable de voir la magistrature française donner un tel scandale ; c'est sur elle-même, du reste, que retombaient les conséquences de sa conduite. Il était clair qu'elle servait ici d'instrument à tout ce qui entourait le trône. La démission de l'avocat général Séguier a par la suite démontré que la justice obéissait aux rancunes impériales en rendant ses arrêts.

Le cas de M. de Crouy-Chanel n'est pas moins édifiant.

Un beau jour les tribunaux avaient à juger trois fripons de haut parage qui avaient su extraire sans bruit d'une de nos grandes caisses financières la bagatelle de deux millions et demi. — Le scandale fut naturellement proportionné à la somme et à la hardiesse des délinquants. Ils étaient trois ; chose étrange, deux seulement comparurent; le troisième, dont la part était de 25,000 francs, ne fut même pas mis en cause. Réfugié dans un État voisin du nôtre et infiniment plus accessible que les contrées où l'on a relancé les caissiers Carpentier et Lamirande, il ne paraissait éprouver aucune inquiétude sur son sort.

D'où pouvait naître sa sécurité ? On l'ignorerait encore, si l'on n'avait appris qu'un soir le docteur Conneau, coudoyant dans le monde, par hasard, un très-haut fonctionnaire judiciaire, l'attira dans un petit salon boudoir où il l'entretint en particulier. On a su pertinemment que la conversation roula en partie sur les inconvénients qu'il y aurait à voir exhiber en audience de cour d'assises une reconnaissance impayée de 10,000 francs, appuyée d'un autographe dont l'auteur avait des raisons pour garder l'incognito.

Pas n'est besoin d'ajouter que le troisième fripon n'était autre que Crouy-Chanel.

On a jugé depuis le noble prêteur, mais à la *muette*, et sa captivité n'a pas été de longue durée.

Le marquis d'ailleurs récupéra bien au delà de ce qu'on lui devait sur la caisse des dons et secours; on en trouva la preuve dans les papiers du petit Conneau. Le nom d'il signor Rapallo y figure également, pour d'assez grosses sommes. C'était bien le moins que Badinguet les dédommageât de leurs avances avec les fonds de sa liste civile.

Nous aurions bien d'autres *souvenirs judiciaires* à raconter si l'espace ne nous manquait. Mais ce n'était pas seulement dans la magistrature que l'on rendait des services sur un signe du garde des sceaux. Les grands corps politiques auxquels était confiée la mission de sauvegarder les précieux droits d'un peuple civilisé abjuraient toute pudeur. Un sénat composé de laquais sexagenaires courbait devant le factieux couronné ses vieilles échines assouplies depuis cinquante ans sous le pied de tous les souverains qui ont passé. *Il ne s'opposait pas*, il ne se serait jamais opposé à rien, qu'à la suppression de ses 30,000 livres de rentes.

Si les Lafleurs du conseil d'État étaient plus serviles encore, c'est qu'ils attendaient des faveurs : bouche-trous pleins de zèle, grandes utilités du théâtre politique, on pouvait leur donner tous les rôles, ils étaient gens à tout faire, et à braver les sifflets.

Quant au Corps législatif, on sait qu'il sortait d'urnes électorales où il s'était trouvé plus de bulletins de vote que d'électeurs inscrits ; sa dignité répondait tout à fait à la pureté de son origine. Ce n'était pas la hardiesse de ses objections qui faisait trembler le trône ; là, on bâclait tranquillement les affaires dans les bureaux, on se gardait d'élever la voix, on émargeait avec empressement ses 12,000 francs par an et l'on allait dîner. C'était tout ce qu'il fallait attendre d'une pareille assemblée.

La presse elle-même suivait le noble exemple donné par la tribune : elle se taisait ou elle disait des niaiseries dont eût rougi feu Lapalisse. Les redoutables plumes qui faisaient autrefois pâlir un ministre donnaient des avis à la préfecture de police, ou écrivaient des biographies laudatives et nauséabondes. La *Presse* et l'*Opinion Nationale* exaltaient la bravoure et la haute intelligence du prince Plonplon, leur banquier; le *Siècle*, pour sauvegarder ses actions, insérait des notes communiquées, et l'*Omnicolore*, s'extasiant sur les vertus des argousins, obtenait une *tolérance* pour exercer le chantage et pratiquer le scandale. Le *Pays* et le *Constitutionnel* allaient chaque matin faire antichambre au ministère pour demander quelle bourde il faudrait faire accroire aux quelques abonnés qui les lisaient. Enfin, les critiques tenaient à savoir quelle était la danseuse qui plaisait à MM. les aides de camp, afin de vanter ses grâces et d'éreinter sa rivale.

Il n'en pouvait être autrement dans une société ainsi faite qu'un ministre d'État (Walewski) abandonnait les affaires pour courir deux fois en vingt-quatre heures au lit d'une ballérine (Emma Livry), et quand ce qu'il y avait de plus élevé au pouvoir allait se faire inscrire chez cette demoiselle ni plus ni moins que s'il s'était agi d'une princesse du sang.

Et tandis que ce spectacle était donné par les sommités de l'empire, l'on voyait, à la honte de ces temps, des fils de famille, qui des règnes glorieux de la monarchie n'avaient su garder que les vices, revendiquer la protection des filles de joie qui n'avaient pas même le mérite de l'esprit que faisaient valoir les courtisanes d'autrefois.

Pour en revenir à nos publicistes, il était visible que les plus hardis avaient changé de diapason et qu'il n'y avait plus de voile assez épais pour cacher les appas de cette pauvre Vérité si peu sympathique au gouvernement impérial. Le silence se faisait sur une foule de faits très-connus dans le monde politique et administratif, et le nom de « soldats de la presse » revendiqué par nos journalistes n'était nullement justifié, à moins que l'on n'admette qu'il est permis au soldat de déserter son poste à l'heure du danger. Ce qu'il y avait de singulier dans cette position, c'est que le gouvernement qui donnait des avertissements était aussi ennuyé du mutisme que ceux-là mêmes qui s'y résignaient par crainte de se voir avertis. C'est un trait caractéristique de l'époque assez curieux à rapporter.

A l'aide de communiqués aux journaux, d'avertissements, de suspensions, de suppressions, etc., l'Attila de la presse avait trouvé le moyen de lui porter un coup décisif. Mais celui qui étouffait à son gré la publicité se réservait le droit d'en user seul sans inconvénients, et d'en exploiter tous les bénéfices en se tenant dans l'ombre, et toujours en mesure de désavouer ce qu'il avait écrit ou plutôt dicté.

La vérité est qu'il entrait dans les vues de ce Mandrin-Lupalo de sonder l'opinion sur les plus graves sujets. Souvent, il recourait aux brochures anonymes qui lui permettaient tout à la fois de voir venir les objections et de désavouer, s'il le fallait, les factums après en avoir obtenu le résultat qu'il voulait.

Chose étrange, le despote à qui tout semblait obéir tremblait devant les gazettes étrangères qui censuraient son gouvernement. Aussi entretenait-il plusieurs feuilles *internationales* pour combattre les attaques dont il était l'objet, approuver ses idées, ou faire appel à la publicité si quelque événement survenait à l'extérieur. Mais, dès qu'une affaire politique l'inquiétait, il donnait des ordres pour suspendre l'entrée des journaux du dehors, et faisait corrompre leurs rédacteurs à prix d'or, afin de dissimuler autant que possible ses honteuses intrigues et cacher ses ruineuses prodigalités.

Toujours est-il que la presse française restait vivace. Comme les vierges sous Domitien, le bourreau l'avait violée avant de l'immoler, et pourtant elle résistait encore à la pression qui l'étouffait.

Badinguet s'étonnait de cette force d'inertie que partout on lui opposait. Aussi disait-il qu'un souverain ne peut comprimer entièrement une nation qu'en la plaçant sous la loi du pouvoir temporel et spirituel. Il ne voyait en Europe que deux gouvernements absolus : le czar et la reine d'Angleterre, parce qu'ils sont à la fois chefs de l'État et de la religion du pays. De là l'idée lui vint d'être empereur et pape ; mais après s'en être ouvert à des évêques gallicans qui refusèrent énergiquement de se rallier à son *pontificat*, il n'y songea plus.

Quoique n'ayant jamais rien fait pour la postérité et s'obstinant à vouloir passer grand homme, Louis Napoléon briguait surtout les palmes vertes et le fauteuil d'académicien. C'était, pour lui du moins, le vrai moyen de devenir immortel de son vivant. Voilà pourquoi une légion de savants travaillaient à son histoire de Jules César qui devait lui ouvrir les portes de l'Institut, considéré sous le second empire comme la citadelle de l'opposition.

N'en déplaise, cependant, aux respectables antiquaires qui collaboraient au livre de César, nous nous permettrons, tout en rendant justice à leur beau style, de relever la grave erreur qu'ils ont faite à propos du siége d'Alise. Ce n'est point sur le Mont-Auxois où ils ont planté la statue de Vercingétorix qu'a eu lieu la bataille où le chef des Arvernes fut vaincu par le conquérant des Gaules, mais bien à Alise en Savoie. La chose est incontestable à présent, et l'on doit regretter que les *teinturiers* de l'impérialissime historien aient ainsi prouvé leur ignorance sur le point capital d'un ouvrage réputé scientifique.

Peut-être encore eût-il mieux valu traiter un autre sujet que le césarisme et choisir pour modèle un héros plus sympathique aux Français.

Le bon roi Henri IV, qui se piquait moins de littérature, ne songeait guère aux faits et gestes de Jules César. Il n'étudiait pas le règne de ce tyran, mais l'allégement des impôts et n'allait pas chercher des Sully dans la tribu des fils d'Israël.

Ce n'est pas tout, non content de se révéler au monde comme historien, l'empereur avait la singulière prétention de se faire romancier et même dramaturge, car il possédait toutes les audaces. Son JEAN BAUDET (charmant sobriquet que Sa Majesté donnait au peuple français) n'a malheureusement pas été édité. — C'était un petit roman dialogué dont le titre seul décelait le sujet. Le correcteur qui l'avait mis au net n'a jamais su pourquoi ce livre est resté inédit. Quant à *M. Benoît,* dont on a trouvé le scénario dans les papiers saisis aux Tuileries, l'auteur y énumérait complaisamment les bienfaits que nous devons à l'Empire.

On voudra bien nous excuser, mais pour présenter l'homme sous toutes ses faces, il faut ici ouvrir une parenthèse.

(Infatué comme un sot des talents qu'il avait à

peine en germe, Badinguet se posait en polyglotte. Quelque temps avant d'aller se faire prendre à Sedan, il appelait un homme très-versé dans la linguistique afin de savoir combien il lui en coûterait pour écrire en hollandais l'histoire du roi Louis, qu'il se réservait de signer. Un soir, à Compiègne, on le voyait remettre à M. de Kisseleff la traduction française d'une fable de Kerkoff. L'ambassadeur du czar savait, à n'en pas douter, que ce travail avait été payé; mais feignant l'admiration, il demanda à Sa Majesté dans quelle intention Elle s'était décidée à apprendre le russe, idiome très-difficile et peu répandu.

— J'ai été un moment prêt à servir votre pays, voilà pourquoi j'avais essayé d'en connaître la langue, repartit Badinguet.

— En vérité, fit l'Excellence d'un ton émerveillé, Votre Majesté est douée d'une prodigieuse érudition. Où donc a-t-Elle puisé ses vastes connaissances littéraires et la science internationale qui la rendent si compétente en toutes choses ?

— A l'Université de Ham, répondit l'empereur avec l'aplomb qui lui tenait lieu de savoir.

Badinguet n'était pas moins fier de se donner pour un savant personnage que de montrer jusqu'où allait son habileté dans l'art culinaire. Apparemment, les lauriers-sauces de Vatel et de Brillat-Savarin le faisaient rêver.

Assez sobre dans ses déjeuners du matin, qui consistaient en une côtelette, une demi-bordeaux et une douzaine d'Ostende, que l'écaillère du coin de la rue d'Argenteuil ouvrait à son intention, il lui arrivait souvent de faire des repas de Lucullus l'après-dîner.

Alors il était extrêmement difficile de satisfaire ses goûts.

— Quoi ! s'écriait-il, on ne peut pas me réussir un mets comme je le prescris. Là-dessus, il se levait de table, descendait aux cuisines, s'emparait du bonnet et du tablier du chef et se mettait au fourneau. Rien n'était plus comique, paraît-il, que de lui voir manier la casserole en guise de sceptre et rapporter triomphant à ses convives le plat qui manquait à son menu.

Fermons la parenthèse, et de Badinguet cuisinier revenons au grotesque César qui voulait aborder le théâtre avec une fantaisie prudhommesque.

Chacun sait combien la littérature dramatique offre de difficultés ; genre tout spécial et où l'on a vu souvent échouer des hommes d'un mérite reconnu. — En effet, il ne suffit pas de faire bien, encore faut-il avoir un nom, et surtout garder le respect de traditions routinières. — Supposons ces premiers obstacles vaincus, restait la censure impériale, effroi des directeurs, et le sourire peu charitable des artistes, sans préjudice des verges de la critique. — Que de motifs de découragement !

Badinguet, lui, n'avait point à redouter les ciseaux de son compère Doucet, il pouvait se faire jouer d'emblée par ses comédiens ordinaires, recueillir de sa loge impériale les bravos de ses courtisans et les éloges des feuilletonistes bien pensants.

A toutes ses manies, il fallait donc ajouter celle qui le poussait à régénérer le théâtre et surtout à le purifier des insanités que le public applaudissait faute de mieux. L'étonnement de notre César était de voir la revue, la féerie, l'opérette remplacer à la scène les grandes épopées d'autrefois. Ne se rendant pas compte de l'origine sanglante de son gouvernement, il déplorait l'influence démoralisatrice que ces bouffonneries exerçaient sur ses *sujets* au lieu de les instruire et s'indignait de l'impopularité qui s'attachait de plus en plus aux pièces militaires.

Eh quoi! l'apparition de Napoléon-Gobert et de son état-major, qui jadis provoquaient au Cirque national des applaudissements enthousiastes, était sifflée à outrance depuis le 2 décembre! Insulter ainsi à la légende impériale semblait un monstrueux sacrilége à ce chauvin couronné. Mais c'était une façon de protester contre le coup d'État et de se venger des coupures que dame censure faisait subir aux ouvrages des auteurs aimés.

Assurément, le vieux Mocquard ne pouvait attirer la foule chez Franconi avec sa prose incolore. On ne goûtait pas mieux les productions filandreuses du poëte Belmontet. Et sans trop médire des Ponsard, des About, des Émile Augier, etc., il fallait d'autres génies pour illustrer une époque.

Mais on avait tant flatté Badinguet qu'il ne doutait de rien. Nouvel Aristophane, il attribuait à des conditions purement physiologiques la décadence du théâtre et faisait ainsi parler le *Livre bleu*.

« Le niveau littéraire et artistique n'est plus à la hauteur où l'avait placé jadis la juste sévérité du public, gardien naturel des bonnes traditions de l'esprit français.

» Composée d'éléments plus divers, la foule des spectateurs semble avoir oublié qu'une part de la responsabilité lui incombe, car l'administration doit toujours respecter la liberté des écrivains, et c'est au public à fixer les règles du goût, en réprimant des écarts regrettables. »

Ces observations étaient fort judicieuses ; seulement le *gardien naturel* des saines traditions qu'on évoquait alors pour les besoins de la cause, n'était point du tout le public, mais bien la commission d'examen, qui, investie du droit redoutable d'admettre ou de rejeter toutes les pièces sans contrôle et sans appel, assumait par suite un responsabilité proportionnée à son pouvoir illimité. Voilà ce qu'il importait, en cette matière, de ne pas oublier.

Le public était-il donc le vrai coupable si l'on venait à l'initier aux mœurs et à l'ignoble langue du demi-monde? Était-ce lui ou la cour qui avait forcé la première scène française à représenter *Henriette Maréchal?* Devait-elle subir un tel abaissement et fallait-il blâmer les faiblesses du parterre quand on s'était complu à pervertir en lui le goût des *bonnes traditions?* Agir ainsi, n'était-ce pas imiter ce précepteur dissolu qui reprochait à son élève d'avoir suivi de mauvais exemples ?

Il est vrai que le peuple français est à la fois le plus ingouvernable et le plus difficilement amusable de l'univers ; — qu'il a le tort d'accepter des spectacles qui coûtent beaucoup plus qu'ils ne valent ; mais si la foule prenait l'habitude des pièces à femmes c'est qu'on ne lui permettait pas de se divertir autrement. Il fallait lui rendre son libre arbitre, cesser de parler à ses sens, et cette noble intelligence, qui est son apanage, se serait réveillée.

A coup sûr, en lui donnant des aliments sains, son

goût se serait épuré ; mais c'était un parti pris que de fermer les yeux et les oreilles sur le décolleté de costume et de langage de certaines élucubrations, et de ne réserver des rigueurs ridicules que pour des œuvres sérieuses. — Qu'en résultait-il ? — Peu à peu les artistes de mérite disparaissaient ; les auteurs vraiment dignes de ce nom désertaient la lice et faisaient place à un petit nombre de privilégiés, dont tout le talent consistait à capter la dictature censoriale par on ne sait quel procédé pour monopoliser le théâtre à leur profit, en sorte que les impresarii en étaient réduits à reprendre des pièces usées au lieu d'en monter de nouvelles, certains d'avance de les voir rejeter ou mutiler si le fameux tribunal *des sept*, présidé par Camille Doucet, y découvrait l'ombre d'un prétexte à allusions, les personnages fussent-ils historiques, triséculaires, tartares ou chinois.

Il faut lire dans les *Fascicules* la série de rapports que le chef des censeurs adressait au ministre d'État ; c'était vraiment pousser trop loin la susceptibilité ou la crainte, et l'on n'y regardait pas de si près à Compiègne. Il est vrai que là l'auditoire n'était pas « composé d'éléments divers » et que son homogénéité rassurait contre les allusions.

Lorsque ainsi vont les choses, il n'y a plus qu'à s'incliner. Toutefois nous pouvons affirmer qu'à l'étranger l'on était beaucoup moins respectueux pour Napoléon qu'il ne l'était envers certains monarques excentriques. Il nous souvient d'une pièce célèbre intitulée : *La Dame de la Halle*, qui se jouait à Londres, au théâtre Adelphi, et dont la parodie ne dut son immense succès qu'au tableau final.

On y remarquait ce dialogue entre un vieux colonel de l'Empire et un chevalier d'industrie :

L'INTRIGANT (au colonel).

Enfin, monsieur, puisque je vous rencontre, il me faut une explication. Quel motif avez-vous de me vilipender? Pourquoi me traitez-vous de fripon, de gibier de potence?

LE COLONEL.

Parce que cela me convient et que c'est la pure vérité.

L'INTRIGANT.

Vous me rendrez raison de vos injures.

LE COLONEL.

Est-ce qu'un honnête homme peut se battre avec vous?

L'INTRIGANT.

Mais vous ne me connaissez pas, j'imagine?

LE COLONEL.

Si fait! Je sais parfaitement que vous avez souillé votre nom, déshonoré votre famille, et que, pour refaire votre fortune, vous visez à la dot d'une riche héritière qui a la folie de vouloir se mésallier avec vous. Ah! s'il ne dépendait que de moi de la soustraire aux malheurs qui l'attendent...

L'INTRIGANT.

Prenez garde! Chacune de vos paroles est une offense. Songez qu'il faut des preuves et des témoins pour m'accuser d'indignité.

LE COLONEL.

Je n'aurais qu'un mot à dire pour vous convaincre d'infamie.

L'INTRIGANT.

C'en est trop! Ma patience est à bout. J'ai le droit de vous châtier comme un misérable.

LE COLONEL.

Arrière, vil coquin!

L'INTRIGANT.

Vieux scélérat!

LE COLONEL.

Tais-toi, gredin! N'outrage pas davantage celui dont tu as flétris le glorieux passé.

L'INTRIGANT.

Ah çà, voyons! qui êtes-vous?

LE COLONEL.

Tu demandes qui je suis? eh bien, regarde! (Ses favoris, sa perruque, sa douillette tombent, et il se trouve tout à coup transformé en Napoléon Ier.)

L'INTRIGANT (stupéfait).

Mon oncle! (Son costume disparaît et, sous un nouveau travestissement, le public reconnaît Badinguet.)

LE COLONEL (avec mépris).

Et c'est là mon neveu! (La toile baisse, toute la salle éclate en applaudissements.)

Ce coup de scène, habilement préparé par les deux acteurs anglais, aurait eu du succès à Paris, mais les inspecteurs de théâtre ne permettaient pas la moindre *cascade* à nos artistes. S'ils avaient osé ajouter un mot à leur rôle, Camille Doucet leur aurait à jamais interdit de monter sur les planches. C'est qu'il n'entendait pas raillerie, le major général de la gendarmerie théâtrale. Son ami de Bussy (Charles Maréchal), d'ignoble mémoire, en a fait ce portrait, qui restera :

« Chez ce bénin Camille Doucet, blanchi et courbé sous le harnais, tout est doucet. Il vous tue comme Judas, par un salut, par un baiser; de la bouche il sent le courtisan ; son ventre est plat, son échine est courbée, ses côtes n'ont rien de commun avec celles du loup. Il repousse le talent modeste et fier, mais il récompense, de notre argent, les bohèmes de lettres qui font l'éloge de *la Considération*, comédie aussi peu spirituelle que peu récréative, qu'on jouait par ordre aux Français. On le voyait chez Mme Achille Laya, aux soirées d'Achille Comte, importunant George Sand de ses soins ridicules, mendier de Charles Nodier un sourire, de Mme Lesguillon quelques saluts de tête moqueurs, du papa Lesguillon une poignée de main. Jadis il m'a trahi, ce laquais qui ne peut se contempler dans une glace de Venise sans se saluer (ô ma mère!) comme le plus abject courtisan de tous les pouvoirs debout ! »

Il était évident qu'en mettant une sourdine aux pièces à spectacle, Badinguet tenait moins à moraliser les masses qu'à mettre un terme aux charges dont il était l'objet, et qu'il comptait sur la réciprocité des censures étrangères pour faire cesser ce scandale ; mais celles-ci continuaient de laisser leur liberté aux acteurs qui le parodiaient jusque dans les cafés-concerts.

Encore un signe du temps que nous ne pouvions passer sous silence,

CHAPITRE XVII.

EFFETS DU SYSTÈME.

Sommaire. — Les Juifs et l'empire. — Les utopies de Badinguet. — La situation politique, financière et commerciale sous l'empire. — La Banque et ses régents. — Le traité des libres-échangistes. — Conjuration permanente des socialistes. — L'Internationale et les travailleurs. — Signes de crise. — Les gaietés du militarisme. — Pietri et sa corserie. — Mort de Béranger. — Attentat de Pianori. — Les bombes Orsini. — La loi des suspects. — La police d'Espinasse. — Le Triboulet impérial.

En vain l'homme de décembre s'agitait, flottant tour à tour entre des traditions despotiques et des velléités progressives, un secret instinct lui disait qu'il restait seul. Il le comprenait si bien que, ne voyant autour de lui ni famille, ni haute intelligence, il alla chercher des appuis dans une caste décriée, mais toujours prête à seconder ceux qui veulent assouvir sa cupidité. Alors il livra la France aux Juifs et leur abandonna toutes ses ressources vitales, à la condition de le soutenir. A eux le ministère d'État, les Finances, la fortune publique et la fortune privée; les Docks, le Crédit mobilier, le port de Marseille, les compagnies industrielles, l'exploitation des terrains, la bâtisse de Paris, les démolitions gigantesques, la Bourse, le Télégraphe, l'Opéra, les entreprises immenses, les emprunts gigantesques, les tripotages de tous genres et de toutes couleurs, tout leur était concédé. Grands vassaux de monseigneur le *Sabre*, ils exerçaient leur droit en toute sécurité. On sait s'ils en ont usé et si rien que ce fût était possible sans le bon plaisir des Fould, des Pereire, des Mirès, et de vingt autres Juifs, véritables rois de l'époque. Malheur aux capitaux qui s'affranchissaient, aux spéculateurs qui ne se reconnaissaient pas les très-humbles tributaires de ces audacieux fils de Jacob ; on ne pouvait toucher un écu, remuer un colis ou imprimer une ligne, s'il n'en restait quelque chose entre leurs griffes. Comme une pompe aspirante et foulante en même temps, ils pouvaient, au gré de certains caprices, absorber et rejeter l'or des contribuables, toujours victimes de leur confiance.

En présence de cet incroyable privilége qui mettait aux mains de trois ou quatre particuliers toutes les voies de communication, qui leur permettait d'entraver ou de créer des relations, de déplacer les grands marchés commerciaux, de disposer des fonds d'autrui selon les exigences de leurs intérêts personnels ou de leurs passions politiques, l'on se demandait : où allons-nous ?

Si certains Israélites voulaient livrer le secret de la prodigieuse fortune qu'ils ont su faire à l'ombre d'un haut personnage, cela donnerait sans doute le mot de l'énigme. Alors on pourrait connaître les motifs réels de l'incroyable abus qui encourageait des catastrophes quotidiennes et qui souffrait le scandale de comptes rendus dérisoires par lesquels on mystifiait la bonne foi des actionnaires sérieux. L'on serait enfin sur la trace des canaux secrets par où s'écoulait le numéraire, qui faisait si cruellement défaut aux usiniers, aux cultivateurs et à des milliers de petits commerçants.

Cependant il faut reconnaître que, peu à peu, l'esprit rapace de cette race immonde s'infiltrait dans nos mœurs. Les Français commencèrent à ne plus aimer que l'argent; ils délaissaient l'agriculture, les sciences, les beaux-arts; au lieu de constituer une nation homogène par son caractère, son courage et ses croyances, ils ne présentaient plus qu'un troupeau de 35 millions d'égoïstes se ruant sur la pièce de cent sous à travers les infamies et les lâchetés de toutes sortes.

Entre cette époque déplorable et celle de la Régence, il y avait des traits de ressemblance frappante. Même désordre financier, même soif de l'or, même besoin effréné de la spéculation folle et du jeu, même insouciance de l'avenir, et tout cela en haut comme en bas. Les récriminations des hommes sensés n'y faisaient rien ; il fallait la Bourse, les actions qui enrichissent ou ruinent en vingt-quatre heures, les loteries de tous les saints et de toutes les villes. La cour impériale, devenue insatiable, trafiquait sans scrupules sur les grandes nouvelles et les exploitait avant qu'elles fussent connues du public. C'est ainsi qu'un de nos agents de change gagnait plusieurs millions, pour lui et ses patrons occultes, sur la révélation télégraphique de la défaite de Garibaldi à Aspromonte.

Grâce à cette putréfaction morale, fruit de la terreur sur laquelle pivotait le régime impérial, une grande partie de la société française descendait tout doucement dans la fange et s'y acclimatait. On en était arrivé jusqu'à supporter fort aisément les atteintes gangréneuses du matérialisme qui dépravaient jusqu'à la partie saine de la nation. Les fraudes les plus cyniques empoisonnaient les produits commerciaux ; à l'instar du fabricant, le boutiquier trompait sur la qualité ou la nature de ses marchandises ; en vain la sévérité des lois frappait-elle à tort et à travers, elle irritait et ne réprimait pas. Partout enfin régnaient la corruption, le vol et la cupidité.

Voilà où la juiverie impériale et la politique personnelle avaient conduit la France. Restait à savoir comment et surtout à quel prix elle sortirait de cette ignoble impasse.

On s'est étonné de ce que ces circoncis avides de spéculations aient pu obtenir un monopole qui leur permettait d'accaparer toutes les richesses du pays. Le résultat le plus cruel et le plus déplorable de leurs scandaleux tripotages devait amener la cherté des subsistances, rendue plus terrible encore par l'insuffisance des salaires et l'augmentation excessive des loyers ; mais Sa Majesté, loin d'être émue d'une pareille situation, s'en réjouissait volontiers. Dans un discours solennel, elle concluait par ces mots :

« Ne sait-on pas que la cherté de la vie matérielle est un signe manifeste de la prospérité publique ? »

En prenant au sérieux cette monstrueuse utopie, il fallait donc admettre que jamais gouvernement ne fut plus légal, plus moral et plus préoccupé de la gloire, du bien-être et de la liberté d'une grande nation que celui sous lequel *la Providence* a daigné nous placer. C'était d'ailleurs le refrain que chaque jour on répétait sur tous les tons dans la presse et dans les réunions officielles.

Les mécontents, il y en a toujours, ne savaient pas apprécier les avantages d'une si haute politique ni les résultats matériels d'un tel état de choses. Ils osaient même murmurer, et voici le prétexte de leur mauvaise humeur :

A les entendre, tout augmentait de prix, sauf la main-d'œuvre, qui tendait à baisser. L'exorbitance impériale des locaux, le haut prix des vivres, le chômage, la pénurie financière et bien d'autres signes de la détresse publique affirmaient tous les symptômes d'une profonde perturbation sociale. Ils prétendaient qu'une sollicitude plus éclairée, des précautions plus prévoyantes auraient dû remonter aux causes premières de ce désordre et en amoindrir les effets, alors que la spéculation, plus habile et plus vigilante, l'exploitait par avance. Ils disaient encore que la vie se retirait peu à peu des provinces ; là, les bras manquaient, les capitaux disparaissaient, le découragement était complet, l'agriculture était en proie à des accaparements scandaleux, l'industrie envahissait les champs ; enfin un flot de population rurale débordait dans la capitale et y apportait chaque jour un surcroît de misère.

Les satisfaits haussaient les épaules en entendant murmurer ceux qui voyaient tout en noir. A quoi servirait-il de leur répondre, puisque c'était un parti-pris de se plaindre éternellement, et quoi qu'on fît. Les honnêtes gens, c'est-à-dire les fonctionnaires publics, les spéculateurs de bonne compagnie, les gros propriétaires, les capitalistes et les écrivains repus trouvaient que tout allait pour le mieux dans le meilleur des empires; leur témoignage ne pouvait être suspect. Peut-être que certaines classes souffraient ; mais il y avait, d'un autre côté, des gens qui faisaient leurs affaires : c'était une compensation.

Au surplus, on n'avait qu'à ouvrir les yeux pour s'assurer qu'aux Tuileries l'on ne manquait de rien, car les bals succédaient aux festins et les galas aux réjouissances. A l'Hôtel de Ville, le champagne coulait à flots, la truffe et l'ananas jonchaient le parquet ; des buffets invisibles satisfaisaient, comme par enchantement, à toutes les goinfreries. Pantagruel était dépassé. Il n'y avait rien d'impossible cependant à ce qu'à la même heure et à cent pas de là, de l'autre côté de la Seine, de pauvres diables grelottassent sur des grabats ou versassent des larmes de désespoir. Mais depuis des siècles on meurt littéralement de faim dans cette Irlande qu'on appelle le quartier Maubert. Il ne faut donc pas se laisser prendre à ces apparences qui feraient croire que le peuple est malheureux. Après tout, chacun pouvait voir, le matin, les maçons allant en fiacre au travail, les soldats fumant leur cigare en voiture et mille autres symptômes d'un bonheur véritablement universel.

Mais, disaient encore les malveillants, à quoi n'a-t-on pas touché depuis le 2 Décembre ? — L'armée, l'industrie, l'impôt, l'administration, la finance, l'édilité même des grandes villes, tout a été subitement changé, bouleversé, sans égard aux innombrables inconvénients que devaient entraîner des modifications si brusques et dont tant de familles ont eu à souffrir. Beaucoup d'entre elles y ont même perdu leurs foyers, leur fortune et leur position.

Toujours le même refrain, répondaient les repus.

Interrogez les commerçants, les cultivateurs, les représentants de la saine et loyale industrie ; ils vous diront que ce qu'ils reçoivent en échange de si rudes impôts est bien loin de les dédommager ; que les fonds disparaissent à la Bourse et sont engloutis dans toutes sortes d'opérations douteuses ; que les propriétaires thésaurisent tout en centuplant le revenu de leurs immeubles, et qu'on ne travaille absolument que pour eux.

Eh bien, répliquaient les partisans de l'empire, c'est une revanche qu'ils prennent sur la révolution de février et le mot de Proudhon ; mais si les logements sont hors de prix, c'est la conséquence forcée des démolitions qui s'opèrent d'après le système haussmannien. Confident de la pensée gubernatrice, le préfet de la Seine espère que, grâce à lui, la capitale deviendra une Venise, exclusivement composée de palais et inhabitable pour les *nomades*. Plus de ces ilotes de l'industrie, qu'ils s'en aillent d'une ville où le luxe seul a droit de cité.

C'était en effet l'idée qui présidait à ce travail, lequel s'opérait en vue de tripler les contributions personnelles. Par la même occasion on éventrait Paris sous prétexte d'embellissements stratégiques. Mais s'il était facile de refouler les masses famélliques au delà des faubourgs, sauf à provoquer un malaise auquel rien ne saurait porter remède, on risquait en outre de ne pas trouver de locataires assez riches pour habiter les grands hôtels, qu'on élevait particulièrement sur les nouveaux boulevards. Leurs propriétaires devaient s'attendre à les voir inoccupés et diminuer de valeur au premier coup de tambour. Il advenait même que la rentrée des contributions éprouvait des retards; aussi les percepteurs, juifs pour la plupart, avaient-ils reçu l'ordre de ne pas mollir et de pousser ferme à l'encaisse.

A ces statisticiens si rudes il y a quelques années, oserait-on demander maintenant un examen approfondi du budget depuis 1862? Ce serait les mettre dans un bel embarras.

Ce n'étaient pas seulement les prodigalités insensées de la cour ni les dépenses toujours renaissantes occasionnées par des guerres sans motifs qui portaient le désordre dans les finances; il fallait encore mettre en ligne de compte le privilége monstrueux de la Banque de France, qui, de tout temps, a soutenu le commerce comme la corde soutient le pendu. Quand on songe que les valeurs qui passent par les mains de cette association représente le tiers des capitaux en circulation! On peut se faire une idée de la profondeur et de la réalité du mal par le nombre de protêts qu'elle envoie. Nous ne parlerons que pour mémoire, des comptes rendus de ses directeurs et de ses régents, des décisions inopinées qui, de temps à autre, élevaient ou diminuaient le taux de l'escompte et la durée des transactions, au point que le conseil supérieur de cet établissement n'avait souvent confiance dans la prospérité qui nous était faite que pendant soixante jours. Il en résultait que, par la stagnation des affaires, le capital de la Banque s'accroissait tous les jours dans des proportions gigantesques et s'immobilisait au fond des caves, où il restait improductif. En 1869, il y avait un milliard et demi de numéraire en caisse, sans compter les billets en portefeuille. Ce chiffre, hélas! avait son éloquence.

Probablement que cet engorgement de valeurs se serait dissous si les régisseurs de ce comptoir ne s'étaient obstinés à éterniser leur système réglementaire.

D'autres signes précurseurs de cataclysmes se manifestaient d'une manière éclatante. Par l'intermédiaire d'un familier de la cour, l'ex-saint-simonien Auguste Chevalier, qui épousa la fille de Péreire et prétendit ensuite n'être pour rien dans les opérations de son beau-père, les libres-échangistes contribuèrent à des désastres qui paralysèrent toutes les transactions.

L'invasion du marché français par les produits britanniques devait être préjudiciable à l'importation des articles de Paris qui remue des millions, ainsi qu'aux sommités manufacturières, qui avaient de légitimes plaintes à articuler; car toutes les branches de l'industrie se trouvaient frappées par l'effet du fatal traité de commerce concédé à l'Angleterre et qu'on devrait se hâter de dénoncer aujourd'hui.

D'un autre côté, on constatait que, depuis sa promulgation, la halle de Paris, les marchés de Rouen, de Nantes, etc., etc., étaient complétement envahis, dès leur ouverture, par des agents anglais qui achetaient à tout prix les vivres, les spiritueux, les denrées, les primeurs, les œufs, les volailles et les bestiaux, ce qui naturellement occasionnait une hausse factice pour les consommateurs. Ni la classe laborieuse, ni les petits rentiers, ni même la bourgeoisie n'y pouvaient atteindre.

Telles étaient les conséquences forcées de l'œuvre des abolitionnistes, qui engendraient la crise commerciale, doublaient les embarras financiers et compliquaient les dangers de la question alimentaire ; triple écueil sur lequel venait se heurter le régime impérial et qui menaçait de le briser.

Les partis comprenaient bien tout ce qu'une pareille situation renfermait de périls. Ce n'était point par hasard que les ouvriers et les démocrates socialistes restaient fidèles aux traditions de Cabet et de Proudhon. Une conjuration permanente dirigée par les réfugiés de Bruxelles et de Londres mettait la police sur les dents. Les émissaires de Blanqui trouvaient même le moyen de se tenir toujours en contact par petits groupes et sans prêter le moins du monde aux poursuites que provoquaient les réunions extra-légales ; ils savaient parfaitement ouvrir des relations et fomenter l'esprit d'opposition qui pouvait donner aux élections un sens formidable si des subtilités gouvernementales ne venaient atténuer l'expression du vote universel.

La cour ne se faisait pas d'illusions à cet égard, elle savait que l'émeute vivait à l'état latent dans les ateliers des faubourgs, dans les usines métallurgiques et jusque dans les forges et chantiers de chemins de fer.

Les délégués des corporations ouvrières excitaient sans relâche le mécontentement et les griefs des *déshérités*, pour déterminer des grèves et soulever au

besoin les quartiers excentriques. On organisait à
l'étranger des congrès afin de délibérer sur la question du travail, et la société *Internationale*, créée par
les agents de Bismark pour donner de la tablature à
Badinguet, imprimait une rapide impulsion au mouvement coopératif qui tendait à amener la suppression
forcée du capital, à s'emparer du matériel industriel et
à exploiter au lieu et place des patrons, qui bon gré
mal gré seraient contraints de liquider au profit des
associations de travailleurs.

Nous ne referons pas ici ce que déjà nous avons pris
la peine d'élucider dans d'autres ouvrages. Le lecteur
sait d'ailleurs dans quel jargon bizarre sont articulées,
développées, toutes ces thèses que de pauvres diables
fanatisés par des rhéteurs sans vergogne ont la prétention de comprendre. Mais il n'est pas moins vrai
qu'avec leurs rengaines abrutissantes, ils parviennent aisément à pervertir l'immense tribu qui n'a pour
subsister que le fruit de son labeur et cherche un
remède à des maux que l'impudent gouvernement de
Décembre avait fait naître et se trouvait impuissant à
guérir.

Quoi de surprenant alors que le prolétaire, dans
l'espoir d'améliorer son sort, et trop souvent négligé
par les pouvoirs qui se succèdent, participe aux agitations de la rue et proclame hautement qu'entre le vivre
et le salaire il n'y a plus équilibre, qu'il faut le payer
plus ou qu'il cessera de travailler ?

Derrière cette imposante phalange qui déclare que
le pain est cher et que le commerce est nul, se
tient la classe moyenne qui attribue le marasme général des affaires, le découragement et la pénurie d'où

découlent de nombreuses et profondes misères, aux mesures fiscales et aux dévergondages financiers. De là cet entêtement systématique de la part de la bourgeoisie si peu bienveillante pour l'empire et cette insurrection morale qui s'étendait de jour en jour dans certains arrondissements *suspects.*

Comment l'impérial utopiste aurait-il pu fonder quelque chose de durable dans de pareilles conditions? Au lieu d'imaginer certaines améliorations qui pouvaient rétablir les affaires dans leur état normal, il ne songeait qu'à flatter l'armée, sans laquelle il ne se serait pas soutenu deux jours ; mais là aussi couvaient de terribles rancunes qui devaient éclater plus tard, et dont les signes précurseurs se manifestaient sourdement.

Mais en attendant que les soldats, stimulés par la presse radicale, fissent défection et s'unissent aux patriotes qui n'aspiraient qu'à le renverser, Napoléon n'avait pas l'air de se douter des complications ultérieures que tout faisait présager. Le bruit des camps, l'éclat des fêtes, l'empêchaient d'entendre les imprécations de *son* peuple. Ce n'était qu'un danger de plus.

Au reste, l'expérience du passé était là pour prouver qu'aux Tuileries l'on ne s'était jamais préoccupé de l'approche des cataclysmes. Au contraire, César dansait la *boulangère,* polkait et cotillonnait sous les yeux de ses invités. Enchanté de lui, il promenait son orgueilleuse nullité de château en château, traînant à sa suite des fonctionnaires chamarrés de galons. L'État marchait comme il pouvait ; la cour se tenait en joie, c'était l'essentiel.

Ainsi donc — foin des affaires publiques ! Amusons-nous ! Si le peuple murmure, la troupe est là.

En effet, à l'époque dont nous parlons, les passions ne couvaient pas encore sous l'uniforme, l'armée ne demandait qu'à faire une campagne à l'intérieur. Son insolence allait jusqu'à jeter des défis aux pékins qui se récriaient contre les excès du pouvoir absolu. Pour un peu plus, les émules des Doineau, des Fleury, des Agostini auraient traité la France en pays conquis. Comme souvenirs des *gaietés* du militarisme on peut d'ailleurs consulter les procès où des soudards ont été condamnés pour viol, vol et assassinat.

Aux crimes de la soldatesque, il convient d'ajouter les forfaits de la Police. Celle-ci dépassait tout : plus servile que le Parquet, plus lâche que le Sénat, plus vénale que la Presse, plus féroce et plus bête que l'Armée, elle y joignait la brutalité, sûre d'être encouragée.

Peut-être a-t-on fait sonner trop haut la scélératesse des Lenoir et des Fouché, le savoir-faire des Gisquet et des Carlier ; ces hommes-là n'étaient rien comparés au sbire Pietri, le successeur de Maupas à la préfecture de police.

Né dans un pays où la fuite dans les maquis épargne à la justice la moitié de sa besogne, le personnage en question s'était familiarisé de bonne heure avec les bravi et les stylets ; il s'était même un peu trop souvenu de ses compatriotes en les incorporant par centaines dans son administration. La politesse et l'urbanité de ces sacripants laissaient bien à désirer un peu, mais rien n'égalait leur fanatisme. — C'était le principal. Du reste, leur chef n'admettait pas la tiédeur : il lui fallait de l'enthousiasme. Et comme si cette corserie braillarde et mal peignée prenait à tâche d'accroître le mal au lieu de l'atténuer, elle déployait en toute occasion son esprit méchant et tracassier.

Connaissant les penchants sauvages de ce Pietri et de ses alguazils, Louis Napoléon ne pouvait hésiter à lui confier la mission de représenter le système autoritaire. En effet, il ne pouvait fleurir sous de plus gracieux auspices. Un journal, par exemple, a le mauvais goût de faire remarquer qu'on ne rencontre jamais une femme au bras d'un sergent de ville. Douze heures après, sa vente est interdite dans Paris; il ne lui reste plus qu'à mourir de faim ou à faire dans ses colonnes de très-humbles excuses à messieurs les policiers. Il les fait; il panégyrise même ceux qu'il avait persiflés. On daigne enfin l'absoudre.

Sous ce même Pietri, qui rappelait si bien par ses procédés feu La Vrillière, dit le *Petit saint*, on vous coffrait un homme gênant tout comme au bon temps de la Pompadour. — Seulement on trouvait plus commode de substituer des certificats de médecins *légistes* aux anciennes lettres de cachet. Quiconque en savait trop sur tel ou tel personnage était taxé de *délire*, *maniaque* et envoyé dans une maison d'aliénés, où, s'il n'était pas fou, il ne pouvait manquer de le devenir. A ce sujet, qu'on se rapporte à l'affaire Sandon et à d'autres qui jetèrent l'effroi dans les familles et éveillèrent enfin l'attention du Corps législatif.

Parmi les nombreuses infamies du Corse Pietri, on se rappellera toujours l'odieuse violence dont il a usé à la mort de Béranger : — l'inhumation précipitée du poëte national pour dérober ses mânes à l'apothéose populaire qui lui était réservée, l'hypocrite et insolente proclamation qu'il a fait placarder sur tous les murs de la capitale.

A vrai dire, cet ex-saint-simonien, devenu alguazil, était loin d'être un aigle, et sans le consul de Londres, qui le prévint bien souvent des complots des réfugiés italiens, c'en était fait de Badinguet.

Un jour un de ces régicides, nommé Kelche, ex-officier évadé de Lambessa, vint à Paris rejoindre un complice pour assassiner l'empereur.

Pendant quinze jours, au bois, au théâtre, ils tentèrent de l'approcher, mais l'escorte et la police du Château les surveillaient attentivement.

Las de leur persistance, Badinguet leur opposa deux de ses bravi corses, qui les surprirent déjeunant chez un restaurateur de Vaugirard (1). Kelche fut tué en se défendant; son complice, quoique blessé, voulut s'échapper, mais on le saisit, et, le soir, on l'étrangla dans une cellule de Mazas.

Morini Silvani, soupçonné de vouloir attenter à la vie de Badinguet lors de son voyage à Bordeaux, fut poignardé par un agent secret des Tuileries et jeté dans la Gironde.

Capellani, qui s'était introduit chez la duchesse de Castiglione pour tuer l'empereur avec un stylet empoisonné, fut poignardé à l'hôtel Beauvau, où Sa Majesté se rendait en *catimini*.

On présuma que la duchesse de Castiglione, de galante mémoire, s'entendait avec les mazziniens, ce qui la fit expulser de Paris.

---

(1) 13, rue de Tanney, maison Demarest.

Deux autres Italiens signalés de Londres par Wolf(1), secrétaire intime de Mazzini, comme allant à Paris dans des intentions criminelles, furent également expédiés sans autre forme de procès.

Du reste, tout individu arrêté sous l'inculpation de régicide était aussitôt *suicidé* à Mazas.

Nous ne nous étendrons pas davantage sur les complots de l'Hippodrome, de l'Opéra-Comique et de Tibaldi. Ceux-là ont été fabriqués par Pietri et Lagrange; mais nous parlerons brièvement d'un autre genre d'attentat dont Badinguet manqua de devenir la victime.

Dans les tables d'hôte et les cafés-brelans du quartier latin, on était, paraît-il, si bien instruit de la passion effrénée du monarque pour les adolescentes, qu'un étudiant chevronné, dont la fougue oratoire faisait recette au Vieux-Chêne, à la Reine-Blanche et ailleurs, se voyant sur le pavé en raison de la fermeture des clubs, s'avisa de lui envoyer sa maîtresse comme une jeune pensionnaire renvoyée d'une maison d'éducation faute de paiement.

Dans sa lettre, d'un style candide, la prétendue novice s'adressait à l'empereur comme à la Providence des malheureux, pour le prier de faire remettre quelque argent à une infortunée qui, sans appui et sans ressources, souhaitait de retourner dans son pays.

---

(1) Ce Wolf, savant polyglotte, faisait partie de l'Internationale et servait toutes les polices de l'Europe. Son dossier, contenant un grand nombre de rapports sur les réfugiés de Londres, a été trouvé aux archives de la préfecture après les journées de septembre 1870. Un des successeurs de M. de Kératry a dérobé ce dossier pour le donner à Mazzini.

En s'y prenant ainsi, la réussite était certaine.

Attendri par la missive et tourmenté par la fièvre hystérique qui lui brûlait le sang, Badinguet envoya l'un de ses aides de camp prendre des informations avant de faire connaissance avec la fillette.

Celle-ci avait un air si chaste et si timide que l'officier la trouva fort intéressante et lui promit un secours en échange de ses faveurs. La sainte nitouche se récria, pleura, fit des simagrées, mais enfin céda, et, le lendemain, rapporta au logis un billet de 500 francs qui servit à passer gaiement la semaine du Carnaval.

Badinguet, aiguillonné par ses désirs obscènes, s'impatientait en attendant le retour de son aide de camp, qui lui dit : « Cette péronnelle n'était pas digne de vous, sire, il n'y faut plus penser. Jamais je n'avais vu pareille laideron. »

Quelques jours après, l'officier se rappelait l'histoire de la belle Ferronnière.

« Ah ! faisait-il en grimaçant, si François Ier avait eu un serviteur comme moi, sa mésaventure ne lui serait pas arrivée. Quelle chance vous avez eue, sire, de ne point expertiser vous-même le bijou de la donzelle ; il m'en cuira longtemps d'avoir pris votre place ! »

En effet, l'ingénue avait, comme preuve de son innocence, gratifié le galant expert d'un présent... dont il mourut rachitique.

Cet attentat de lèse-majesté n'était pas de ceux que le Corse Pietri était appelé à déjouer ; mais s'il fut pris en défaut lors de la tentative de Pianori, il ne se montra pas plus clairvoyant avec Orsini. Aussi paya-t-il de sa disgrâce le tort de n'avoir point su préserver son empereur des bombes du 14 janvier.

Peu rassuré à l'aspect des dangers qu'il avait couru, Napoléon jugea prudent de s'emparer lui-même des rênes de la police. C'est alors que le général Espinasse passa ministre de l'intérieur.

Par là se trouvait annihilée l'omnipotence de Pietri, dont l'administration n'avait pas su parer aux complots des réfugiés de Londres.

La France impériale ne pouvait que gagner à un pareil revirement dans la police. — Aussi, à propos d'un attentat commis *par des étrangers*, le Corps législatif s'empressa-t-il de voter à une immense majorité l'exécrable *loi des suspects*. Quoi de plus naturel que de rendre la nation française responsable d'un crime commis par des Italiens?

Toujours est-il que sur cinq mille huit cents individus déportés à Cayenne, douze sont revenus; tous les autres *politiques* moururent de la fièvre ou se suicidèrent.

Malgré tout son attirail policier et le choix qu'il avait fait de l'Espinasse pour veiller sur sa précieuse personne, Louis Napoléon n'en fut pas plus en sûreté. D'ailleurs, ce général n'était point apte aux fonctions qu'il avait acceptées; la forêt de Fontainebleau lui a été funeste comme l'Opéra le fut au préfet corse, qu'on envoya finir au Sénat, ces Invalides de la haute administration impériale.

Pour des raisons qui touchent à la vie privée, le sieur Boittelle, envoyé à la préfecture en remplacement de Pietri Ier, allait le rejoindre au Luxembourg après deux ou trois ans de gestion. C'était, paraît-il, un magistrat dilettante, galantin et surtout très-accapareur. Mais peut être trouvera-t-on piquant de savoir comment on devenait sénateur sous Napoléon III.

Dans les petites soirées à Saint-Cloud, aux Tuileries, à Fontainebleau et à Compiègne, quand la cour était réunie dans les salons, il y avait un personnage dont la femme remplissait les fonctions de dame d'honneur, qui possédait le talent d'amuser beaucoup l'impératrice et son entourage familier : il faisait des calembours, des tours de cartes, jouait au bouchon, singeait les comiques du Palais-Royal et du Vaudeville, parlait à la manière des ventriloques, en un mot, c'était le Triboulet impérial ; et, le croirait on, cet homme était un savant, un académicien ! Il avait nom de Saulcy ; ce n'était pas un manteau de sénateur qu'il méritait, c'était une marotte ornée de grelots.

CHAPITRE XVIII.

LES POINTS NOIRS.

SOMMAIRE. — Tentative de fusion. — Péreire et l'ancien *Cinq*. — Entrevue d'Émile Ollivier avec l'empereur. — Rouher et le *Vengeur*. — Un frère de la main gauche. — Maupas et l'homme entretenu. — L'inventeur de la pâte Regnault. — Morny ambassadeur. — Un ménage assorti. — Politique secrète et tripotages. — L'associé du sieur Jecker. — L'empereur Maximilien. — Queretaro. — Conséquences de la guerre du Mexique. — La Prusse jette le masque. — Bismark et Badinguet. — Une querelle d'Allemand. — Sadowa. — Napoléon III joué par la diplomatie de Berlin.

La popularité de l'empereur, qui ne pouvait être qu'éphémère, diminuait sensiblement ; partout des signes visibles de la détresse publique produisaient des effets prévus, mais qu'il ne pouvait conjurer. La noblesse, la bourgeoisie, tout le monde intelligent le boudait. Alors, se rappelant le trait de Mahomet, Louis Napoléon s'en alla au-devant de la Montagne, c'est-à-dire qu'il voulut prendre les gens par l'amour-propre en invitant à des fêtes splendides, à des soirées magnifiques, à des chasses aux flambeaux, une partie de l'aristocratie, des diplomates, des banquiers, des écrivains, des artistes d'élite. Il fallait, disait-il, qu'on le connût mieux ; mais en réalité il voulait étudier les causes de l'animosité contre laquelle il luttait en vain.

L'idée venait de Péreire, qui entendait si bien la spéculation et le monopole exercés sous mille formes, et qui possédait une des vertus les plus estimées dans Israël, la prévoyance.

Déjà, le rival de Mirès suivait d'un œil anxieux les événements qui se déroulaient et ce n'était ni le bonheur ni l'espoir de l'avenir qui lui apparaissaient. Aussi voulait-il opposer une digue aux désastres que le manque de confiance en l'empereur et la déconsidération croissante de son gouvernement pouvaient amener. Cette perspective mettait Péreire dans une extrême inquiétude et, pour en sortir, il s'évertuait à recruter des sympathies à l'homme fatal dont la perte devait entraîner la sienne.

En même temps qu'on cherchait à rallier à l'empire des personnages influents de la haute société, l'on faisait par l'intermédiaire d'Émile Ollivier des ouvertures aux délégués de la classe ouvrière. L'*ancien Cinq*, qui aspirait à marcher sur les traces de l'ex-ministre Billaut, s'était laissé circonvenir par Morny, qui l'avait abouché secrètement avec Louis Napoléon. Dans plusieurs entrevues aux Tuileries et à Compiègne, maître Ollivier avait exposé son programme, très-libéral en apparence, et l'avait fait accepter. Le droit de réunion, d'association et même de coalition, qu'il réclamait au nom des travailleurs, lui était garanti sous la condition que ceux-ci se rangeraient désormais autour de la dynastie impériale. Sa Majesté consentait en outre à sacrifier M. Rouher et à placer le susdit Ollivier à la tête d'un nouveau cabinet s'il rompait avec l'opposition ; il n'en fallut pas davantage pour pousser ce robin ambitieux à renier son passé et à entrer dans une voie où il ne devait rencontrer d'autre issue que la honte et l'opprobre.

Sous l'inspiration de l'empereur, Ollivier se mit donc à élaborer divers projets qui avec plus ou moins de logique traitaient les questions pendantes et les résolvaient au point de vue politique et social; mais il était déjà trop tard pour faire des concessions à des gens tant de fois abusés et que le malheur rendait défiants. En dépit de sa rhétorique, l'ancien Cinq échoua sans retour auprès des masses, aussi insensibles à ses promesses qu'indignées de sa défection.

Ollivier, qui de prime abord s'était posé en vengeur, en spectre de l'empereur, n'était pas le seul irréconciliable qu'eût converti Morny. Celui-ci charmait les démocs les plus endurcis aussi facilement qu'une sirène fascine une proie. Avec ses airs penchés, ses paroles miellées, ses sourires d'homme du monde, l'illustre frère de la main gauche savait séduire une quantité de gens enclins à la manie des emplois et se les attacher à l'aide d'un collier d'or. Que n'avait-il pas fait lui-même pour obtenir fortune et dignités!

Hortense, ayant du temps de sa splendeur rendu quelques services à une famille de gentillâtres auvergnats, trouva dans le comte et la comtesse de Morny un père et une mère d'adoption pour son bâtard. — Celui-ci, par nécessité, entra au sortir du collège dans la carrière militaire et la quitta bientôt, car à l'armée d'Afrique il ne put obtenir d'avancement.

Alors, Morny se créa des ressources au jeu, mais son habileté ayant été remarquée, il négligea les cartes pour vivre aux dépens de certaines filles.

A cette époque le duc d'Orléans ébauchait une liaison avec une dame du monde, au grand déplaisir de la reine Amélie. Quelques courtisans, voulant lui plaire en amenant une rupture entre le prince et la Lehon, proposèrent à de Morny de compromettre celle-ci par ses assiduités. L'intrigue réussit et pour l'en récompenser l'on fit ce qu'on appelle un pont d'or à l'aventurier.

La véritable vocation de Morny était la haute industrie, aussi jouait-il à la Bourse avec autant de bonheur qu'au lansquenet, grâce à sa maîtresse tenue au courant des affaires par de complaisants diplomates et des gens de cour. A ce trafic, le bâtard d'Hortense gagna environ 300,000 francs, et fonda un établissement dont l'exploitation le mena droit à la Chambre des députés. Là de Morny se lia avec les chefs du parti conservateur, — mais, tout en se montrant gouvernemental, il frayait avec l'opposition. Ayant un pied dans les deux camps, se croyant riche et quasi puissant, l'ingrat s'éloigna de la Lehon et fréquenta les comédiennes. Mais la politique et les amourettes nuisaient aux travaux de l'usine, les dettes s'entassaient, la ruine était imminente.

Pressé par des créanciers, de Morny se rapprocha de sa maîtresse qui, devinant sa fausse position, lui donna quelques conseils pour rétablir ses finances. Aussitôt le comte réunit une centaine de mille francs qui lui restaient et s'engagea dans une opération, où, du jour au lendemain, il perdit la somme.

Quand Morny revint désespéré chez la Lehon, celle-ci lui dit d'un air moqueur : « Mon très-cher, vous n'êtes point encore assez expérimenté pour voler de vos propres ailes ; mais je ne vous garderai point rancune si vous ne cherchez plus à vous émanciper. »

Morny jura d'être tout à fait à la Lehon, qui le prit comme amant de cœur, et l'entretint publiquement. Elle l'avait mis dans ses meubles ainsi qu'une petite dame à la mode, et, pour mieux river sa chaîne, elle lui fit construire un charmant pavillon qui touchait à son hôtel. C'était la niche à Fidèle.

Retiré du service, cet officier de boudoir, qui ne s'était fait industriel que pour parvenir à la députation, ne pouvait toutefois se dissimuler que son nom taré lui interdisait d'entrer dans la diplomatie. Il ne fallait rien moins que la révolution de Février et l'avénement au pouvoir de Louis Napoléon pour le tirer du néant et l'enrichir au delà de ses espérances.

C'est à tort cependant que certains brochuriers et certains journalistes ont prétendu que ce faiseur élégant, ce bravache du coup d'État ranimait par ses télégrammes et ses moqueries l'énergie des hommes de Décembre. Rien n'est plus faux. Lui seul, peut-être, malgré son scepticisme, a montré aux observateurs cette sorte de défaillance qui l'accablait par moments.

Mimi Véron, qui n'a jamais assisté que de son balcon de la rue de Rivoli aux événements qu'il raconte dans ses Mémoires, a tout simplement interverti les rôles en présentant M. de Maupas comme affolé à l'aspect du danger et Morny s'élevant au sublime par sa verve railleuse, jointe à un imperturbable sang-froid. N'éprouvant aucune sympathie pour ces deux personnages, que l'inventeur de la pâte Regnault n'a pu juger à l'œuvre, nous pouvons toutefois affirmer ceci :

Quoique plus éloigné que son complice du théâtre de la lutte, M. de Morny trahissait à chaque instant ses inquiétudes par cette exclamation :

« Nous sommes perdus, si l'insurrection dure encore une journée ! »

C'était son thème invariable et tandis que, revêtu d'un costume de voyage, il se tenait prêt en cas d'échec à se sauver en chaise de poste, M. de Maupas, tranquille dans son fauteuil et ne quittant pas sa robe de chambre et ses pantoufles, s'amusait des terreurs de ses commissaires, tremblants d'effroi à l'idée des représailles que les républicains pouvaient exercer contre eux.

Telle était la véritable attitude de l'un et de l'autre durant le combat. Mais Louis Napoléon n'était pas non plus exempt de faiblesses ; il éprouvait aussi par moments l'envie de prendre la fuite et ne fit dételer ses chevaux qu'après la grande attaque du 4 décembre, où les républicains furent écrasés.

Les entreprises commerciales de Morny ont laissé assez de traces pour qu'il ne soit nul besoin de les citer toutes. Qui n'a pas eu connaissance de l'affaire du Grand-Central, des chemins de fer russes et de celle des tableaux de la cour du Czar, si spirituellement dévoilée par lord Peel ?

Nommé ministre après le 2 Décembre, puis ambassadeur à Pétersbourg, à la fin de la guerre d'Orient, de Morny se complut à donner des fêtes éblouissantes ; mais ce diplomate manqué ne rachetait pas par son luxe et ses rouerles le tact et la noblesse qui lui faisaient à peu près défaut. Il dut même s'en convaincre lorsque Alexandre II et l'impératrice honorèrent de leur présence le bal qui suivit la cérémonie du couronnement de ces Majestés.

Pour avoir quitté son habit de gala au départ du Czar et l'avoir remplacé par un frac noir, ce qui n'est pas d'usage en Russie, toute la cour disparut subitement de l'ambassade de France au beau milieu de la soirée.

Jamais Morny ne put se relever de cette mortifiante leçon ; mais la Providence qui ne fait pas les choses à demi plaça sur le chemin de ce roué, de ce blasé, une jeune Moscovite dont l'aspect le rendit si éperdument amoureux qu'envers et malgré tout il voulut l'épouser.

Les journaux retentirent de ce projet d'union, et firent tant que, pour calmer la brûlante passion de son amant, la Lehon, dans sa jalousie, le menaça de livrer à la publicité toute sa correspondance politique et privée s'il ne démentait pas ce mariage.

Le scandale pouvait prendre des proportions épouvantables, car la comtesse Lehon avait en sa possession toutes les pièces relatives au coup d'État, et déjà un avis secret annonçait à Badinguet qu'un homme d'affaires des d'Orléans demandait qu'on lui vendit les papiers en question.

Il fallait donc enlever la cassette qui les contenait ; mais comment savoir où elle était cachée ?

User de violence avec la Lehon qui tenait à la diplomatie devenait scabreux, mais il y avait tant de motifs pour empêcher qu'on ne découvrît le mystérieux pot aux roses, qu'un crime de plus ou de moins ne fit pas sourciller Badinguet.

Dans cette extrémité, il manda deux de ses bravi.

— Mes compères, leur dit-il, il y va du déshonneur de Morny, ce qui me serait fort égal si par ricochet je n'étais moi-même atteint et couvert d'opprobre. Dans cette situation, j'ai voulu vous consulter afin de savoir ce que je dois faire.

La chose entendue, on convint de cerner l'hôtel de la comtesse et d'attirer son fils au dehors.

Celui-ci, en vrai cocodès, aimait les parties fines et croyait aller souper à la Maison Dorée, quand Pietri vint *par hasard* lui souhaiter le bonsoir. Cependant, en montant dans la voiture du préfet, il avait aperçu deux messieurs silencieux qui lui faisaient place à côté d'eux. Jusqu'à ce que le bruit eût cessé, il ne trouva rien d'étrange; ce ne fut qu'aux environs du bois de Boulogne qu'il remarqua l'obscurité et que tout perplexe il demanda où on le conduisait.

— « La cassette de Morny, ou tu es mort, » répondit Pietri.

Aussitôt les bravis lui mirent le stylet sur le cœur.

— Ah! fit le jeune Lehon au comble du saisissement.

— Je te donne une minute de répit.

— Mon cher Pietri, vous avez des façons...

— Pas de faux-fuyants, ces papiers où sont-ils?

— Dans la chambre de ma mère, dit Lehon, qui sentait que l'aventure tournait au sérieux.

— Si tu mens l'on te tue, mais si tu dis vrai, l'empereur te fait maître des requêtes.

— Marché conclu ; fouillez dans la commode de ma mère et vous y trouverez le coffret.

— Pourvu qu'il y soit encore ! fit Pietri en donnant l'ordre au cocher de rebrousser chemin et d'arrêter au rond-point des Champs-Élysées, à l'hôtel de la comtesse.

Cette dernière eut beau protester contre Pietri et ses sbires, traiter Morny et Badinguet de scélérats fieffés, on lui enleva les papiers.

En dépit de son indignation, le jeune Lehon acceptait la place de conseiller d'État et Morny épousait sa petite Russe.

Hélas ! le mariage fit de lui le plus infortuné des hommes, car sa nature rapace souffrait des prodigalités de la duchesse ; pour un peu plus d'économie il lui aurait passé volontiers tous les coups de canif qu'elle donnait au contrat. De ce côté-là, Morny et sa femme étaient à deux de jeu.

Rappelé à Paris pour présider le Corps législatif, de Morny se retrouva dans sa véritable sphère : Politique secrète et tripotages financiers.

Sous le couvert d'un certain Marpon, l'un de ses agents, il négociait avec des banquiers étrangers, dont les opérations frisaient l'escroquerie pour ne pas dire plus. Associé au sieur Jecker, il s'engagea moyennant 30 pour 100 de bénéfice dans l'affaire des bons mexicains, à faire payer sa créance par le gouvernement de Juarez. Telle est la cause déterminante de la désastreuse expédition du Mexique.

Il importait donc aux intérêts privés du duc de Morny que la guerre s'effectuât coûte que coûte, car le traité Jecker lui assurait plus de vingt-cinq millions;

mais à quelle misère notre armée fut en proie pendant cette funeste campagne, qui devait être la plus glorieuse et la plus sublime idée du règne! Vainement voulut-on celer les souffrances de nos soldats décimés par la peste, les guérillas et les fatigues d'une retraite.

Combien faut-il que l'attrait d'une couronne éblouisse les hommes pour avoir tenté le prince Maximilien. Quelle folie d'échanger son titre d'archiduc contre celui d'empereur qu'un Bonaparte lui proposait ! Et quelle fin l'attendait à Queretaro !

Au reste, si l'empereur avait la volonté d'envoyer combattre ses généraux en Amérique, que ne profitait-il de la guerre de sécession pour amoindrir la puissance des Yankees?

Désunir les États-Unis, qui ne sont que fort peu sympathiques à la France, était à la rigueur raisonnable. En prenant parti pour le Sud il décidait de sa victoire sur les nordistes et fondait un vaste empire à côté de la grande République en incorporant le Mexique aux provinces séparatistes. Mais attendre la fin de la guerre d'Amérique pour se mettre en campagne était d'autant plus inhabile qu'il y avait à craindre que les aventuriers accourus de tous les pays du monde ne se ralliassent aux partisans de Juarez.

Quoi qu'il en soit, l'expédition du Mexique devait être aussi pernicieuse pour la France que pour Napoléon III. Notre matériel de guerre ne put être ramené ou fut détruit en pure perte. Il fallut refaire à nouveau l'effectif et les cadres de tous les corps rapatriés, à grands frais et avec des peines infinies.

Il advint donc que, profitant du désordre auquel

donnait lieu le remaniement de nos forces militaires, la Prusse démasqua tout à coup ses trames machiavéliques. Persuadée que Napoléon III ne pouvait intervenir dans une guerre continentale, elle se rua sur l'Autriche et l'Allemagne, et les écrasa à Sadowa et sur les bords du Mein.

Napoléon croyait bien que sa neutralité forcée lui vaudrait pour le moins la ligne de la Moselle, le Luxembourg et une portion de la Belgique, car à Biarritz, von Bismark l'avait bercé de cette douce illusion; mais il dut se contenter du rôle de pacificateur, tandis que la Prusse et l'Italie étendaient leurs frontières.

Furieux d'avoir assisté l'arme au bras à ce qu'il appelait une querelle d'Allemand, Louis Napoléon se promit bien de prendre une revanche éclatante. C'est alors qu'il réclama Mayence et son territoire; mais effrayé lui-même du *casus belli* qu'il avait posé, bientôt il se ravisa.

Quoiqu'un peu tard, il avait enfin compris qu'il fallait dissimuler avec les Prussiens, et qu'au lieu de fonder l'unité italienne en démembrant l'Autriche, il eût mieux fait de conserver l'alliance de François-Joseph.

Celui-ci, par compensation, n'aurait sans doute pas refusé son concours à la France, après la guerre d'Orient, et en dépit de la Russie, il se fût annexé les provinces danubiennes et nous celles du Rhin.

La Prusse et la Confédération germanique n'auraient été en 1859 que de faibles obstacles pour la France : leurs armées permanentes réunies et toutes leurs réserves mobilisées n'auraient pu nous opposer plus de trois cent mille hommes et nous pouvons disposer de quatre cent mille combattants, sans compter notre marine. Ce n'est qu'en 1860 que les Prussiens réorganisèrent leur système militaire ; mais en 1870 il y avait, sans parler de leur formidable armement, une disproportion par trop énorme entre l'effectif de leurs troupes et le nôtre.

Cependant, l'empereur, avec son attitude expectante et ses coups de Jarnac, comptait bien qu'à la longue il ferait tourner les choses de telle façon qu'il l'emporterait sur un des points essentiels : la question des limites, résolue par un congrès. — C'était là sa marotte, il y revenait sans cesse ; mais en dépit de ses appels à l'Europe, des points noirs qu'il signalait dans ses messages, et de ses rodomontades, Louis Napoléon fut joué par la diplomatie de Berlin et forcé de le reconnaître.

12.

CHAPITRE XIX.

LES BATARDS DE BADINGUET.

Sommaire. — La fille d'un baron de l'empire. — Comédie de Mocquard. — César amoureux et podagre. — Mme César se fâche. — Pierre Bonaparte épouse sa concubine. — Disgrâce. — Deux lettres de Margoton. — La galère impériale.

En attendant que d'autres événements se dessinassent et fussent propices à ses *idées*, l'empereur, dont la santé s'altérait visiblement, se donnait des vacances. Chaque année, il allait soigner sa vessie, sa prostate, son échine à demi consommée, dans les établissements balnéaires ; mais les eaux de Vichy, les bains de mer à Biarritz, produisaient peu d'effet sur ce monarque gâteux, que Ricord et Nélaton regardaient comme incurable.

Les ravages du satyriasis ne laissaient pas néanmoins d'agiter les sens du podagre qui, d'ailleurs, recourait aux aphrodisiaques pour assouvir ses passions impures. Convaincu de son impuissance jusqu'à user de tous les excitants possibles, César n'avait-il pas la prétention d'avoir encore des maîtresses?

Mais Nini, qui savait à quoi s'en tenir sur ses facultés physiques et intellectuelles, disait en plaisantant :

« Il y a longtemps que l'empereur ne m'est plus rien ; je puis bien lui passer quelques petites fantaisies. »

Quoique blasée de son mari et pour cause, Nini était pourtant loin de s'attendre à ce qu'une des demoiselles qui faisaient les délices de ses lundis lui tournerait la tête au point de la convaincre qu'il l'avait mise dans un état intéressant.

Ladite demoiselle était fille d'un haut fonctionnaire très-dévoué à l'empire, quoique peu disposé à servir de risée aux cotillonneurs des Tuileries. A coup sûr, ce n'était point un puritain. Jamais phénomène semblable n'avait paru à la cour de Badinguet ; mais, malgré ses travers, le baron avait des instincts paternels et ne se doutait guère du danger que courait son enfant dans ce foyer de corruption.

Cependant, un soir qu'on répétait au château le fameux ballet des *Abeilles*, l'excellent père aurait pu entendre la femme d'un jeune magistrat répondre à une observation de sa fille par ce trait piquant :

« On voit bien, mademoiselle, que vous êtes ici la maîtresse. »

Ces mots furent ramassés par un reporter et reproduits dans les journaux cancaniers. L'impératrice y vit une atteinte à ses droits conjugaux, ainsi qu'un manque de respect pour une de ses plus jolies abeilles, et, d'un trait de plume, raya de la liste de ses invités M. et Mme Oscar de Vallée.

Toutefois l'embonpoint de la demoiselle d'honneur devenait visible, et Badinguet ne savait comment faire pour la tirer d'embarras. Il appela donc Mocquard et lui révéla tout.

— Ah! oui-da, dit le confident. Votre Majesté a encore fait des siennes? Mais qu'elle se rassure. Je travaille précisément à un roman qui a de l'analogie avec celui dont il est question.

— J'ai lu ton *Odette*, ta *Jessie*, tes *Causes célèbres*, et je sais que tu collabores avec les auteurs en vogue des théâtres du boulevard; mais dans ton langage littéraire, il n'y a rien qui ressemble à ma situation. Par quel stratagème en sortirai-je?

— Si vous le voulez, sire, nous jouerons au naturel une comédie intime; ça nous amusera; et, grâce à mes trucs, à mes ficelles, nous arriverons à un heureux dénoûment. Je vais vous exposer mon scénario.

— Soit. Voyons cela.

— Au prologue, nous commençons par faire disparaître la jeune fille.

— Comment t'y prendras-tu?

— En vertu d'une ordonnance de médecin qui attestera que le climat de la Suisse ou de l'Italie lui est indispensable pour la guérir d'une maladie de poitrine.

— Et le père, ce n'est pas un Géronte?

— Nous le rivons à son poste jusqu'à ce que sa fille revienne en parfaite santé.

— Voilà déjà que nous sauvons les apparences, dit l'empereur; mais des indiscrétions peuvent me compromettre par la suite. Le baron est un homme à ménager. S'il vient à savoir que j'ai séduit sa fille et pourquoi je l'ai éloignée, il jettera les hauts cris. D'un autre côté, je ressens une passion profonde pour celle qui, la première peut-être, m'a donné ses prémices, et qui, je ne l'espérais plus, va me faire goûter les douceurs de la paternité.

— Tout s'arrangera, fit Mocquard, si Votre Majesté veut bien se prêter à la chose.

— N'éveillons pas non plus les soupçons d'Eugénie, reprit Badinguet. Son caractère acariâtre et ses susceptibilités me rendent déjà trop malheureux.

— Fiez-vous à moi, sire, répondit Mocquard.

— Eh bien ! je te donne carte blanche.

Au sortir de cet entretien, le confident de l'empereur se rendit chez la Beau... fille, *aimeuse courue du tout Paris*, expression consacrée, et qui, sous le pseudonyme de Marguerite Bellanger, demeurait boulevard des Capucines, nº 39, maison Hills.

Cette cocotte, perchée sur son balcon, n'en bougea pas lorsque sa chambrière vint lui annoncer que Mocquard demandait à lui parler.

— Avance un peu, mon petit père, dit-elle au penard, qui, tout essoufflé d'avoir escaladé ses cinq étages, prenait un siége pour se reposer.

— Ma mignonne, fit Mocquard en se rapprochant de Margoton, voulez-vous bien me faire l'amitié de venir dîner ce tantôt à la campagne? Si oui, je vous enverrai ma voiture.

— Ça me va ; mais tu sais, pas de cérémonies, mon petit Moc... Où il y a de la gêne, il n'y a pas de plaisir.

— Toujours la même, repartit Mocquard. Quand donc finirez-vous par m'écouter ?

— Si avec tes conseils, gros bébé, tu me donnais maison, équipage et du *trois pour cent*, je ferais tout ce que tu voudrais.

— Vous seriez sage, discrète?

— Comme toi, la vieille.

— Eh mais, il ne tiendra qu'à vous d'avoir tout ce que vous désirez, même une baronnie par-dessus le marché.

— Je te prends au mot, mon bon.

— Vous m'obéirez aveuglément?

— Foi de p... Je ne te dis que ça.

— Il suffit; j'ai votre parole... Mais gardez-vous bien d'y manquer, reprit sentencieusement Mocquard.

— Et toi, n'oublie pas tes promesses.

— Je les tiendrai toutes.

— Quoi! J'aurai des rentes?

— Voici déjà un portefeuille qui contient cent actions des Docks de Marseille.

— Mauvaises valeurs, dit Marguerite en faisant la moue. J'en aimerais mieux d'autres.

— Prends d'abord celles-là comme à-compte.

— Au fait, je les vendrai au prix où on les cote. Ça sera toujours autant de gagné. Maintenant, si j'osais, je dirais bien quel est mon rêve. Toutes mes amies ont de jolies propriétés. Achète-m'en une, mon petit Moc.

— Tenez, voici une des clefs de la petite villa où je vais aller vous attendre. Vous serez là chez vous, ma chère, par la grâce de Dieu et du notaire.

— Oh! comme tu es gentil!... A présent, ma voiture! mes chevaux!

— Vous pouvez tirer sur moi pour la somme.

— Ça ne sera pas long, va. Avec un bon de trente à quarante mille francs, tu en seras quitte, et j'aurai un équipage qui te fera honneur.

— Je me charge de la livrée, dit Mocquard, et vous

laisse un laquais qui viendra vous prendre pour vous conduire près de moi. — Ça vous est égal qu'on choisisse vos gens, n'est-ce pas ?

— Que m'importe ?... Pourtant je pense qu'il doit y avoir quelque anguille sous roche. — Ce n'est pas pour rien qu'on vient proposer de semblables cadeaux à une fille comme moi.

— On n'y met qu'une simple condition.

— Allons, vas-y ! quelle qu'elle soit, je l'accepte d'avance.

— Nous réglerons tout en dînant.

— En ce cas, mon *chaton*, dépêche-toi d'aller faire ouvrir les huîtres et déboucher le champagne, car je grille de savoir ce que tu attends de moi.

— Je pars et à bientôt, mon enfant, fit Mocquard tout guilleret.

Margoton lui pressa doucement la main, fit sa plus gracieuse révérence, et, dès qu'il eut disparu, elle se prit à réfléchir sérieusement.

« Qu'est-ce que ce vieux sondeur peut bien avoir à me dire ?... Pourvu qu'il ne me la fasse pas à l'oseille. Oh ! pour le coup, je la trouverais mauvaise. Bast ! reprit-elle mentalement en serrant le portefeuille, voici toujours des arrhes ! »

Les actions lui ayant redonné quelque confiance, la cocotte s'habilla le plus soigneusement possible pour aller festoyer avec Mocquard.

Elle était déjà parée, poudrée, quand *son* valet de pied vint prendre ses ordres.

De la façon dont il l'avait appelée *Madame*, Margoton ne put se défendre d'un mouvement d'orgueil.

« Si tout mon monde est aussi *bate*, on ne va

rien faire de cancans à Mabille. » Aussi, en route, ne daignait-elle plus jeter les yeux sur ses amis les cocodès qui passaient.

Arrivée aux environs de Saint-Cloud, le coupé s'arrêta sur un signe de Mocquard, qui se tenait à la grille d'un charmant cottage d'où l'on découvrait le panorama de Paris.

— C'est donc ça ma maison de campagne? dit-elle tout bas à Mocquard qui fit un signe affirmatif. — Cré nom! comme c'est chic!

— Ne manifestez point votre surprise en entrant ici.

— Dame, écoute donc, on a beau avoir du chien, ça vous épate!...

Un sourire de Mocquard réprima son admiration; mais comment ne pas se réjouir intérieurement de se voir dans un si beau séjour?

Dès qu'ils furent à table, Margoton et son convive profitèrent des moments où les serviteurs allaient et venaient pour causer à leur aise.

Le moment étant venu, Mocquard fit alors à la cocotte une question préparatoire.

— Ma chère, vous n'avez point d'opinions, je suppose?

— Pourquoi faire?

— Jamais personne ne vous a parlé de politique?

— Je ne fréquente que des gandins.

— Et que pensez-vous de l'empereur?

— On dit que c'est une buse, un coquin!

— Vous feriez bien de le respecter.

— Qui ça, Badinguet! Je m'en fiche pas mal.

— Si vous le connaissiez mieux, ma chère, vous

n'hésiteriez pas, j'en suis sûr, à lui rendre un grand service.

— Ah çà, voyons, conte-moi cette affaire. Il est temps que tu accouches, j'espère.

— Non, c'est à vous d'accoucher, chère belle.

— Il n'y a pas de danger, fit en riant Margoton... Mais parle donc plus clairement!

— Vous ne devinez pas?

— Si fait, je commence; mais achève.

— Tu me jures de garder le secret?

— Ma fortune en dépend.

— Eh bien, apprends donc qu'une demoiselle très comme il faut est enceinte depuis trois mois des œuvres de l'empereur.

— Hum! fit Margoton d'un air de doute.

— Que ce soit de lui ou de n'importe qui, il faut sauver la jeune mère en simulant une grossesse et en adoptant son enfant. Voulez-vous m'aider dans cet imbroglio?

— Ça va joliment m'embêter.

— D'accord. Mais vous ferez une bonne action et vous pourrez jouir ensuite de toutes les délices de la vie.

— Alors il faudra que je me pose une crinoline sur le ventre pendant six mois?

— Que vous affectiez même d'éprouver les symptômes de la maternité.

— On ne coupera pas dans ce pont-là.

— Je vous dis que si, affirma Mocquard.

— Est-ce que ça ferait vraiment plaisir à votre empereur que je passe pour sa maîtresse?

— Il feindra même d'être très-amoureux de vous.

— Et l'impératrice!....

— Elle ne s'occupe pas des escapades de son mari, et trouve tout naturel qu'il se donne un peu de bon temps pour se délasser des travaux de l'État.

— S'il en est ainsi, je n'ai plus qu'à te remercier d'avoir songé à moi, qui n'ai rien à perdre et tout à gagner en te servant. Cependant, je crains que la malignité publique ne fasse un crime à l'empereur du semblant de tendresse qu'il voudra bien me témoigner. A la cour comme à la ville, on criera beaucoup.

— Oui, sans doute, mais *l'autre* sauvera sa réputation, répondit Mocquard.

Les choses ainsi réglées, Mocquard s'occupa de la mise en scène et après sa première entrevue avec Badinguet, l'on ne vit plus que Margoton à Vichy, à Biarritz, à Plombières suivre la cour impériale en villégiature.

Nini, qui avait sa police, ne tarda pas à être instruite des fréquentes visites de son époux à la cocotte.

— Quel charme peut-il donc trouver chez cette fille? se disait-elle. Il lui sourit à la promenade, souscrit à ses fêtes. Jamais il n'avait été moins soucieux de sa dignité. Décidément il baisse, ou se pervertit en suivant les goûts du jour.

Nini, plus que toute autre, devait se montrer indulgente, car elle avait beaucoup contribué au relâchement des mœurs de l'époque. Il était alors de bon ton qu'époux et femme se divertissent séparément. Chacun allait dans la société qui lui convenait. Grandes dames et *petites dames* en vinrent même à s'afficher de façon à ce qu'on ne pût faire de différence entre elles, et pour varier les plaisirs on échangeait des maris contre des cocodès.

C'est ainsi qu'on s'amusait dans le monde officiel ; mais la rumeur devenait plus intense à mesure que Margoton grossissait. On n'en revenait pas de voir César attelé au char d'une gourgandine qui n'avait de relief que ses trivialités.

— Ça va bien, disait Mocquard à son maître, Margoton geint comme si elle portait réellement dans son sein le fruit d'une passion que des demoiselles plus huppées lui envient. Nous touchons au dénoûment, et âme qui vive ne soupçonne autre chose que ce qu'il nous convient de mettre en évidence.

Enfin le terme de la délivrance de Margoton arriva, la vraie mère mit au monde un enfant qui trait pour trait ressemblait... à un jeune commensal du Château.

Dépeindre la joie de Badinguet en apprenant qu'il était père serait presque impossible ! La nature avait fait un miracle, et il se croyait à jamais délivré du mal caduc.

Dans cette persuasion, il faisait les plus beaux rêves, et, bravant le ridicule, il allait singer le grand Louis XIV et le czar Nicolas en légitimant le prétendu bâtard de Marguerite Bellanger. Mais Nini ne lui donna pas le temps de consommer cette inexcusable folie. Quel exemple pour *Loulou* de voir son père adopter la progéniture d'une courtisane !

Au premier bruit qui lui parvint de la résolution de son auguste époux, elle jura de le planter là et fit un esclandre épouvantable aux Tuileries. César tenait bon cependant, il ne voulait pas démordre de son idée. Le départ de Nini ne le touchait guère, car elle n'était pas sans reproches.

Il est bon d'observer qu'à la même époque l'empereur interdisait à son cousin Pierre Bonaparte de reconnaître les enfants naturels qu'il avait eus de la fille d'un ouvrier ébéniste du faubourg Saint-Antoine, et que celui-ci, bravant le statut imposé aux membres de la famille impériale, n'en épousa pas moins sa maîtresse, ce qui acheva sa disgrâce.

Louis Napoléon, disons-le, avait ainsi que Louis XIV un faible pour ses bâtards, mais il ne les recevait jamais. Tous, il est vrai, étaient pensionnés sur sa cassette et pourvus d'emplois dans les ministères et les légations. Le consul de Genève, qui lui ressemblait à s'y méprendre, était le fruit de ses premières amours avec une servante suissesse. Le consul de Dantzig provenait de ses liaisons avec une fille de Ham que M. Bure, son frère de lait, épousa avec une dot assez rondelette et deux enfants par-dessus le marché.

C'est sur les conseils de sa mère que ce monsieur Jean Bure se maria avec la maîtresse de Badinguet ; d'intendant, il passa trésorier de la couronne, car c'était un homme d'ordre, très-soigneux avant tout de ses intérêts et très-ingénieux dans les cas extrêmes. Malheureusement, la progéniture qu'il avait légitimée lui donnait bien du fil à retordre, M. Eugène Bure surtout, qui aimait les voyages et s'endettait ni plus ni moins qu'un véritable Bonaparte.

Quoique dénigrant son père adoptif, ce jeune homme parvint au consulat et son frère obtint l'emploi de receveur des finances à Paris. Sa Majesté eut même la gracieuseté de leur faire don du domaine d'Orx dans les Landes, racheté un million à la Walewska, qui ne le trouvait point à sa convenance.

Qu'on nous passe cette petite historiette à propos de

bâtards, mais le cas de la fille Bellanger et de son *cher seigneur* l'accompagne si bien que nous ne pouvons faire autrement que de la présenter au lecteur.

Inutile d'ajouter que Louis Napoléon, après de longs débats, céda définitivement aux représentations énergiques de sa femme, et que l'enfant, qui n'était pas plus de lui que de Margoton, fut inscrit sur les registres de l'état civil comme fils naturel de la *baronne* de Beau....

Le truc de Mocquard avait réussi, malgré Morny et sa coterie qui cherchaient en vain à débrouiller les mystères de cette incarnation, pour se faire bien venir de Nini.

La morale de la chose se résume ainsi :

« Hier, dans la chapelle du château, Leurs Majestés assistaient à la cérémonie du mariage de Mlle V. H.... avec M. E. P... L'empereur a signé au contrat, etc. »

Tout le monde fut content ce jour-là.

Le haut personnage n'avait plus à trembler pour son blason, dont la tache était effacée. L'époux qui avait été contrarié dans ses affections rentrait de plein droit en possession de la jeune mère, lavée du déshonneur par le dévouement de Margoton.

De son côté Nini, abusée, était radieuse de pouvoir prouver à l'infidèle César que sa bien-aimée le payait d'ingratitude.

Le premier président Devienne avait entrepris d'arranger l'affaire, au contentement de l'impératrice, et celle-ci, jouet d'une nouvelle intrigue, remit à Badinguet une lettre qui lui aurait arraché son premier pleur s'il n'en avait rédigé le brouillon.

En voici la teneur :

« Monsieur,

» Vous m'avez demandé compte de mes relations avec l'empereur, et quoi qu'il m'en coûte, je veux vous dire toute la vérité. Il est terrible d'avouer que je l'ai trompé, moi qui lui dois tout ; mais il a tant fait pour moi que je veux tout vous dire : je ne suis pas accouchée à sept mois, mais à neuf. Dites-lui bien que je lui en demande pardon.

» J'ai, monsieur, votre parole d'honneur que vous garderez cette lettre.

» Recevez, monsieur, l'assurance de ma considération distinguée.

» M. BELLANGER. »

L'impératrice croyant que cette lettre ne suffisait pas pour faire revenir Badinguet de son erreur, en demanda une autre que Marguerite consentit à copier encore afin d'apaiser la colère de Nini qui s'obstinait à vouloir se venger de son César trop infatué des suites de sa liaison.

C'est dans ce but qu'elle lui mit sous les yeux l'épître suivante :

« Cher seigneur,

» Je ne vous ai pas écrit depuis mon départ, craignant de vous contrarier ; mais après la visite de M. Devienne, je crois devoir le faire, d'abord pour vous prier de ne pas me mépriser, car sans votre estime, je ne sais ce que je deviendrais ; ensuite pour vous demander pardon. J'ai été coupable, c'est vrai, mais je vous assure que j'étais dans le doute. Dites-moi, cher seigneur, s'il est un moyen de racheter ma faute, et je ne reculerai devant rien; si toute une vie de dévouement peut me rendre votre estime, la mienne vous appartient, et il n'est pas de sacrifice que vous me demandiez que je ne sois prête à accomplir. S'il faut pour votre repos que je m'exile et passe à l'étranger, dites un seul mot et je pars. Mon cœur est si pénétré de reconnaissance pour tout le bien que vous m'avez fait, que souffrir pour vous, c'est encore du bonheur. Aussi, la seule chose dont à tout prix je ne veux pas que vous doutiez, c'est la sincérité et la profondeur de mon amour pour vous. Aussi, je vous en supplie, répondez-moi quelques lignes pour me dire que vous me pardonnez. Mon adresse est : Mme Bellanger, rue de Launay, commune de Villemur, près Saumur. En attendant votre réponse, cher seigneur, recevez les adieux de votre toute dévouée mais bien malheureuse

» MARGUERITE. »

Ces deux lettres, que nous empruntons aux *Fascicules*, ont été découvertes dans les papiers particuliers de Napoléon. Elles étaient réunies dans une enveloppe cachetée au chiffre N couronné, et avec cette suscription de la main de Napoléon : *Lettres à garder.*

C'était sans doute comme souvenir de ses turpitudes que César conservait ces pièces qui n'ont point été démenties et que par cette raison nous joignons à ce dossier.

Tout allait donc tant bien que mal sur la galère impériale, qui voguait au-devant des tempêtes prêtes à l'engloutir. — Et, pour comble de malechance, Badinguet perdait à de courts intervalles deux de ses meilleurs nautoniers, Mocquard et de Morny.

L'un succombait aux excès d'une passion surannée, l'autre à une blessure faite par un mari... jaloux.

La mort de ces vieux complices affecta profondément Badinguet, il en resta accablé et dès ce moment tout sembla se liguer coutre lui.

CHAPITRE XX.

LES DERNIERS JOURS DE L'EMPIRE.

Sommaire. — Bilan de l'empire. — La grande Exposition. — Nouvelle organisation militaire. — L'étoile décline. — *Plonplon* et *Nini* font de la diplomatie. — Le sultan, le pacha et le *galantuomo*. — Les mitrailleuses. — L'ouvrier de Meudon. — Les obusiers Krupp. — « L'ordre, j'en réponds ! » — Plan de campagne de Lebœuf. — L'atelier de l'impératrice. — Mauvais présages. — Le sérail du khédive. — Impressions de voyage. — La boîte aux lettres des cent-gardes. — *Loulou* songe au beau sexe. — Troubles de Paris. — Maladresse et brutalité de la police. Pietri fait de l'ordre. — Le baron Haussmann. — Monsieur son père. — Les hommes fatals. — Ministère Émile Ollivier. — Le cousin Pierre tue Victor Noir. — Arrestation de Rochefort. — Bonne précaution. — Pierre Bonaparte devant la Haute-Cour. — Le complot des bombes. — Le plébiscite. — Sept millions de suffrages. — L'impératrice régente.

On a calculé qu'en seize ans, de 1853 à 1868, l'empire avait dévoré 36 milliards, soit en moyenne 2 milliards et quelques centaines de mille francs par an.

Pour aboutir au désastre de Sedan, la guerre et la marine ont dépensé environ 14 milliards.

13.

Sur 16 budgets, 13 se sont soldés en déficit.

La dette publique s'est élevée dans cette période à 24 milliards environ.

En consultant l'état des dépenses régulières et extraordinaires à partir de la restauration de l'empire jusqu'à la déchéance de Napoléon III, l'on peut s'assurer que le chiffre énoncé ci-dessus a été dépassé.

Chaque année, des millions alloués en sus des fonds ordinaires grevaient le budget. Il y avait, outre les frais d'embellissements, des dépenses imprévues, mystérieuses. La cour avait de grands besoins ; d'un autre côté, les grosses épaulettes, la corserie, la juiverie et toute la vermine impérialiste éclose en Décembre, trouvaient le champagne fort cher et les cocottes en vogue d'un prix fort élevé.

Le bilan de l'empire grossissait à vue d'œil, en raison même des prétentions qu'élevaient nos fonctionnaires, à peine satisfaits de leurs gros traitements. Aussi fallait-il tolérer le cumul et les malversations qui leur permettaient de mener grand train.

Du reste, dans le civil comme partout ailleurs, les emplois étaient confiés à des mains tout à fait inhabiles. L'Almanach officiel était rempli de noms en o et en i, qui sentaient d'une lieue le pays des maquis. Où toute cette gueuserie qui formait l'élite administrative du beau pays de France, s'était-elle instruite à gouverner ? Nul ne le saurait dire.

Vainement espérait-on remédier à la pénurie des administrateurs d'un ordre supérieur, pénurie qui mettait les ministres à la merci des chefs de division, et perpétuait ainsi les abus à travers tous les renouvellements possibles. Il était bien question d'instituer une école politique de haute administration, idée qui, d'ailleurs, n'était pas nouvelle. On comptait échapper par là à l'inconvénient de n'avoir que deux catégories dans le personnel, qui a par en haut des favoris sans expérience et sans titre, par en bas, des salariés à vues étroites et sans espoir d'arriver jamais aux positions supérieures ; mais *l'adjonction des capacités* devenait problématique sous l'empire. Il fallut s'en tenir à des fruits secs, faute d'hommes intelligents.

Les insanités et l'humiliante oppression d'un règne de dix-huit ans ne pouvaient enfanter que des nullités. Pas un homme d'État, pas un homme de guerre, pas un véritable orateur, pas un publiciste, pas un poëte, n'a pu surgir dans ce laps de temps. Rien ne progressait, si ce n'est la science industrielle.

N'éprouvant que déboires dans toutes les tentatives qui devaient couronner son édifice, Louis Napoléon supposa que les splendeurs de Paris, rebâti à neuf, et les merveilles d'une Exposition universelle attireraient les souverains étrangers, qui dans leur admiration reconnaîtraient en lui l'arbitre de l'Europe, et consentiraient enfin à régler toutes les questions de nationalité.

Par malheur, le czar Alexandre et le roi Guillaume firent la sourde oreille, la reine d'Angleterre s'abstint de venir en France, et l'empereur d'Autriche, malgré son toast à l'Hôtel de Ville, se montra circonspect en ce qui concernait le traité d'alliance qu'on lui proposait dans des termes un peu vagues, mais qu'il pouvait comprendre au besoin.

Somme toute, l'Exposition n'eut pas pour Badinguet le succès qu'il en attendait. Elle rata sous ce rapport et ne fit qu'exciter la jalousie du roi de Prusse et des principicules allemands, qui tous à l'envi projetèrent de se ruer un jour sur la capitale et d'anéantir ses richesses après avoir pillé la France.

Justement l'empereur désarmait, croyant donner l'exemple aux grandes puissances continentales. Cette faute n'empêchait pas nos finances de s'élever, ni les armées prusso-allemandes de se mettre sur un pied de guerre formidable.

Plus tard, lorsqu'il fallut enfin changer notre système militaire pour augmenter l'effectif de nos forces, le maréchal Niel obtint de créer une garde mobile; mais avec quelle lenteur s'opéra sa formation! Et quelle peur on avait d'armer et d'instruire ces nouveaux bataillons! — Encore n'osait-on rétablir sur un pied respectable cette garde nationale épurée à laquelle on ne donnait même pas un poste à garder la nuit.

Disons aussi que toutes les mesures qu'on pouvait adopter pour mettre la France en état de faire face à l'ennemi étaient combattues par l'opposition et par le Corps législatif.

Entre temps, depuis que l'empereur, croyant refaire sa popularité, avait levé l'interdit qui pesait sur elles, la tribune et la presse tonnaient contre lui. Privée d'intelligence politique et de tout sentiment moral, la multitude s'adonnait de préférence aux feuilles qui prêchaient la désobéissance aux lois et la désorganisation sociale.

De leur côté, les *irréconciliables* amnistiés abusaient de la liberté qu'on leur laissait pour provoquer la populace à la révolte et les soldats à l'indiscipline. Convulsionner le pays, pervertir les masses, était pour eux le seul moyen d'établir la République *rouge* qui devait tout sauver. C'était le mot d'ordre donné dans les réunions publiques, où l'on ne discutait qu'au point de vue de la revendication. Aussi les séances y devenaient tumultueuses et dégénéraient presque toujours en rixes.

Louis Napoléon avait réellement trop tardé à démuseler les orateurs de clubs, et les folliculaires qui surexcitaient l'esprit public. Cette mesure, prise quelques années plus tôt, eût pu, en raison du calme auquel on s'habituait, produire une sorte de réaction dont l'effet aurait été de jeter du ridicule sur les agitateurs. Badinguet l'espérait encore, mais il n'était déjà plus maître de la situation et méditait en désespoir de cause un nouveau coup d'État. Par malheur, tandis qu'il comptait en finir, une fois pour toutes, avec les démagogues, sa maladie s'aggravait.

La gazette de *Monaco* en parut si consternée que son honorable rédacteur en chef prit la plume pour déplorer à l'avance les malheurs qui, selon lui, pouvaient fondre sur nous à la mort de notre César. Cet article était tel que pas un journaliste n'aurait eu l'effronterie de le signer.

Mais rien ne saurait étonner de la part du failli non réhabilité qui exploite cette feuille à scandale, ne se fait-il pas aujourd'hui le porte-drapeau de la légitimité ?

Par hasard, Badinguet survécut, ce qui prouve que nul ne peut échapper à sa destinée. Son trépas lui ouvrait les caveaux de Saint-Denis ; sa guérison allait lui rendre l'exil et la captivité plus douloureux qu'autrefois. On ne pouvait du reste infliger à cet homme un plus rigoureux châtiment que celui qui l'attendait. Décidément l'astre du dernier Bonaparte déclinait et décrivait sa parabole.

Cependant, toujours plein de confiance dans son étoile, l'imprudent couvait de sinistres projets. Plonplon et Nini étaient dépêchés auprès du sultan et du *galantuomo* pour brasser des traités offensifs et défensifs. Les merveilles du chassepot se révélaient à Mentana, et l'on achevait les terribles mitrailleuses qu'on se promettait d'essayer sur les Prussiens. Mais ceux-ci, qui n'avaient que trop entendu parler de l'engin en question, s'en étaient déjà procuré le modèle, malgré tout le mystère qui présidait à sa fabrication.

Trompant l'active surveillance établie dans les ateliers de Meudon, un ouvrier d'artillerie parvint à livrer les dessins exacts de la mitrailleuse à M. de Goltz. Expérimentation faite à Spandau de cette pièce tant vantée, on reconnut bien vite qu'en bataille rangée elle ne rendrait point les services qu'on espérait. L'artillerie prussienne la refusa donc à cause de son inefficacité et parce que les obusiers Krupp étaient plus meurtriers par leur tir rapide et l'étendue de leur portée.

Quoi qu'il en soit, l'ouvrier (1) qui avait trahi le secret de la mitrailleuse fut arrêté un jour en sortant de l'ambassade de Prusse, et se tira fort bien des griffes de la police en alléguant un prétexte assez plausible.

Il faut avouer que l'empereur n'avait pas de chance

---

(1) Cet ouvrier, qui depuis a fait tant de bruit, n'est autre que le citoyen Assi, nous en reparlerons dans un futur ouvrage.

avec *ses inventions*, car quelques années auparavant, et en dépit de ses cachotteries, un Polonais, nommé Lon...ski, vendait aux agents militaires du czar le plan sur toile de la pièce rayée de 4 ainsi que la hausse de mire. Qu'on s'imagine l'étonnement de Badinguet, quand, pour ses étrennes, l'empereur Alexandre II lui envoya en cadeau le spécimen, *en bronze*, de son mystérieux canon ! A la vérité, le polak qui renseignait si exactement les agents russes ne manquait jamais l'occasion de les trahir. Qu'on lise le rapport signé TONELLIE, qui figure dans les premières livraisons des *Fascicules*, et l'on découvrira, sous le pseudonyme qui l'abritait, que le sieur Lon...ski savait travailler pour deux maîtres à la fois.

Donc, pendant que Pietri II fourbissait des complots et que Lebœuf traçait son plan de campagne, Nini, sous le titre de comtesse de Pierrefonds, faisait ses préparatifs pour aller visiter l'Orient. — Mais avant de s'embarquer et de cingler vers le Bosphore et l'isthme de Suez, il lui fallait adopter un costume nouveau. Toute l'intelligence de Mlle Marion et des dames qui travaillaient à l'atelier spécial de Sa Majesté s'ingéniait à trouver une coiffure modèle qui pût lui convenir; mais rien ne lui seyait. A la fin, un des écuyers de l'impératrice lui conseilla d'ajouter à ses vêtements d'outre-mer la casquette d'uniforme des officiers de marine. Nini, qui avait déjà porté le toquet, le lamballe et le chapeau melon, trouva l'idée ingénieuse. Aussi, lorsqu'elle parut à Saint-Cloud pour faire ses adieux à Badinguet, toute la cour ne put retenir un cri d'admiration.

En partant, Nini n'oublia pas de recommander la prudence à son malingreux époux, et l'engagea de suivre la voie qu'il avait *inaugurée*, afin de prouver au pays qu'il avait des *idées* et non pas des *expédients*. « Surtout pas d'*acoups*, disait-elle, je ne les aime pas. Amuse-toi bien, donne-toi des distractions, rien n'use le cerveau comme les idées fixes. »

Dans sa correspondance privée, la *comtesse* de Pierrefonds brochait encore sur le tout. « Soigne-toi, disait-elle, et tâche d'agir sagement. » Du reste, elle s'occupait beaucoup plus de la tournure de l'esprit public que de la santé de son cher Louis, qui l'ennuyait, mais ne l'effrayait pas.

C'était l'époque des élections ; elles s'annonçaient mal, et Nini, très anxieuse de l'avenir de son bambin, conjurait Badinguet de renoncer aux moyens héroïques. — « On ne refait pas deux coups d'État sous un même règne », disait-elle.

Cette réflexion était assez judicieuse et témoignait des craintes qui l'agitaient, mais tout en faisant des vœux pour que l'ordre fût maintenu sans user de la force, elle lui racontait ses impressions de voyage.

Le khédive lui avait montré son harem, et Nini disait que les danses des almées, quoique plus *indécentes* que celles des gitanes, ne l'avaient point étonnée. Mais que pouvaient signifier les premières phrases de sa dernière lettre datée du Caire ?

« Tu peux être sûr que tous mes efforts sont toujours portés à te faire le plus grand nombre d'amis possible.

» L'idée du roi m'a bien amusée, car *il a été d'un*

galant à te faire dresser les cheveux. Je ne sais si la présence d'un tiers le gêne pour me faire des confidences politiques, mais dans tous les cas pas les autres !... Enfin, j'ai fait *de mon mieux* pour lui plaire, et je te ferai bien rire en rentrant et en te racontant mon entrevue. »

Badinguet n'en était plus à faire le jaloux ; il approuvait même tout ce que Nini se permettait et en riait avec elle au coin du feu.

Loulou, déjà aussi vicieux que son père, songeait, paraît-il, au beau sexe, et plus d'une dame de l'empire qui en tenait pour les cent-gardes, au point de glisser des billets doux dans leurs bottes, agaçait l'adolescent, très-embarrassé de savoir à laquelle il ferait l'honneur de jeter le mouchoir.

Badinguet, qui sentait que l'innocence de son fils était en péril, en avait instruit Nini. Celle-ci, à l'idée que *Loulou* se promettait des maîtresses, s'amusait comme une folle.

« — Je suis curieuse de savoir *s'il fera sa liste* et ce qu'en dira le général Fr...... », écrivait-elle à son mari, que la goutte retenait à Saint-Cloud, et qui se dépitait de ne pouvoir chasser à courre, parce que l'exercice du cheval lui était impossible.

Paris se ressentait alors de l'agitation électorale et César aurait bien voulu se montrer pour imposer aux mécontents, mais à peine pouvait-il se tenir debout pendant un quart d'heure au bras de son aide de camp, tant il lui en cuisait d'un certain côté.

Les troubles de la capitale, fomentés par les clubs, les journaux *rouges* et des pamphlets acrimonieux, dénotaient que le régime impérial avait fait son temps.

Pas un candidat napoléonien n'avait été accepté ; il en était de même dans toutes les grandes villes manufacturières. Les campagnes seules votaient sous la pression des maires et des préfets en faveur des personnages qu'on leur donnait à élire.

Tout semblait conspirer contre l'empire. La police, dirigée par Pietri II, mettait le comble à l'exaspération publique par ses violences. Elle assommait indistinctement à coups de casse-tête les femmes et les enfants qui rentraient le soir au logis.

Le nom de Rochefort, popularisé par le *Figaro* et la *Lanterne*, servait de drapeau à l'émeute, que les sergents de ville s'acharnaient à réduire brutalement au lieu de la laisser sombrer d'elle-même.

Mais Sa Majesté avait dit dans la salle des États du Louvre : « L'ordre, j'en réponds ! »

Ces paroles étaient un stimulant pour Pietri cadet, non moins Corse que son frère et jaloux de marcher sur ses brisées en usant des plus odieux moyens de répression.

Tiré de l'obscurité où il aurait croupi toute sa vie sans le coup d'État, Joachim Pietri fit ses premières armes dans l'Ariége, mais jamais préfecture n'abrita pareille nullité.

Trop partisan des rigueurs inutiles, ce tard venu tranchait pour un rien du proconsul et s'imaginait que la force était plus efficace avec les mécontents que la conciliation. En cela, il était très approuvé en haut lieu et par son entourage.

Animé de cet esprit défiant et rancunier propre à tous ceux de sa race, J. Pietri dénonçait jusqu'aux plus légers propos tenus par les familiers des Tuileries. Pour juger de son zèle, il faut lire ce rapport à l'empereur sur M. de Persigny :

« Il y a quelques jours à peine, dans un restaurant de Paris, M. de Persigny (je crois pouvoir garantir le fait) mettait sa main dans celle de Glais-Bizoin : l'un contre l'empire, l'autre contre M. Rouher, je le veux bien ; mais M. de Persigny s'exprimait sur la situation dans les termes les plus alarmants. N'est-ce point un signe du temps ?

» Le préfet de police,
» J.-M. Pietri. »

Au nombre des exploits de Pietri cadet, on doit citer sa fameuse campagne de Clichy, les meurtres du boulevard et du faubourg du Temple : le tout pouvait se résumer ainsi : Maladresse et férocité !

Soumis aux volontés du maître, il s'efforçait de tenir la population parisienne dans une craintive obéissance. Murmurait-on contre quelque décret absurde, il lançait des placards menaçants. Gardait-on une prudente réserve sur les agissements de son empereur, il prenait le silence pour de l'admiration. — C'est ainsi que par leur violence et leur ineptie les séides ont de tout temps causé la ruine des gouvernements personnels.

D'autres soucis plongeaient l'empereur dans une morne tristesse. La pression de l'opinion publique lui avait arraché de tardives concessions, qui effaçaient quelque peu sa prépondérance. Ce n'était pas sans regrets qu'il s'était séparé de son ministre Rouher, dont la retraite avait entraîné celle du baron Haussmann.

Ce dernier, naturellement initié à des iniquités qui le rendaient indispensable, voulait quand même se maintenir à la préfecture de la Seine ; mais devant l'opposition du ministère Forcade, Louis Napoléon dut *révoquer* ce personnage, gorgé de concessions.

Par le fait, c'était un étrange fonctionnaire que ce monsieur Haussmann. Petit-fils d'un conventionnel régicide, il était aussi fier de son titre que son ancêtre se montrait ennemi de la noblesse. Quant à son propre père, qui s'appelait Haussmann tout court, il aurait vendu comté et baronnie au plus offrant enchérisseur, car il faisait argent de tout. Quiconque voulait obtenir une concession, un privilége, n'importe quoi, n'avait qu'à s'adresser au père Haussmann pour la faveur qu'il désirait. Les employés de l'Hôtel de Ville, qui connaissaient la spécialité du bonhomme, ne manquaient pas d'expédier ses requêtes et de lui remettre ensuite les autorisations demandées, dûment signées et paraphées par qui de droit.

Le père Haussmann avait d'ailleurs plus d'une corde à son arc ; il était auprès de son noble fils le représentant d'une bande noire qui exploitait les terrains de construction au dedans et au dehors de la capitale. Ces compagnies, dites expropriantes, lui faisaient des remises, le comblaient de cadeaux, si bien que sans être juif, Haussmann père savait se créer une fortune à pêcher en eau trouble ; il tripotait même de petites affaires qui contribuaient aussi à l'enrichir : certain loueur de voitures des Champs-Élysées doit en savoir quelque chose.

Mais ne soyons pas indiscrets, ne dévoilons pas toutes les opérations mystérieuses de ce vieil Harpagon, cela tiendrait trop de place. C'est bien assez de donner un aperçu de la situation budgétaire de la ville de Paris, et du déficit que l'ex-préfet de la Seine a rendu presque insondable en ordonnançant des dépenses en dehors de toutes les règles financières et administratives.

Trompant l'opinion, le baron Haussmann dissimulait les emprunts qu'il contractait par des procédés illégaux, et pour donner le change aux légitimes réclamations des contribuables qu'il imposait, opprimait et ruinait en dépit des lois, ce fonctionnaire donnait des budgets fantaisistes ornés de conclusions fictives et de fausses promesses. Dans son dernier rapport, établi pour couvrir sa responsabilité, il osait même affirmer qu'un emprunt de 260 millions permettrait de liquider les dettes de la capitale. Une rapide enquête a prouvé que 600 millions, et plus encore, ne suffiraient pas à solder les dépenses arbitraires que le pacha de l'Hôtel de Ville nous a léguées en dépassant les limites de ses attributions.

Or, sans se faire d'illusions et sans se livrer à des calculs problématiques, on peut dire qu'à son départ, le baron Haussmann nous a laissé une carte à payer d'environ 750 millions, ce qui fait en moyenne une dette de 1,500 fr. pour chaque ménage parisien composé de quatre personnes et équivaut à une rente de 75 fr. par an et par famille.

Restent d'autres dettes que le préfet impérial a portées sur notre compte, indépendamment des énormes emprunts qui se sont succédé pendant sa période dictatoriale et que le Corps législatif *a dû autoriser* par ses votes.

Cela se monte à 440 millions en chiffres ronds, somme qui peut se répartir ainsi :

Crédit foncier	215 millions
Emprunt indirect	41 —
Dette et bons mis en circulation par la caisse des travaux...	114 —
Dette pour le remboursement de la caisse de la boulangerie....................	36 —
Dette pour travaux exécutés et échus	16 —
Travaux à échoir en 1871 et 1872....................	18 —

Ces 440 millions ne forment pas un total définitif; il faudra sans doute y ajouter des notes encore inconnues, pour régulariser et acquitter le tout.

Approximativement, nous pouvons donc évaluer la dette municipale à 1,329,000,000 fr., — en fixant le consolidé de la ville à un milliard cinquante-deux millions et le non-consolidé à deux cent soixante-dix-sept millions : soit 2,952 fr., dont nos ménages parisiens sont redevables à l'empire.

Voilà l'effet du gouvernement personnel; mais il ne tient qu'à nous d'exercer contre lui un droit de répétition. Quoi de plus logique que de faire rendre gorge à la famille impériale, à sa corserie, à sa juiverie et aux agents concussionnaires qui ont dilapidé la fortune publique et la fortune privée en confisquant leurs biens au profit de la nation ?

Les départements, qui jalousent Paris à cause de sa

somptuosité, n'imagineront jamais toutes les misères causées par les travaux gigantesques de nos édiles. La sueur des prolétaires et l'or des contribuables ont pu les cimenter au point de les rendre indestructibles, mais s'ils survivent à Napoléon III et rappellent son règne, ils attesteront aussi la folie, l'incurie et l'ineptie financière qui ont présidé à l'*haussmannisation*.

Mais n'assombrissons pas le tableau. — Quoique n'étant pas un homme ordinaire, il s'en faut, le pacha de l'Hôtel de Ville avait au sein des grandeurs de légères faiblesses pour les cabotines, et plus d'une devint millionnaire à force d'être expropriée, indépendamment des sinécures pour un père ou un amant embarrassant. Que la gentille Marie Rose et la blonde Cellier disent si nous mentons.

Du préfet impérial, qui voulait plus de bien aux hétaïres des petites scènes et du bois de Boulogne qu'à ses administrés, nous passerons à son ennemi de Forcade. Il y a peu de choses à dire de cette Excellence, dont le cabinet tomba en déconfiture après une campagne électorale. Tout se reporte sur le ministère du 2 janvier et sa singulière composition, qui présageait de grandes crises.

Bien avant l'arrivée de l'ancien Cinq au pouvoir, nous disions que trois hommes, Juarez, Émile Ollivier et Bismark seraient fatals à Napoléon III. Nous aurions fait volontiers la gageure qu'ils amèneraient sa chute, tant les événements semblaient devoir confirmer nos prévisions.

Sans être sorcier, on pouvait conclure de notre échec au Mexique, du revirement de la politique impériale à l'intérieur et des empiétements de la Prusse en Allemagne, que des résultats funestes pour nous comme pour l'empereur allaient se produire.

Quelques escarmouches à la Chambre prouvaient que la majorité flottait parfois entre les propositions libérales et les mesures conservatrices. Les discussions s'en ressentaient et l'on ne votait plus, comme autrefois, sur l'ordre d'un ministre. Pour couper court à ces germes de discorde qui avaient pour conséquence forcée d'annihiler ses prérogatives, Louis Napoléon voulut encore se servir d'une panacée dont les effets lui paraissaient infaillibles; mais dans sa position le *plébiscite* ne valait pas mieux que d'autres drogues qu'on lui administrait.

Nini opinait fortement pour cette solution qui, pensait-elle, allait sauver l'empire et éterniser la dynastie des Napoléon. Au Château, tous les courtisans étaient convaincus qu'une immense majorité serait obtenue en s'y prenant bien et si les préfets faisaient preuve de dévouement.

Malheureusement, le diable s'en mêlait; le cousin Pierre, toujours un peu vif, tuait alors Victor Noir d'un coup de revolver et soulevait dans Paris d'immenses clameurs et des démonstrations formidables. Le cousin Murat, qui n'était pas non plus très-endurant, rossait un manant qui osait lui faire quelques observations, et l'arrestation de Rochefort à la porte d'un club devenait le signal d'une révolte redoutable.

Louis Napoléon, qui prévoyait le cas où les membres de sa famille et les grands dignitaires de l'empire le trahiraient, avait fait voter une loi qui lui permettait de traduire les inculpés devant une Haute-Cour; le meurtrier de Victor Noir y fut envoyé, mais le prince

Murat évita de comparaître devant cette juridiction moyennant une indemnité pécuniaire offerte à celui qu'il avait fait bâtonner par ses gens.

L'acquittement de Pierre Bonaparte par le haut jury avait terriblement scandalisé le public qui, de parti pris, voulait voir un assassinat au lieu d'un cas de légitime défense. Le parti démocratique profitait de la disposition des esprits pour faire retomber tout l'odieux de cet acte sur l'empereur et les siens. Mais la famille ainsi compromise, il fallait une revanche. La police, inspirée par Pietri cadet, monta le complot des bombes, dont le machinisme était du sieur Lagrange; pour faire plus d'effet, les premiers sujets de la troupe avaient été mis en scène.

Quoique montée à grands frais, la pièce n'eut pas le moindre succès; mais comme il y a en France des masses de *gobeurs*, le plébiscite produisit l'effet voulu : sept millions de suffrages répondirent aux vœux de l'empereur.

Pour le coup, la dynastie napoléonienne semblait à jamais fondée ; le pays approuvait le passé, le présent et l'avenir souriaient au prince impérial. Nini était radieuse, son Badinguet pouvait trépasser quand il voudrait ; elle voyait déjà Napoléon IV installé sur le trône.

Hélas ! trois fois hélas ! l'impératrice-régente ignorait le néant des grandeurs humaines. Pendant que la cour jubilait, le tonnerre grondait du côté de la Prusse ; il allait éclater avec fracas et balayer en un clin d'œil l'empire et l'empereur !

CHAPITRE XXI.

CORRESPONDANCES SECRÈTES.

Sommaire. — Deux grands scélérats. — Question du Luxembourg. — Visite à l'Exposition. — Lettre du roi Guillaume à Badinguet. M. de Moltke trace le plan d'investissement de Paris. — Le capitaine Samuel. — Lettre de Bismark au ministre de Prusse. — Lettre de M. de La Valette à Benedetti. — Lettre du général Ducrot au général Trochu. — Lettre du général Ducrot au général Frossard. — Mme de Pourtalès. — Autre lettre du général Ducrot au général Frossard sur les préparatifs de la Prusse. — Les agents militaires. — Le lieutenant-colonel Stoffel. — Sa lettre à M. Pietri. — Un espion de Bismark. — Piége tendu à Badinguet. — Note dictée par l'empereur. — Machiavélisme des cabinets de Paris et de Berlin.

Un proverbe dit : — A coquin, coquin et demi. Il peut s'appliquer à Badinguet et au roi Guillaume, car ces deux souverains, qui se faisaient de solennelles politesses, s'observaient mutuellement pour savoir lequel des deux jouerait l'autre.

La question du Luxembourg avait déjà failli leur faire prendre les armes; mais grâce aux bons offices de l'Angleterre, les difficultés furent aplanies et la guerre ajournée par un traité signé à Londres. Le roi Guillaume et sa cour vinrent rendre une visite officielle à l'empereur qui, assisté de l'impératrice, reçut ses hôtes avec tout l'éclat que comportait alors son omnipotence.

Le 15 juin 1867, après avoir admiré toutes les merveilles de la grande Exposition, Sa Majesté Prussienne adressait cette lettre à Napoléon III :

« Au moment de rentrer dans mes foyers je m'empresse de remercier de tout mon cœur Votre Majesté ainsi que l'impératrice, pour l'accueil plus qu'aimable et amical que j'ai rencontré de la part de Vos Majestés pendant mon séjour à Paris, à jamais mémorable sous tant de rapports. C'est en formant les vœux les plus sincères pour le bonheur de Vos Majestés et pour la France que je suis,

» de Votre Majesté le bon frère et ami.

» Guillaume. »

Ah! le bon billet !

Pendant que Badinguet comblait de ses soins *son bon frère et ami*, qui se montrait souriant et affectueux de tant de prévenances, M. de Moltke levait lui-même les plans d'investissement de Paris. On le voyait sur la terrasse de Saint-Germain, à Meudon, sur les hauteurs de Pierrefitte, de Bondy, de Chelles et de Choisy-le-Roi, prenant des notes et étudiant la topographie du terrain pour établir les batteries qui devaient bombarder la capitale trois ans plus tard.

Badinguet le savait et ne restait pas inactif. Il se préparaît à la guerre et par ses ordres on achetait des chevaux sur les marchés étrangers.

C'est toujours par les opérations de la remonte que les gouvernements voient l'approche des conflits ; la mesure est pour eux significative.

Or, les télégrammes suivants étaient échangés entre M. de Bismark et M. de Goltz, et entre le ministre des affaires étrangères, M. de la Valette, et M. Benedetti, ambassadeur de France à Berlin.

On remarquera que c'est de Paris que M. de Benedetti reçoit des renseignements sur ce qui se passe en Prusse.

« *A l'ambassadeur de Prusse à Paris.*

» Berlin, 6 mai 1867.

» M. de Werther annonce de Vienne que même
» l'ambassadeur de France autorise maintenant de
» continuels achats de chevaux en Hongrie pour le
» compte de la France.

» BISMARK. »

Le lendemain même, le ministre des affaires étrangères télégraphie à M. Benedetti.

« Paris, 7 mai 1867.

» AFFAIRES ÉTRANGÈRES.
» *A M. de Benedetti.*

» Berlin.

» Les mesures militaires de tous genres sont pour-
» suivies par le gouvernement prussien sur une grande

» échelle; il fait en outre acheter des chevaux en Hon-
» grie, en Pologne et même en Irlande. Nous n'en
» voulons pas tirer de fâcheuses inductions; mais
» je crois devoir vous le faire savoir pour votre
» information personnelle.

» M. DE LA VALETTE. »

Comme il courait tous les ans des bruits de guerre, et qu'elle devait, disait-on, éclater le printemps suivant, les agents de la Prusse et de la France redoublaient de vigilance. L'un d'eux adressait cette dépêche au maréchal Niel.

« Forbach, 9 avril 1868.

» *Au ministre de la guerre.*

» Paris.

» Depuis lundi, je suis le général de Moltke, qui visite la frontière et étudie les positions.

» Lundi, je l'ai rejoint à Mayence.

» Mardi, il s'est arrêté à Birkenfeld et a pris des notes sur la hauteur, près des ruines du vieux château; il a couché le même jour à Sarrebruck; il a pris des dispositions à la gare et au canal.

» Hier, il était à Sarrelouis où il se trouve encore.

» Ce matin, malgré le mauvais temps, il est sorti en voiture pour visiter les hauteurs environnantes de Vauvenauge, de Berus.

» Je suppose, d'après les informations, qu'il se rendra ce soir ou demain à Trèves et où il descendra la Moselle.

» Faut-il continuer de le suivre ?

» Adressez la réponse au bureau télégraphique de Forbach.

» Capitaine SAMUEL. »

Réponse du ministère.

« Suivez-le. »

Dans une lettre du 7 décembre 1866 adressée au général Trochu, à Paris, le général Ducrot envisageait ainsi la situation.

« Puisque tu es en train de faire entendre de bonnes vérités aux illustres personnages qui l'entourent (l'empereur), ajoute donc ceci : Pendant que nous délibérons pompeusement et longuement pour savoir ce qu'il convient de faire pour avoir une armée, la Prusse se propose tout simplement et très-activement d'envahir notre territoire. Elle sera en mesure de mettre en ligne 600,000 hommes et 1,200 bouches à feu, avant que nous ayons songé à organiser les cadres indispensables pour mettre au feu 300,000 hommes et 600 bouches à feu.

» De l'autre côté du Rhin il n'est pas un Allemand qui ne croie à la guerre dans un avenir prochain. Les plus pacifiques qui, par leurs relations de famille ou par leurs intérêts, sont plus Français, considèrent la lutte comme inévitable et ne comprennent rien à notre inaction. Comme il faut chercher une cause à toutes choses, ils prétendent que notre empereur est tombé en enfance.

» A moins d'être aveugle, il n'est pas permis de douter que la guerre éclatera aux premiers jours. Avec notre stupide vanité, notre folle présomption, nous pouvons croire qu'il nous sera permis de choisir notre jour et notre heure, c'est-à-dire la fin de l'Exposition universelle, pour l'achèvement de notre organisation et de notre armement.

» En vérité, je suis de ton avis et je commence à croire que notre gouvernement est frappé de démence. Mais si Jupiter a décidé de le perdre, n'oublions pas que les destinées de notre patrie, que notre propre sort à tous est lié à ses destinées, et, puisque nous ne sommes pas encore atteints par cette funeste démence, faisons tous nos efforts pour arrêter cette pente fatale qui conduit tout droit à des précipices.

» Voici un nouveau détail sur lequel j'appelle ton attention, parce qu'il est de nature à faire ouvrir les yeux les moins clairvoyants.

» Depuis quelque temps de nombreux agents prussiens parcourent nos départements de la frontière, particulièrement la partie comprise entre la Moselle et les Vosges ; ils sondent l'esprit de la population, agissent sur les protestants, qui sont nombreux dans ces contrées et sont beaucoup moins Français qu'on ne le croit généralement. Ce sont bien les fils et les petits-fils de ces mêmes hommes qui, en 1815, envoyaient de nombreuses députations au quartier général ennemi, pour demander que l'Alsace fît retour à la patrie allemande. C'est un fait bon à noter, car il peut être avec raison considéré comme ayant pour but d'éclairer les plans et la campagne de l'ennemi. Les Prussiens ont procédé de la même façon en Bohême et en Silésie trois mois avant l'ouverture des hostilités contre l'Autriche. »

La copie de cette lettre avait été prise par les employés du cabinet noir et envoyée à M. Conti.

Par l'extrait que nous venons de reproduire on peut voir que le brave général Ducrot ne se trompait pas sur les intentions secrètes de la Prusse. Son patriotisme et ses craintes se manifestent encore dans sa correspondance avec le général Frossard.

Les deux lettres qui vont suivre ont été trouvées dans les papiers de l'ex-gouverneur du prince impérial; en les lisant, il n'est plus permis de dire que l'empereur et ses familiers ignoraient ce qui se passait de l'autre côté du Rhin.

« Strasbourg, 28 octobre 1868.

» Mon cher général,

» Je vous envoie le résumé de mes longues et intéressantes conversations avec M. de D... Je me suis attaché à rendre scrupuleusement ses pensées et ses appréciations, sans commentaires ni amplifications. Vous me dites dans votre dernière lettre que vous avez lieu de penser que M. de D... se laisse quelque peu emporter par sa haine contre la Prusse... Non, non, ne croyez pas cela. M. de D... est un homme de soixante-dix ans, il a un jugement trop sûr, une trop grande expérience des hommes et des choses pour se laisser aveugler par la passion ; mais il a des oreilles pour entendre, des yeux pour voir et tout le bon sens nécessaire pour tirer de justes conclusions de tout ce qu'il voit et entend. De plus, il a assez de caractère pour ne pas se laisser aveugler par la peur, cette détestable conseillère, qui a fait et fera faire encore tant de sottises! Tout ce que je vois et entends moi-même corrobore trop bien les appréciations de M. de D... pour qu'il me reste un doute sur l'exactitude de ses renseignements et de la justesse de ses vues.

» Je viens de voir, il y a quelques instants, Mme la comtesse de Pourtalès, qui arrive de Berlin. Jusqu'à ce jour, je l'avais toujours trouvée d'un optimisme qui m'irritait. Prussienne par son mari, elle était en admiration perpétuelle devant tous les actes de M. de Bismark, du roi Guillaume et de tous ses Prussiens; elle prétendait que rien ne pouvait motiver une guerre entre la France et la Prusse; que nous étions faits pour nous entendre et pour nous aimer. Bref, son langage était une variante poétique des discours Rouher et des circulaires La Valette. Or, voilà que cette adorable comtesse me déclare qu'elle revient de Berlin la mort dans l'âme, que la guerre est inévitable, qu'elle ne peut manquer d'éclater au premier jour, que les Prussiens sont si bien préparés, si habilement dirigés, qu'ils sont assurés du succès.

« Eh quoi! lui ai-je dit, vous embouchez la trom-
» pette de Bellone juste au moment où de tous cô-
» tés on ne parle que des intentions pacifiques de
» nos bons voisins, de la salutaire terreur que nous
» leur inspirons, du désir de Bismark d'éviter tout
» prétexte de conflit, lorsque nous renvoyons tous nos
» soldats dans leurs foyers, et qu'il est même ques-
» tion d'une réduction de cadres, à tel point que je
» m'apprête au premier jour à aller planter mes choux
» en Nivernais!

» Oh! général, s'est-elle écriée, c'est ce qu'il y a
» d'affreux. Ces gens-là nous trompent indignement

» et comptent bien nous surprendre désarmés... Oui,
» le mot d'ordre est donné : en public on parle de
» paix, du désir de vivre en bonnes relations avec
» nous ; mais lorsque, dans l'intimité, l'on cause avec
» tous ces gens de l'entourage du roi, ils prennent un
» air narquois, vous disent : Est-ce que vous croyez à
» tout cela ? Ne voyez-vous pas que les événements
» marchent à grands pas, que rien désormais ne sau-
» rait conjurer le dénoûment ?... Ils se moquent in-
» dignement de notre gouvernement, de notre armée,
» de notre garde mobile, de nos ministres, de l'empe-
» reur, de l'impératrice, prétendent qu'avant peu la
» France sera une seconde Espagne ! Enfin, croiriez-
» vous que le ministre de la maison du roi, M. de
» Schleinitz, a osé me dire qu'avant dix-huit mois
» notre Alsace serait à la Prusse ? Et si vous saviez
» quels énormes préparatifs se font de tous côtés,
» avec quelle ardeur ils travaillent pour transformer
» et fusionner les armées des États récemment an-
» nexés, quelle confiance dans tous les rangs de la
» société et de l'armée !... Oh ! en vérité, général, je
» reviens navrée, pleine de trouble et de craintes.
» Oui, j'en suis certaine maintenant, rien, non, rien
» ne peut conjurer la guerre, et quelle guerre ! »

» Mme de Pourtalès sera probablement à Compiègne dans quelques jours, et par conséquent vous pourrez avoir le plaisir d'entendre ses doléances et ses récits effrayants.

» Pour faire pendant au propos de M. de Schleinitz relatif à l'Alsace, je citerai un mot de M. de Moltke sur le même sujet. Ce grand général causait avec un Badois qui occupe une assez haute position dans son pays ; ce personnage lui assurait que la population du grand-duché était généralement peu sympathique aux Prussiens et très-opposée aux projets d'annexion.

« En vérité, dit M. de Moltke, c'est incompréhensible,
» car ces gens-là devraient comprendre que leur ave-
» nir est entre nos mains ; que bientôt nous pourrons
» leur faire ou beaucoup de bien ou beaucoup de mal.
» Lorsque nous serons en mesure de disposer de
» l'Alsace, et cela ne saurait tarder, en la réunissant
» au grand-duché de Bade, nous pourrons former
» une superbe province entre les Vosges et la Forêt-
» Noire, traversée dans toute sa longueur par un beau
» fleuve, et à coup sûr aucun pays au monde ne se
» trouvera dans des conditions meilleures de bien-
» être et de prospérité... »

» Et vous voulez qu'en présence de pareilles rodomontades, de si insolentes prétentions trop hautement affirmées, je reste calme et patient ! En vérité, il ne faudrait plus avoir dans les veines une goutte de vieux sang gaulois !... Je l'avoue donc, je vis dans un état permanent d'exaspération ; j'éprouve la rage que doit ressentir un homme qui, voulant sauver un noyé, rencontre une résistance involontaire et se sent prêt à sombrer avec celui qu'il veut sauver...

» Vous voyant vous impatienter en lisant ces lignes, je serais volontiers tenté de m'écrier comme Thémistocle: « Frappe, mais écoute ! »

» Croyez, mon général, à l'assurance de mes sentiments les plus affectueux et les plus dévoués.

» Général A. DUCROT. »

« *P. S.* — Un mot pour terminer qui peint assez bien

la situation ; il est d'un diplomate fort bien en cour et certainement en position d'être parfaitement informé :
« En vérité, écrivait dernièrement le prince de M..., l'on dirait que nous marchons avec des jambes de coton sur des œufs, comme si nous avions peur de les casser. »

Autre lettre du général Ducrot au général Frossard sur les préparatifs de la Prusse en 1869 :

« Strasbourg, le 31 janvier 1869.

» Mon cher général,

» Je viens de voir le commandant Schlenk, qui m'a apporté de vos nouvelles et m'a dit que vous l'aviez entretenu de certains faits qui se passeraient en ce moment à Mayence et Rastadt, et seraient assez significatifs :

» Les mêmes renseignements me sont parvenus à Strasbourg par des bruits qui circulent dans la ville et à l'origine desquels il m'a été impossible de remonter. Les Prussiens, dit-on, font couper les arbres sur les glacis de Mayence et de Rastadt; dans le grand-duché de Bade, l'on met en réquisition les médecins et les vétérinaires en état de marcher, et l'on en fait la répartition comme auxiliaires entre les différents corps de troupes.

» N'ayant plus la possibilité d'envoyer d'officiers à l'étranger, j'ai dû chercher un moyen détourné pour vérifier l'exactitude de ces renseignements, et je me suis adressé à un M. de Gaston, ancien sous-officier français, fixé à Landau depuis quelques années, et qui, ayant fréquemment occasion d'aller à Mayence et dans le duché de Bade, a bien voulu se charger de prendre, de *visu*, tous les renseignements utiles.

» Quant à l'affaire des médecins et vétérinaires, M. de Gaston m'a cité un fait qui paraît concluant. Il y a aujourd'hui quinze jours, son vétérinaire, qui habite Manheim, a reçu une commission de vétérinaire de première classe pour un corps de troupes (M. de Gaston n'a pu se rappeler lequel), avec injonction de se tenir prêt à rejoindre au premier ordre.

» Il est vraiment fâcheux que nous n'ayons aucun moyen de surveiller ce qui se fait et se prépare chez nos trop actifs voisins. Ne serait-il pas indispensable d'organiser dès à présent un service d'espionnage qui mettrait à notre disposition un certain nombre d'agents chargés de nous tenir au courant des moindres incidents présentant quelque signification, et qui, le jour où la guerre éclaterait, pourraient nous rendre d'incalculables services ? Ce n'est pas au moment ou les relations seront interrompues qu'il sera possible d'organiser ce service ; il faut du temps et beaucoup d'adresse pour le monter convenablement. Je livre ces réflexions à votre appréciation.

» Je vous remercie d'avoir bien voulu me communiquer les bonnes paroles de l'empereur à mon sujet; cela m'a fait grand plaisir ; j'ai écrit au général Castelnau dans le sens que vous m'avez indiqué ; mais je sais à quoi m'en tenir sur ses bienveillantes dispositions à mon égard.

» Croyez, mon cher général, à l'assurance de mes sentiments les plus dévoués.

» Général A. Ducrot. »

« *P. S.* — Schlenk est parti ce matin pour Rastadt; il sera demain à Darmstadt, mercredi à Mayence, et de retour ici jeudi soir. »

Enfin, on daignait prendre en considération les rapports du futur vainqueur de Villiers ; mais il avait à lutter contre les meneurs de cotillon du château, qui le considéraient comme trop alarmiste. Le commandant Schlenk, qui s'était donné beaucoup de mal pour faire la carte topographique des chemins de fer allemands, ainsi que l'indication des points récemment fortifiés, l'emplacement des troupes et leur ordre de bataille ne parvenait pas plus que le général Ducrot à émouvoir le grand état-major de Badinguet. Le colonel d'Andlau, qui avait accepté d'aller à Munich afin de suivre les grandes manœuvres de l'armée bavaroise, n'était pas mieux écouté, et pourtant il donnait, dit-on, de précieux renseignements sur tout ce qui concernait la convention militaire passée entre la Confédération du Nord, dirigée par la Prusse, et les autres États de la Confédération du Sud. Le lieutenant-colonel Stoffel, attaché militaire français à l'ambassade de Berlin, envoyait non-seulement au ministère, mais encore au cabinet de l'empereur de précieux documents et des articles de journaux qui devaient, ainsi que ses appréciations, éveiller l'attention sur les préparatifs qui se faisaient en vue d'une campagne de France ; mais la police d'outre-Rhin avait aussi son cabinet noir pour examiner les dépêches de nos diplomates et les retenir si cela lui convenait.

Dans sa lettre au sieur Pietri, secrétaire particulier de l'empereur, le lieutenant-colonel Stoffel, dont les

dépêches ont été publiées dernièrement, témoignait
ainsi de ses inquiétudes sur le sort d'une mission *personnelle* en même temps que de la tournure fâcheuse
que prenaient les affaires de Prusse :

« Mon cher Pietri,

» Cette lettre suivra un singulier chemin avant de
vous parvenir, car je la remets au courrier anglais :
elle aura donc l'honneur de passer par Bruxelles et
Londres et vous sera remise par notre ministre des
affaires étrangères. Il faut absolument que vous me
fassiez savoir, par deux mots jetés à la poste, si vous
avez reçu un envoi jeudi dernier 19 dans la soirée.
C'était un travail pour l'empereur et un autre pour le
ministre, tous deux contenus sous le même pli à cinq
cachets que j'avais confié à M. Bleichneder, banquier
de Berlin se rendant à Paris. Rien n'est plus rare dans
la vie que de rencontrer des gens qui sachent se mettre à la place des autres. Or, mettez-vous à la mienne
un moment, et dites-vous que je suis inquiet de mes
paquets ou envois chaque fois que je les expédie autrement que par nos courriers d'ambassade. Quand vous
ne m'écririez que deux mots, comme par exemple :
« Je vais bien, sauf un panaris au doigt milieu, et j'ai
» reçu votre lettre jeudi dernier, » cela ne vous dé-
rangerait guère de vos graves occupations ni de la
Boulangère que vous dansez si bien, et du moins me
sentirais-je tranquillisé ! Mon travail sur la *Note* en
question a-t-il répondu à la question ?

» Je vous disais dans ma dernière lettre que j'avais
d'assez curieux détails à vous donner ; voici la chose.
M. B., dont j'ai parlé plus haut, est un banquier im-

portant de Berlin : correspondant de M. de Rothschild et homme d'affaires de Bismark. Parti de bas, il est parvenu, à force de constance et de sens pratique, à se faire une position considérable. C'est le seul Juif que Bism. reçoive familièrement, le seul chez qui il consente à dîner, il l'emploie comme chasseur aux renseignements, lui donne certaines missions de confiance, etc. etc. Chose à noter dans l'histoire des gouvernements prussiens qui se sont succédé depuis cent ans, ils ont presque tous employé un Juif (déjà du temps de Sieyès) comme instrument plus ou moins occulte. Celui dont je vous parle, sans être précisément un intrigant, aspire à jouer un rôle et à prendre la place de ses devanciers, parmi lesquels le Juif Ephraïm brille au premier rang. Ajoutez que c'est un homme doux, de formes bienveillantes, avec lequel je vis en relations assez suivies et cordiales. Or donc, M. B., après avoir passé huit jours à Varzin chez Bismark, est venu me trouver tout dernièrement, et si je vous conte les détails de notre entrevue, c'est que tout me porte à croire qu'il était chargé de me sonder ou de connaître mon avis. Il eut soin, comme préambule, de me demander le secret le plus absolu sur notre conversation, et me raconta ensuite longuement ses derniers entretiens avec Bism. et les dispositions où il avait trouvé celui-ci.

« Le ministre, me dit M. B., désire la paix plus
» ardemment que jamais ; il fera tout son possible
» pour la conserver ; il est d'autant plus sincère en
» s'expliquant ainsi, qu'il explique lui-même pour-
» quoi le Nord ne peut ni ne doit désirer aujourd'hui
» l'annexion des États du Sud, que l'unité de l'Alle-

» magne se fera tout naturellement d'elle-même tôt
» ou tard, et que sa mission à lui, Bism., n'est pas
» d'en hâter le moment, mais bien de consolider l'œu-
» vre de 1866, etc. De tous côtés on se demande s'il
» n'existe aucun moyen de rétablir la confiance entre
» la France et la Prusse, aucun moyen de rassurer les
» esprits en Europe et de faire cesser cette affligeante
» stagnation des affaires. Une entrevue de l'empereur
» avec le roi Guillaume serait regardée par beaucoup
» de gens comme le moyen le plus efficace d'atteindre
» ces résultats. Il en a été question à Varzin, et les
» personnes de l'entourage de Bism. cherchent à con-
» naître son avis sur la possibilité d'une entrevue. Ses
» intimes m'ont dit qu'il serait enchanté qu'elle pût
» avoir lieu ; mais il ne se dissimule pas que pour y
» amener l'empereur, il serait nécessaire que lui
» (Bism.) et le roi s'engageassent à donner des garan-
» ties sérieuses nettement exprimées (*par écrit*, me
» disait le banquier), celle de ne rien entreprendre en
» vue d'en arriver à une union avec le Sud. En fin de
» compte, M. B. m'a demandé ce que je pensais des
» dispositions de l'empereur à accepter ou à refuser
» une entrevue avec de telles garanties données. »

» Je vous fais grâce, mon cher Pietri, des autres
détails de ma conversation avec ledit banquier, et je
vais vous dire ce que j'en pense. Il est incontestable pour
moi que l'idée d'une entrevue s'élabore en ce moment-
ci. Je la regarde d'autant plus certaine que deux journaux prussiens l'ont mise en avant ces jours derniers
et que le même M. B., après m'avoir juré que la précédente conversation était entre nous, n'en a pas
moins eu une toute semblable avec le chargé d'affai-

res de France (en l'absence de Benedetti). Secondement, je ne regarde pas comme aussi certain que Bism. ait dit au banquier de me tâter pour connaître mon avis. Cela me paraît probable cependant ; mais remarquez bien, il serait possible que M. B., désireux de jouer un rôle, n'eût été chargé d'aucune commission à mon endroit, et qu'il eût voulu, pour sa seule gouverne, se renseigner auprès de moi. Il n'en reste pas moins, comme fait acquis, selon moi, que l'on poursuit l'idée d'une entrevue.

» Je n'ai pas besoin de vous dire quelle a été ma contenance pendant la conversation dont je viens vous entretenir ; car, je vous l'ai déjà dit, par raison autant que par caractère, je reste dans mon rôle et dans mes fonctions. Je laisse à de sots vaniteux, comme Vipérin, le soin de se mêler de ce qui ne le regarde pas, et de vouloir se transformer d'attaché militaire en ambassadeur. Je me suis donc borné à répondre évasivement et à arguer de mon ignorance quant aux dispositions de l'empereur.

» Je dois ajouter un détail qui me donne à croire que Bism. songerait réellement à la possibilité d'une entrevue : c'est que M. Bel. m'a dit devoir se rendre à Paris fin décembre, et m'a demandé de lui remettre une lettre pour vous. Il m'a donné à entendre qu'il songeait à solliciter une audience de l'empereur. Vous le voyez donc, de deux choses l'une : ou Bism. désire sonder le terrain jusque dans les Tuileries avant de rien entreprendre d'officiel, ou son Juif est entraîné par la rage de jouer un rôle politique.

» Soit dit pour terminer, si je vous ai entretenu de tout ceci, c'est dans le seul but de vous prévenir au cas où vous apprendriez que des efforts sont tentés pour solliciter de l'empereur une entrevue avec le roi. Peut-être verrez-vous aussi dans ces faits la preuve du désir de Bism., sincère ou non, de conserver la paix et d'éviter tout prétexte de conflit.

» L'état de l'opinion publique en Prusse est toujours le même : défiance ou animosité contre la France. Regardez cela comme certain. D'ailleurs, vous en comprendrez facilement les causes si simples :

» *Premier fait incontestable.* — La Prusse aspire à réunir toute l'Allemagne (laissons de côté la forme, qui est indifférente ici).

» *Deuxième fait incontestable.* — Quel obstacle voit la Prusse à la réalisation de ce désir ? La France, la France seule.

» Conséquence forcée. — Nous sommes suspects à toute la nation prussienne : certains partis nous détestent, tous se défient de nous, et les moins passionnés nous regardent au moins comme gênants, éprouvent à notre endroit les sentiments qui animent un homme contre un autre homme qui l'incommode incessamment. De là cet état général de l'opinion que je résume par ces mots : animosité ou défiance ou irritation contre la France.

» Telle est la conséquence fatale des événements de 66. Rien n'y fera tant que la situation générale restera la même, et l'état que je signale n'ira qu'en empirant.

» En voilà assez pour aujourd'hui, mon cher ami. Vous en avez vu de toutes sortes depuis que vous m'avez écrit : révolution d'Espagne, affaire Baudin, que sais-je ? Écrivez-moi, cela me fera plaisir.

» DE STOFFEL.

« P.-S. Mille amitiés à Oppermann. »

Malgré le ton légèrement ironique de cette missive, on sent que M. Stoffel n'était rien moins que rassuré sur le sort de ses dépêches; mais d'où vient qu'au courant des roueries du cabinet de Berlin et de ses agents, il confiait au juif Bleichroeder, un travail important fait en double pour l'empereur et son ministre de la guerre? Cela donne à supposer qu'en politique M. le baron Stoffel était encore un peu vert.

M. Benedetti, paraît-il, l'était bien davantage, puisqu'instruit des menées de M. de Moltke et des études stratégiques auxquelles ce général se livrait autour de Paris et de nos frontières de l'Est, il persistait à croire que d'un commun accord le roi Guillaume et Napoléon III finiraient par régler dans une entrevue le différend qui existait entre la France et la Prusse.

Badinguet, lui-même, ne désespérait pas de pénétrer à fond la véritable pensée de son puissant voisin et de lui arracher dans l'intimité des concessions qu'il ne pouvait espérer que d'une campagne heureuse.

Il ne devinait pas le piége que lui tendait Von Bismark.

Le roi Guillaume, comme tous les souverains de l'Europe, éprouvait en réalité une répugnance invincible à se mettre en contact avec Badinguet. Les obséquiosités de celui-ci lui étaient insupportables, et Sa Majesté Prussienne, entre autres, n'aspirait nullement à entrer de nouveau dans les pourparlers Il laissait à Bismark toute latitude pour ses négociations, et par l'intermédiaire de M. de Goltz, ministre de la Confédération du Nord à Paris, on se bornait à faire observer à nos hommes d'État que le cabinet de Berlin n'avait aucune raison de s'opposer à la réunion de la Belgique à la France, pourvu que l'empereur renonçât à jamais à l'idée de s'emparer des pays rhénans.

« Ce serait toujours autant de pris sur l'ennemi, » disait l'empereur, qui trouvait dans l'annexion qu'on lui montrait en perspective une compensation suffisante à l'agrandissement de la Prusse.

M. Benedetti fut donc chargé de transmettre à M. de Bismark une note relative à la future annexion qu'on projetait. C'était tout ce que voulait le Machiavel de Berlin, car une fois ladite pièce entre ses mains, il en communiqua des copies à Londres, à Pétersbourg et à Bruxelles, afin de mettre en suspicion notre impérial gouvernement.

La note que nous transcrivons prouve que Badinguet acceptait la Belgique comme fiche de consolation, mais il voulait qu'on lui offrît des garanties et non des promesses verbales touchant cette indemnité territoriale.

« Si la France se place hardiment sur le terrain des nationalités, il importe d'établir, dès à présent, qu'il n'existe pas une nationalité belge et de fixer ce point essentiel avec la Prusse. Le cabinet de Berlin semblant d'autre part disposé à entrer avec la France dans les arrangements qu'il peut convenir à la France de prendre avec lui, il y aurait lieu de négocier un acte secret qui engagerait les deux parties. Sans prétendre que cet acte fût une garantie parfaitement sûre, il aurait le double avantage de compromettre la Prusse et d'être pour elle un gage de la sincérité de la politique ou des intentions de l'empereur. Il convient de ne pas se dissimuler, quand on connaît le caractère du roi de Prusse et celui de son premier ministre, que les derniers incidents diplomatiques, comme les dispositions actuelles du sentiment public en France, ont dû les raffermir dans la conviction que nous n'avons pas renoncé à revendiquer la frontière du Rhin. Pour être certain de trouver à Berlin une confiance qui est nécessaire au maintien d'une entente intime, nous devons nous employer à dissiper les appréhensions qu'y a toujours entretenues cette éventualité, appréhensions qui ont été réveillées et même surexcitées par nos dernières communications. Ce résultat ne peut être obtenu par des paroles, il faut un acte, et celui qui consisterait à régler le sort ultérieur de la Belgique de concert avec la Prusse, en prouvant à Berlin que l'empereur cherche décidément ailleurs que sur le Rhin l'extension nécessaire à la France depuis les événements dont l'Allemagne vient d'être le théâtre, nous vaudra du moins une certitude que le gouvernement prussien ne mettra pas d'obstacle à notre agrandissement dans le Nord. »

Ce document, sans signature et sans date, a été dicté par l'empereur. Rien qu'au style ténébreux, au manque de franchise qui perce à chaque ligne on devine de suite qu'il émane de lui.

Nous ne reproduisons d'ailleurs ces notes, qui la plupart proviennent de la razzia faite aux Tuileries dans les journées de septembre, qu'afin de faire ressortir la coïncidence qu'il y avait entre les supercheries de Von Bismark et celles de Badinguet.

Il y avait, du reste, plusieurs années que Louis Napoléon caressait l'idée de régner sur la Belgique. — Déjà, un sieur Van Maldeghem lui faisait entrevoir qu'à la mort de Léopold Ier ce pays ne demanderait pas mieux que de se réunir à la France, mais des événements imprévus contrarièrent ce projet, dont on ne reparla plus aux Tuileries qu'après Sadowa. — Depuis lors, notre diplomatie prêta l'oreille à de pernicieux conseils, et tout en échangeant des notes compromettantes avec Bismark, le cabinet impérial entra en communication avec l'ex-correspondant du *Figaro*, Oscar Lessinnes, qui, à l'aide de la presse et des agents de corruption, proposa comme chose certaine de faire élire Napoléon III roi des Belges (1).

Mais arrêtons-nous sur ce point et passons à l'observation des faits généraux.

Nous avons dit plus haut que la Prusse, avec son organisation militaire qui datait de si loin et avait été considérablement remaniée depuis 1860, pouvait à un moment donné nous prendre au dépourvu et cela au milieu de complications faciles à prévoir. — Elle savait que la France n'était pas prête pour la guerre et que pour appuyer ses prétentions, l'empereur ne trouverait pas un allié... En effet, Badinguet avait perdu cette suprématie qui faisait voir en lui le juge de paix de l'Europe, tandis que depuis Sadowa le vieux Guillaume en était devenu l'arbitre.

Les rôles se trouvant ainsi changés, notre sire devait donc ruser afin de gagner du temps et obtenir des

---

(1) Voir le dossier Lessinnes dérobé aux Tuileries et publié dans l'*Indépendance belge*.

concessions. Autrement, il fallait armer précipitamment et c'était jouer gros que d'attaquer un voisin aussi redoutable.

Mais quelle urgence y avait-il à lui laisser prussifier la Confédération germanique quand celle-ci, d'accord avec l'Autriche d'une part et le Danemark de l'autre, était en guerre avec la Prusse?

C'est alors qu'il fallait empêcher l'Italie d'intervenir dans ce conflit et s'interposer sur le Rhin en prenant des gages pour la future paix. A cette époque, nous avions plus de deux cent mille hommes à mettre en ligne et une artillerie égale à celle de la Prusse. Si les soldats du roi Guillaume étaient armés du fusil Dreyse, ils n'avaient point encore de canons Krupp, et notre concours décidait de la victoire en faveur de l'Autriche et de ses alliés. Mais non, César préféra assister l'arme au bras à l'unification de l'Allemagne et de l'Italie. Rien ne l'excusera d'avoir attaché aux flancs de la France ces deux nations ennemies.

D'après les notes que nous avons reproduites et qui sont de source authentique, il est visible que Louis Napoléon ne pouvait ignorer ce qui se passait à Berlin. Cependant, il n'envisageait point tous les périls de la situation, et, pour en sortir *à l'amiable*, il émettait des conditions qu'il jugeait acceptables. En cas de refus, il n'avait plus qu'à frapper un de ces coups dont lui seul, disait-il, possédait le secret.

Évidemment, le sentiment qui l'animait était moins patriotique que dynastique. — Une chose pourtant contrariait ses desseins.

L'emprunt de la paix, toutes les souscriptions nationales avaient été littéralement dévorés. Comment se procurer de l'argent, ce nerf de la guerre, sans éveiller les soupçons de Bismark et les craintes du Corps législatif qui, pour des raisons que l'on sait, réduisait le budget?

Il faut bien le dire, l'esprit d'économie qui se propageait, soit par hostilité dans les partis, ou pour rétablir l'ordre dans les finances, était alors contraire à la sécurité du pays et l'exposait à subir les avanies de la Prusse.

Nul doute que dès 1815 nos gouvernements n'aient à se reprocher leur apathie en face d'une puissance qui, par idée de conquête, tendait à se militariser en faisant de chaque homme un soldat, mais si de nos jours l'intégrité du territoire français allait se trouver compromise, la faute en retombait sur Badinguet.

Jamais, sauf son oncle, aucun souverain n'avait abusé comme lui de la guerre et dépensé autant d'argent en armements accessoires. Mais en mettant sa gloriole à rappeler les victoires stériles qu'il avait remportées, il taquinait énormément l'amour-propre du roi Guillaume. Ce vieux soudard se considérait comme un foudre de guerre parce qu'il n'éprouvait d'autre passion que celle de faire manœuvrer ses bonshommes du matin au soir. Il ne faisait pas du militarisme à la Badingue, par excès de vanité : c'étaient de vieilles rancunes et surtout la spéculation qui le faisaient agir. — D'habiles combinaisons laissaient entrevoir à ce monarque la possibilité de se venger de la France, de l'envahir avec des armées écrasantes et de profiter de son triomphe pour se faire acclamer empereur d'Allemagne.

L'assassin Troppmann n'avait pas montré plus de

férocité et de perfidie en voulant accaparer la fortune du père Kinck, que ce Hohenzollern n'en déployait à s'annexer notre Alsace et nos milliards. Mais bien volé ne profite pas.

Il faut dire aussi que jamais chef de brigands ne fut mieux secondé que lui par ses bandits.

Tout ce que nous venons d'exposer n'était point un mystère pour les gens clairvoyants. Quant à ceux qui ne songeaient qu'à amoindrir la prépondérance de Badinguet, ils se faisaient sans le savoir, peut-être, les alliés ou plutôt les complices du roi de Prusse.

C'était pour les prémunir contre les conséquences d'une opposition systématique, qu'en septembre 1868 nous avons publié un petit ouvrage intitulé : *les Cosaques de l'Allemagne.*

Nous allons en reproduire quelques extraits insérés au *Journal de Luxembourg* sous les initiales A. C.

CHAPITRE XXII.

LES COSAQUES DE L'ALLEMAGNE.

Sommaire. — Conséquences d'une opposition systématique. — Le dieu de la guerre. — Tableau synoptique des forces militaires de la Confédération du Nord. — Comparaison entre l'armée française et l'armée prusso-allemande. — Réformes nécessaires. Une mauvaise économie.

« On ne saurait se dissimuler, disions-nous, que la France est atteinte d'un marasme plus réel encore qu'apparent, et dans le mal qu'elle éprouve les esprits judicieux s'accordent à reconnaître les symptômes qui précèdent les grandes crises….

» Ce qui complique la situation, c'est que grâce aux événements qui se sont déroulés depuis moins de soixante ans, il subsiste chez nous des rancunes de parti que le temps n'a pu apaiser, en sorte qu'au lieu d'imiter l'Angleterre, qui sait, aux heures décisives, concentrer ses forces vives dans un grand élan national, nous demeurons indifférents et instinctivement hostiles au pouvoir quel qu'il soit….

» Que l'on ait commis des fautes, que notre ligne

politique soit périlleuse à tous les points de vue, qui ne le sait?.... Mais est-ce bien le moment d'attiser les passions politiques à l'intérieur quand tout annonce qu'il va falloir encore une fois jeter notre épée dans la balance si nous ne voulons pas que l'équilibre européen compromis par de récents événements soit rompu au préjudice de la France? Ne serait-il pas à la fois plus patriotique et plus raisonnable de réunir nos communs efforts afin d'opposer une digue puissante à des envahissements possibles, et de garder surtout une attitude qui prouve que, malgré quelques désaccords intérieurs, nous n'avons pas dégénéré autant qu'on veut le dire? Tel serait notre devoir; nous le croyons fermement et nous allons tenter de le démontrer en examinant d'abord ce qui se passe autour de nous. »

« Quel homme d'État, quel diplomate aurait pu prévoir qu'une puissance réduite par Napoléon Ier aux proportions d'un duché, grandirait à l'improviste, jusqu'à nous défier, nous les fils des glorieux vainqueurs d'Iéna, de Friedland et d'Eylau, nous dont toutes les capitales du continent ont tour à tour vu flotter chez elles les étendards victorieux! Telle est pourtant la triste réalité et, pour si surprenante qu'elle nous paraisse, ce n'en est pas moins pour nous un devoir impérieux d'accepter les faits accomplis et d'agir en conséquence. Que les palmes de Sadowa aient exalté l'ardeur guerrière de ceux qui les ont si facilement cueillies, cela est possible; mais il nous appartient à nous, de puiser dans le souvenir du passé la confiance en notre force, il nous incombe de munir nos citadelles, de perfectionner notre armement, de réorganiser nos phalanges, les premières du monde, et d'attendre ensuite les événements, l'œil attentif, le doigt sur la détente.

» Qu'on ne s'y trompe pas, le temps presse, la Prusse délibère ; si un conflit éclatait, elle pourrait mettre en ligne des forces beaucoup plus importantes que les nôtres. C'est sans doute dans le sentiment de leur supériorité numérique que nos voisins d'au delà du Rhin, puisent l'outrecuidance qu'on voit éclater chez eux, et que signalent unanimement tous les voyageurs qui depuis quatre à cinq ans ont parcouru ce pays.

» Dans les toasts militaires, à la tribune aussi bien que dans la presse, éclate une évidente provocation, les Cosaques de l'Allemagne disent à qui veut les entendre que le temps des Brunswick et des Blücher va renaître pour leur agrément personnel, et leur monarque, pour avoir traîtreusement mené sa campagne de Bohême, se croit maintenant le *dieu* de la guerre et rêve une contrefaçon d'empire en Allemagne.

» De ce qu'il nous a plu d'assister en simples spectateurs à sa querelle avec l'Autriche, alors que l'Italie cherchait dans le Nord un appui pour ses revendications ; de ce qu'en trompant les États germaniques sur son but réel, le roi Guillaume a si promptement triomphé de son allié de la veille, il s'imagine que de nouveaux lauriers lui sont réservés.

» Escomptant à l'avance la possibilité d'un succès, le Prussien n'attend plus qu'un prétexte pour envahir la France. Une brochure toute récente nous révèle même le plan d'invasion. — « Au début de la guerre,

» les deux armées, commandées par le prince de Prusse
» et Frédéric-Charles, prendront les voies rhénanes et
» celles du centre de l'Allemagne, pour aller se masser
» dans les bois situés sur la frontière de la Sarre, tan-
» dis que les contingents de Bade, de Wurtemberg et
» de la Bavière se grouperont derrière la Forêt-Noire
» et dans le Palatinat. Puis débouchant par Forbach
» et Wissembourg, elles se porteront sur Metz et
» Strasbourg. Ces deux villes bloquées, les Ardennes
» et les Vosges occupées, les troupes prusso-alle-
» mandes pénétreront dans les vallées de la Marne,
» de l'Aisne, de l'Oise et de la Seine pour aller assié-
» ger Paris. Fortement retranchés sur les collines
» boisées de Bondy, Montmorency, Saint-Germain,
» Meudon et les localités voisines de la capitale, les
» corps d'investissement attendront que l'épuisement
» des vivres, les discordes de parti et le bombarde-
» ment amènent la reddition. »

» Tout cela est supposable puisque déjà l'on proclame à Berlin qu'avant trois mois l'aigle de Prusse aura plané sur Paris.

» Ces fanfaronnades devraient nous émouvoir, mais un tel plan de campagne fait sourire nos généraux.

» Est-ce à dire qu'on ne le tentera pas? Gardons-nous d'en douter; voyons les choses comme elles sont. Nos voisins, qui jusqu'à présent ont repoussé toute idée de congrès, pourraient en quarante-huit heures, sur un télégramme de Berlin, réunir cent mille hommes, y joindre cinquante mille alliés et franchir nos frontières. Il va de soi qu'en attendant le gros de leur armée, les Prussiens prendraient une base solide d'opération.

» Ainsi l'ennemi est prêt, il guette nos points vulnérables et se tient à nos portes; s'il nous prenait fantaisie d'envoyer des troupes aussi près de ses lignes qu'il lui convient de se rapprocher des nôtres, il en ferait, à coup sûr, un *casus belli*. Croit-on que dans de semblables conditions, la paix ne soit pas des plus fragiles, et que les efforts de quelques diplomates puissent empêcher une conflagration? L'attitude de la Prusse et des États qui lui sont inféodés par une alliance offensive et défensive la rend imminente.

» En présence d'une nation qui unifiée compte environ cinquante millions d'habitants et offre une surface territoriale plus vaste que la France, qui s'appuie sur des places fortes reliées par des réseaux stratégiques et possède une armée trois fois plus nombreuse que la nôtre, l'initiative a son importance; l'axiome « *si vis pacem, para bellum* » reste encore une vérité, malgré l'abus qu'on en a fait.

» Que si l'on veut savoir en quoi consiste la puissance militaire de l'Allemagne *prussifiée* et celle de la France nous en pouvons fournir un tableau comparatif. Bien que sommaire il dira plus éloquemment que toute espèce de commentaires dans quelles belliqueuses intentions l'on tient à conserver vis-à-vis de nous un appareil aussi formidable.

» TABLEAU.

» Les forces militaires de ce qu'on appelle la Confédération du Nord forment treize corps d'armée, y compris celui de la garde qui réside à Berlin.

» Sur ces treize corps d'armée, douze portent le nom de la province qu'ils occupent et où ils se recrutent.

» On compte vingt-cinq divisions territoriales en Prusse et dans les États du Nord. »

» Il n'est point nécessaire de donner aujourd'hui l'ordre de bataille de l'armée prusso-allemande, nous indiquerons simplement les différents corps dont elle se compose.

» ÉTAT DE TROUPES.

Infanterie de ligne............	109 rég.	à 3 bat.
— landwehr...........	92 rég.	à 2 bat.
— fusiliers.............	12 rég.	à 3 bat.
— garde royale........	9 rég.	à 3 bat.
— chasseurs, ligne......	16 bat.	
— réserve, landwehr....	12 bat.	
— chasseurs, garde.....	1 bat.	
— tirailleurs, garde.....	1 bat.	
Cavalerie de ligne.............	70 régim.	
— de la garde...........	8 régim.	
Artillerie de la ligne..........	25 régim.	
— de la garde...........	2 régim.	
Pionniers de la ligne..........	12 batail.	
— de la garde...........	1 batail.	
Train de la ligne	12 batail.	
— de la garde...........	1 batail.	

» L'énumération de ces forces donne en totalité :

222 régiments d'infanterie.

78 régiments de cavalerie.

27 régiments d'artillerie.

18 bataillons de chasseurs dont un de tirailleurs.

12 bataillons de réserve, landwehr.

13 bataillons de pionniers.

13 bataillons du train.

» L'ensemble des sept corps de l'armée française ne comporte que ce chiffre de troupes :

115 régiments d'infant^e (ligne, garde, zouaves, etc.).
62 régiments de cavalerie (réserve, ligne et garde).
22 régiments d'artillerie (légère et garde).
24 bataill. de chasseurs à pied dont un de la garde.
3 régiments du génie.
3 régiments du train des équipages.
2 régiments du train d'artillerie.

» Cette comparaison est d'autant plus sensible entre notre organisation militaire et celle de l'Allemagne du Nord que, par une convention toute récente, les contingents de la Confédération du Sud peuvent être portés à l'effectif de la Prusse.

» L'armée bavaroise se compose de deux corps d'armée formant huit brigades :

» L'armée wurtembergeoise compte en tout cinq brigades.

» L'armée badoise n'a que trois brigades.

» L'ordre de bataille des trois armées du Sud va prendre des proportions considérables ; mais pour le moment il est ainsi constitué :

25 régiments d'infanterie de ligne.
4 bataillons de chasseurs.
14 bataillons de grand'gardes.
18 escadrons de cavalerie.
7 régiments d'artillerie.

» En tout : 6 divisions d'infanterie, 2 divisions de cavalerie, 3 brigades et demie d'artillerie, 3 divisions du génie et 3 divisions du train.

» Indépendamment des réserves qui dans le Sud ne sont pas encore organisées à la prussienne, il faut joindre *la landsturm* de la Confédération du Nord, composée d'anciens soldats ayant servi dans la landwehr qu'on peut mobiliser au besoin.

» Nous trouvons donc en récapitulant, que nos ennemis disposent de 15 contingents dont voici la répartition :

Armées prusso-allemandes.

En activité, 3 contingents complets, ou....................	315,000 hommes.
En réserve, 4 contingents......	280,000 —
Landwehr, 8 contingents.......	300,000 —
Armée du Sud au drapeau et en réserve...................	300,000 —
Total.....	1,195,000 hommes.

» Ce chiffre s'élèverait à *un million cinq cent mille hommes*, si le contingent de la landsturm et celui des volontaires de 16 à 20 ans y étaient ajoutés.

» Nous ne parlerons pas de la gendarmerie ni des troupes auxiliaires dont l'état équivaut à celui de nos corps spéciaux, mais il convient d'indiquer ici l'état respectif de la marine fédérale.

» A vrai dire, cette marine est tellement inférieure à la nôtre, que le Danemark l'anéantirait infailliblement. Cependant, le gouvernement prussien fait tout ses efforts pour l'augmenter. Ce qu'il veut, c'est la mer et des colonies. Celles de la Hollande lui conviendraient infiniment.

» En attendant, il achète et fait construire des navires en fer, entasse du matériel de guerre et agrandit ses chantiers de construction.

» Pour la défense de son littoral, la Prusse possède 26 bâtiments à voiles et à vapeur portant 420 canons. Elle a en outre 22 chaloupes de 1re et 2e classes armées de 52 canons, plus 36 chaloupes à rames dont 4 yoles pourvues de 68 canons.

» C'est donc environ 500 canons et 84 bâtiments de guerre y compris 58 chaloupes, dont la marine fédérale dispose actuellement. Sa flotte compte peu de matelots; quelques compagnies, disséminées dans les forteresses de la Baltique, représentent son armée navale.

» Toujours est-il que jusqu'à présent la marine prussienne a fort peu brillé. Deux fois seulement ses escadres ont donné signe de vie, mais elles ont été battues par les Marocains et les Danois. Aussi n'avons-nous jusqu'à présent que fort peu d'inquiétude en songeant aux obstacles que les fédéraux pourraient nous créer en Baltique ou ailleurs. »

Ce n'était pas sans raison que nous citions les places fortes et les villes maritimes du littoral prussien tout en faisant connaître celles de l'intérieur d'après leur situation dans les gouvernements militaires de la Confédération du Sud; mais il nous faut terminer par ce résumé.

« Appuyées sur ce camp (Germersheim), les troupes bavaroises, wurtembergeoises et badoises peuvent rallier l'armée prussienne venant de Mayence, puis marcher sur nous par Wissembourg et Forbach.

» Il suffit de connaître l'emplacement des corps, tous à portée des voies rapides, pour comprendre que ce mouvement a été combiné et qu'on songe à l'exécuter.

»Qui donc à l'aspect de cette organisation menaçante, des formidables apprêts que nous dévoilons, pourrait conserver le moindre doute sur les intentions de la Prusse? Et quel homme vraiment digne du nom de Français ne se sent pas humilié du rôle que les partisans d'une politique bâtarde voudraient nous faire jouer?

» Aussi longtemps que la Prusse persistera à se maintenir sur un pareil pied de guerre, nous croirons avec beaucoup de raison qu'elle a des intentions bien arrêtées et qu'après avoir déjà ouvertement et impunément violé le droit des gens, son ambition la pousse à continuer de s'agrandir à nos dépens. Et qui nous dit qu'arrivant au premier rang des puissances continentales, l'Allemagne prussifiée ne visera pas à la suprématie maritime en s'incorporant le Danemark et la Hollande? Si elle parvenait à s'emparer de la clef de la Baltique et des ports de la mer du Nord, son esprit colonisateur et ses aptitudes mercantiles la rendraient sur les mers cent fois plus redoutable que nous pour l'Angleterre. L'unité substituée au fédéralisme doit avoir tôt ou tard des conséquences de ce genre, et comme on vient de le voir, pour réaliser ce programme, ce ne sont pas les moyens d'action qui lui manqueraient.

» Que penser et que dire après cela des gens qui viennent nous parler de désarmement et de la nécessité de faire des économies! Le moment serait bien choisi et assurément notre ennemi, si nous avions à le consulter, ne tiendrait pas un autre langage. Lui, qui grâce à ses chemins de fer stratégiques et à la mobilisation instantanée de ses troupes nous met pour

ainsi dire l'épée sur la gorge, ne forme pas d'autre
vœu. Tout nous prouve qu'il n'attend que l'heure où
trompés par des protestations hypocrites ou découra-
gés par de pénibles et coûteuses incertitudes, nous
consentirions à désarmer et à courir ainsi les dangers
d'une rapide invasion. C'est contre une telle éventualité qu'il faut ériger un boulevard infranchissable ;
peut-être avons-nous trop tardé !

» Finissons-en ! la paix armée pourrait convenir à des
époques barbares ; de nos jours c'est à la fois une
honte et une duperie. Mettons enfin nos déloyaux
adversaires en demeure de se prononcer. Qu'ils dé-
sarment à leur tour, puisque nous en avons déjà
donné l'exemple. Qu'une convention intervienne, s'il
le faut, pour régler nos effectifs réciproques ; c'est le
seul moyen de faire cesser la crise actuelle. Si au contraire la Prusse hésite, de peur de déranger son système militaire ou ses combinaisons machiavéliques,
hâtons-nous de doubler, de tripler le nombre de nos
corps d'armée, et d'instruire de nouveaux contingents.
Malgré bien des sacrifices inutiles, malgré l'apathie
qui nous énerve, nous avons encore deux milliards et
plus d'un million de soldats au service de la patrie.

» Peut-être cet acte de virilité donnerait-il à réfléchir
à nos ennemis. Espérons même qu'en rendant la partie égale, ils y regarderaient à deux fois avant de nous
chercher chicane. Après cela que la Confédération
germanique s'unifie, si bon lui semble. Du moment
que nous n'aurons plus à redouter de surprises ni
d'éventualités politiques, nous attendrons patiemment
qu'il plaise au roi Guillaume de réduire le chiffre pro-
digieux de sa soldatesque.

» A tout prendre, qu'est la Prusse? Que représente-t-elle en Europe, sinon le militarisme, c'est-à-dire un sabre? Quels sont ses droits sur l'Allemagne? Elle n'en a pas. Pourquoi veut-elle régler sans nous et contre nous une question qui nous touche de si près? D'origine slave, formée de Vendes germanisés, ses frontières sont l'Elbe et le Niemen, elle mériterait qu'on l'y enfermât si elle s'aventurait à jeter la perturbation en Europe, comme ses rodomontades le font pressentir.

» En présence de ces hordes teutoniques si confiantes dans le développement de leur force militaire, il faut prendre une attitude imposante. Qu'avant deux ans tout ce qui pourrait nous affaiblir ou perpétuer les causes d'infériorité numérique disparaisse. De même qu'en Prusse, créons autant de régiments de réserve que nous avons de régiments de ligne. Que la garde mobile serve d'appoint à nos corps d'armée, que la garde nationale réorganisée soit utilisée à la défense des places, et que des légions de volontaires se constituent dans chaque département. Supprimons quelques régiments de grosse cavalerie, s'il le faut, pour augmenter l'effectif de notre artillerie montée ou à cheval. — Formons de nouveaux régiments de hussards et de chasseurs d'Afrique. Armons toutes nos troupes de chassepots, fabriquons des canons de campagne et de siége d'après les nouveaux modèles adoptés par nos ennemis. Accumulons le matériel de guerre dans nos arsenaux. Surtout ne perdons pas une minute.

» En prenant l'initiative de ces réformes, en demandant aux chambres des hommes et des subsides qu'elles voteront sans doute avec répugnance, la France pourrait se donner une plus noble attitude. Enfin, puisqu'il faut admettre la possibilité d'une guerre prochaine, il y aurait lieu de prévoir dès à présent quels seraient les alliés de la Prusse et sur qui nous pourrions compter nous-mêmes en cas d'agression.

» C'est là comme on va voir une question assez compliquée.

» On a murmuré dans quelques gazettes les mots d'alliance des États du Nord avec l'Amérique, mais le Yankee, peu sentimental de sa nature, ne se soucie guère des affaires du continent européen, aussi longtemps que son trafic n'y est pas intéressé. On peut objecter, il est vrai, qu'à défaut des États-Unis, la Russie, alliée naturelle de la Prusse, lui viendrait en aide. Qui l'empêcherait, pour laisser celle-ci déployer sa puissance militaire, de contenir toute intervention en observant une sorte de neutralité? Supposition très-acceptable, dans le cas où le czar voudrait ressusciter la question d'Orient. Quant à l'Autriche, son rôle dans l'affaire du Schleswig n'a pas été assez engageant pour lui donner l'envie de jouer le rôle de la Prusse, — encore moins l'Angleterre à qui le paupérisme et le fénianisme donnent plus de soucis qu'elle n'en demande. Il reste l'Italie dont l'attitude expectante équivaudrait à celle que prendraient l'Angleterre et l'Autriche, mais dans l'espoir de nous reprendre ce qu'elle nous a cédé, la traîtresse pourrait bien pactiser avec la Prusse.

» Est-ce à dire que nous-mêmes, en acceptant la guerre sur le Rhin, nous aurions à compter sur des alliés utiles? Assurément non. Et pour commencer par l'Angleterre, sa politique lui conseillerait une abstention prudente alors que son égoïsme ne la lui dicterait pas.

» Il est douteux que l'Autriche surveillée par la Russie, et vu la pénurie de ses finances, se sente assez affermie pour reprendre l'offensive. Faut-il encore citer l'Italie ? — Mais son concours est trop incertain et pèserait moins dans la balance que l'appui de quelques petits États s'ils pouvaient nous l'offrir avec leur sympathie. D'où il suit que nous nous trouverions seuls en face de la Prusse et de l'Allemagne.

» Le cas échéant, il faudrait considérer de sang-froid l'idée d'un premier choc avec l'armée tudesque, qui n'est pas, comme on pourrait le croire, un composé d'hommes susceptibles de penser et d'agir ; mais simplement une machine fonctionnant ou s'arrêtant sur un mot sans savoir pourquoi. C'est l'idéal de ce qu'on appelle la discipline, et ceux qui la subissent en sont très fiers, se croyant en cela fort supérieurs aux Français.

» Reste à savoir si la schlague, les gourmades, les plus sanglantes injures sont des stimulants, et si ce régime convient à des hommes ou à des bêtes brutes.

» Qu'il soit permis à l'auteur de relater avec précision les défauts et les qualités des soudards du roi Guillaume. Il a pu voir de près à différentes époques ce qu'ils sont au physique et au moral :

» D'abord, en 1848 en Thuringe et à Magdebourg, où on l'avait interné pour avoir fait partie des corps francs allemands et polonais qui combattirent dans la Forêt-Noire ; puis dans les casemates de Rastadt à la suite de l'insurrection badoise, où il lui fut donné de défendre le passage de la Murg avec une poignée d'hommes contre le prince de Prusse — aujourd'hui empereur d'Allemagne ; — enfin en 1868 et 1869 pendant la saison des eaux.

» A la cible, le soldat prussien est maladroit; de là vient que dans la dernière lutte avec l'Autriche son fameux fusil Dreyse a fait si peu de morts et tant de blessés. — Dans les manœuvres sa raideur traditionnelle est celle de l'automate; les nombreux gymnases établis dans le but de triompher de ses allures natives ont pu le *dégourdir*, mais ils ne lui donnent pas ce nerf et cet entrain qui font braver la fatigue. A la troisième étape il traîne le pied, sept ou huit heures de marche forcée le mettent sur les dents. Sans les voies ferrées, qu'on n'attende pas de lui de grands déplacements, il ne les supporte pas. De plus, il manque complétement de ce mobile si puissant chez les Français et qu'on nomme l'esprit de corps. Il obéit, il marche, il tire, voilà tout. La moindre défaite le décourage.

» Par exemple, un succès l'étonne, mais qu'il ait la certitude de l'emporter par le nombre, de combattre dans les proportions de quatre contre un, de tenir des positions avantageuses, rien ne l'arrête, il s'enflamme, se montre brutal, volontiers féroce. Les instincts sanguinaires se réveillent en lui, il pille, assassine, viole, et sa barbarie dépasse l'imagination. Les chefs eux-mêmes ne se distinguent pas par la loyauté ; ils sont atrocement voleurs, goinfres, ivrognes et sensuels.

» Les souvenirs que l'armée prussienne a laissés en Hanovre, en Saxe et partout où elle a passé, prouvent que sa façon d'agir a toujours été la même. On sait, du reste, à quoi s'en tenir ici sur ces Vandales et sur ce qui attend le pays si nous ne pouvons le soustraire à leur invasion.

» Travaillons donc à notre réorganisation militaire. Faisons trêve à toutes les dissensions qui pourraient nous affaiblir. Plus de conflits d'amour-propre entre nos généraux, car l'étranger se figure que la valeur de nos soldats est beaucoup plus à redouter que les talents stratégiques de leurs chefs. — Espérons que nous n'aurons plus à regretter dans l'avenir ces rivalités qui, sous le premier empire, ont eu des conséquences si terribles. Que l'indifférence des classes paisibles et les efforts des partis qui se remuent ne puissent enchaîner notre patriotisme. Quant au pouvoir, plus de tâtonnements, de velléités semi-despotiques. Le Français, son nom l'indique, est droit et hardi. Les complots, d'où qu'ils viennent, lui répugnent et la compression l'irrite. Il faut savoir le comprendre, lui parler carrément. Et pourvu qu'on lui laisse toutes les libertés possibles on le trouvera toujours prêt à se dévouer pour le salut de la patrie. »

De ce qui précède on peut inférer que les bons renseignements ne manquaient pas à l'ex-empereur. Le hasard a d'ailleurs fait découvrir dans sa bibliothèque particulière un document sortant de l'imprimerie impériale, qui prouve jusqu'à l'évidence qu'il connaissait depuis longtemps la supériorité militaire de l'Allemagne.

Cet écrit, qui a la forme de brochure, n'a jamais été répandu ; il a été tiré à plusieurs exemplaires et a pour titre : *Une mauvaise économie.* — Après quelques récriminations à l'adresse de ces esprits à courte vue, qui pour se donner un vernis de popularité ne craignent pas de désorganiser notre armée, « l'auteur de la brochure, » — l'empereur assurément, — établit un parallèle entre l'armée française et l'armée de la Confédération du Nord.

Nous avons dit plus haut que Louis Napoléon s'appropriait très-volontiers les idées d'autrui. Ici, encore, nous n'aurions pas de peine à démontrer qu'il n'était point corsaire à demi, car *Une mauvaise économie* est la reproduction textuelle des *Cosaques de l'Allemagne*. — Aussi ne transcrirons-nous que la phrase finale du *curieux* document trouvé aux Tuileries.

« Que l'on compare l'état militaire de l'Allemagne du Nord au nôtre et qu'on juge si ceux qui veulent encore réduire nos forces nationales sont bien éclairés sur les véritables intérêts du pays. »

Ainsi en mai 1870, cet homme affirmait l'infériorité militaire de la France vis-à-vis de l'Allemagne du Nord ; et deux mois après, brusquement, sans transition, sans raison, il nous précipitait dans la plus effroyable guerre.

CHAPITRE XXIII.

PRODROMES DE LA GUERRE.

Sommaire. — Effets du plébiscite. — Succession espagnole. — Erreur de Badinguet et de ses ministres. — Motifs de l'alliance prusso-russe. —Badinguet joue son va-tout.—Plan de campagne de Badinguet.

Le plébiscite venait à point pour édifier le roi de Prusse sur l'état physiologique de la France et lui donner le chiffre exact de notre armée, qui sur 300,000 hommes présents au drapeau, avait produit 250,000 votants oui et 50,000 non environ.

En calculant bien, Guillaume demeura persuadé que sur cet effectif, 150,000 combattants, tout au plus, pouvaient entrer en ligne. Et comme la Prusse et ses alliés étaient prêts à en jeter trois fois autant sur la Sarre avant que Badinguet fût en mesure d'appeler ses réserves, il trouva le moyen de donner un prétexte au conflit que celui-ci cherchait en vain.

Croyant pouvoir traiter à sa guise de la *succession* espagnole, Badinguet ne voulait point brusquer le dénoûment ; il attendait tranquillement l'occasion propice d'intervenir ; se contentant d'écarter les prétentions du général Prim, qui visait au sceptre de Charles-Quint, et de protester par voie diplomatique contre l'établissement d'une république ibérique, ou d'une royauté représentée par le duc de Montpensier. Sauf ces deux cas, l'Espagne était parfaitement libre de choisir un souverain, pourvu qu'elle le reçût de la main de l'empereur, à moins qu'elle ne préférât restaurer Isabelle II. Mais la reine ne voulait pas même abdiquer pour son fils, se flattant de renverser à son tour les promoteurs de la révolution militaire qui l'avait chassée de Madrid.

Contrarié dans ses projets ambitieux, Prim en conçut un tel dépit que par représailles il fit offrir secrètement la couronne vacante à un Hohenzollern, qui l'accepta sans la moindre difficulté.

On sait combien les aventuriers sont sensibles aux affronts. — Furieux d'être pris pour dupe par l'homme qui lui avait déjà causé d'irréparables torts en faisant défection au début de la guerre du Mexique, Badinguet se fâcha et risqua son va-tout.

Cependant, il aurait dû y regarder à deux fois avant de s'immiscer dans les affaires d'une nation qui, après tout, pouvait se donner au premier prince venu. Mais Sa Majesté Impériale ne l'entendait pas ainsi, elle avait ses motifs pour disposer du trône d'Espagne, et d'ailleurs le voisinage d'un monarque proche parent du roi de Prusse n'était réellement pas sans danger pour la France. En effet, si la guerre éclatait un jour sur le Rhin, des diversions combinées entre les cours de Berlin et de Madrid pouvaient avoir lieu par la frontière des Pyrénées et nos armées se trouver prises entre deux feux.

Dans cette conjoncture, la candidature d'un Hohenzollern devait être repoussée en termes absolus. Il fallait toutefois user de ménagements, comme on l'avait fait en réglant la question du Luxembourg; en un mot, laisser à l'Europe le soin de prendre une décision conforme aux intérêts de la France, et ne pas employer des moyens comminatoires.

N'étant point lui-même à la hauteur de sa position, Badinguet n'avait également que des diplomates fort au-dessous de leur fonction, soit par leur manque de dignité, soit par l'inaptitude qu'ils apportaient à traiter les affaires politiques. Les La Valette, les de Gramont, trop ineptes pour pénétrer les secrets des cabinets étrangers, et apprécier la situation extérieure, ne firent jamais de calculs sérieux sur l'état de la Prusse et de l'Italie.

Quand M. de Gramont entra au ministère, il soutint que l'antipathie des Allemands du Sud contre ceux du Nord était si prononcée, que si la France déclarait la guerre à la Prusse, elle aurait les Bavarois pour alliés. Cette erreur provenait de ce que la Confédération du Sud, sommée par le cabinet de Berlin de remplir ses engagements militaires au moment où surgit l'incident du Luxembourg, se déclara neutre attendu qu'il ne s'agissait pas d'une question nationale.

Après tout, la succession au trône d'Espagne n'avait qu'un caractère dynastique, les Hohenzollern s'y trouvaient seuls en cause, ce qui devait toucher peu le pangermanisme; mais en précipitant la crise, on allait allumer une guerre terrible.

Le cabinet de Vienne était beaucoup plus sympathique à la France qu'à la Prusse, il croyait l'empereur préparé dès longtemps à une campagne sur le Rhin et tout porte à croire que l'Autriche, à son tour, attendait un première victoire pour l'aider à marcher sur Berlin. M. de Bismark savait du reste que les médiations armées plaisaient à la maison de Hapsbourg et qu'une convention, plus ou moins tacite, existait entre MM. de Beust et de Gramont. Le roué compère du roi Guillaume n'ignorait pas davantage qu'il était question de reconstituer un royaume de Pologne indépendant et qu'en compensation de la Galicie, que l'Autriche y aurait perdue, avec les riches salines de Wiélieska qui lui rapportent annuellement soixante millions, cette puissance se serait annexé les provinces danubiennes.

Cette éventualité, qu'appréhendait la Russie, la rendit solidaire de la Prusse et motiva son attitude défiante. Le général Fleury à Saint-Pétersbourg ne soupçonna pas même l'alliance intime du czar et du roi Guillaume. Il semblait résulter de ses épanchements à la cour d'Alexandre que l'autocrate ne consentirait jamais, quoi qu'il advînt, à un démembrement de la France au profit de l'Allemagne. Ainsi abusé, M. de Gramont disait dans sa dernière dépêche (13 juillet 1870), à notre ambassadeur, à Berlin :

« L'empereur Alexandre nous appuie chaudement. »

Il n'y avait pourtant pas à se méprendre sur la convention arrêtée à Ems entre les deux souverains du Nord, — les plus infimes correspondants la connaissaient en substance. On savait même que depuis la visite du czar, le roi Guillaume se montrait beaucoup plus résolu à la guerre.

Ces quelques paroles qui lui échappèrent devant M. Benedetti étaient tout à fait significatives :

« Je n'ignore pas les préparatifs qui se font à Paris, et je ne dois pas vous cacher que je prends mes précautions pour n'être pas surpris. »

Évidemment on poussait au conflit des deux côtés, mais si M. de Benedetti, notre ambassadeur à Berlin, n'eût été encore plus dépourvu de pénétration que ses autres collègues, il aurait pu éviter, lors de sa dernière entrevue avec le roi de Prusse, de se faire congédier d'une façon aussi blessante. Qu'y avait-il de plus facile que de baisser quelque peu le ton pour ne pas irriter la susceptibilité d'un vieux dogue qui, confiant dans sa force et ses moyens d'action, calculait notre infériorité pour en tirer parti à la première occasion ?

Tenant pour injure personnelle l'offense faite à son représentant, Badinguet jeta le gant, et prenant maladroitement ses désirs pour des réalités, il s'obstina à supposer, comme M. de Gramont, que l'Allemagne avait gardé à la Prusse une haine mortelle de ses défaites et des annexions violentes de 1866.

Cette conjecture fausse dénotait une ignorance complète de l'état de choses; car, au premier bruit de guerre, toutes les puissances inféodées à la politique du roi Guillaume se prononcèrent unanimement pour lui et ses alliés du Nord. Aussi, désormais assuré d'en arriver à ses fins, grâce aux plans diaboliques de son grand état-major, à sa prodigieuse artillerie et à son million de soudards, le futur empereur des Germains engagea promptement la partie.

La France, elle, n'avait à opposer aux forces réunies des Prusso-Allemands que sept contingents, qui, défalcation faite des troupes nécessaires à la garde de l'Algérie, des États-Romains, des places de l'intérieur, de la gendarmerie et enfin des ouvriers et employés à l'administration de la guerre, pouvaient fournir 600,000 combattants environ dont 300,000 étaient en activité et le reste en réserve. Comme ressource suprême, et en vertu de la nouvelle loi militaire, on pouvait disposer de 300,000 gardes mobiles, et faire devancer l'appel à deux classes qui eussent fourni 400,000 recrues; rappeler par décret 200,000 anciens soldats congédiés, — porter de 70 à 100,000 hommes l'effectif de la marine. Enfin, il restait à mobiliser une portion de la garde nationale sédentaire.

Tous ces éléments réunis, en y ajoutant près de 100,000 volontaires, devaient élever considérablement le chiffre de nos contingents; mais sauf la réserve et les 200,000 libérés, peu empressés de retourner à l'armée, il fallait attendre que l'instruction des mobiles et des jeunes soldats permît de les utiliser. La levée en masse offrait les mêmes difficultés; car ce n'était pas trop que d'envoyer aux camps de manœuvres pour y être exercés pendant trois mois ces soldats improvisés, appelés à combattre des troupes disciplinées dont l'organisation remontait à plus d'un demi-siècle. Or il était évident, comme nous l'avons dit dans les pages précédentes, qu'on ne pouvait concentrer que 150,000 hommes sur la frontière de l'est et que les Prussiens en auraient trois fois autant à l'ouverture des hostilités ; qu'outre cela, ils auraient l'avantage de conserver cette supériorité numérique jusqu'à ce que nos jeunes troupes fussent en état de renforcer nos armées d'opération. Voilà ce qu'aurait dû comprendre Badinguet s'il avait possédé simplement les qualités militaires d'un officier.

A quoi lui servait donc le tableau comparatif des armées française et allemande, qu'il avait tracé dans SON LIVRE, pour prouver notre insuffisance d'effectif, et d'en déduire les conséquences en cas de conflit sur le Rhin? Et pourquoi, changeant tout à coup d'opinion, nous entraîner dans une guerre d'extermination si nous n'y étions pas préparés? Cela restera toujours inexplicable.

Un écrit fait après coup, dans le but d'atténuer les fautes commises par Badinguet, vient, il est vrai, de nous révéler les projets belliqueux de ce triste capitaine. Mais on va voir que chez lui, il y avait loin de la pensée à l'exécution.

« L'empereur, dit un de ses officiers d'état-major, savait que la Prusse pouvait mettre sur pied en peu de temps 900,000 hommes, et, avec le concours des États du Sud, 1,100,000 ; la France ne pouvait lui en opposer que 600,000. Et, comme le nombre des combattants n'est jamais que de moitié des effectifs réels, l'Allemagne était à même d'amener sur le champ de bataille 550,000 hommes, tandis que nous n'en avions que 300,000 environ à mettre devant l'ennemi.

» Pour compenser cette infériorité numérique, il fallait, par un mouvement rapide, passer le Rhin, séparer l'Allemagne du Sud, de la Confédération du Nord, et, par l'éclat d'un premier succès, attirer dans notre alliance l'Autriche et l'Italie.

» Si l'on parvenait à empêcher les armées de l'Allemagne du Sud de se joindre à celles du Nord, l'effectif de l'armée prussienne se trouvait réduit de 200,000 hommes et la disproportion entre le nombre des combattants diminuait. Si l'Autriche et l'Italie faisaient cause commune avec la France, la supériorité du nombre se déplaçait à notre avantage.

» Le plan de campagne de l'empereur, qu'il ne confia à Paris qu'aux maréchaux de Mac-Mahon et Lebœuf, consistait à réunir 150,000 hommes à Metz, 100,000 à Strasbourg et 50,000 à Châlons.

» La concentration des deux premières armées, l'une sur la Sarre, l'autre sur le Rhin, ne dévoilait pas ses projets, car l'ennemi était laissé dans l'incertitude de savoir si l'attaque se porterait contre les provinces Rhénanes ou contre le grand-duché de Bade.

» Dès que ces troupes auraient été concentrées sur les points indiqués, l'empereur comptait réunir l'armée de Metz à celle de Strasbourg et, à la tête de 250,000 hommes, passer le Rhin à Maxau, laissant à droite la forteresse de Rastadt et à gauche celle de Germersheim. Arrivé de l'autre côté du Rhin, il forçait les États du Sud à observer la neutralité et se portait ensuite à la rencontre des Prussiens. Pendant que ce mouvement se serait opéré, les 50,000 hommes assemblés au camp de Châlons sous les ordres du maréchal Canrobert devaient se diriger sur Metz pour y protéger les derrières de l'armée et surveiller la frontière nord-est. En même temps, notre flotte croisant dans la Baltique aurait retenu et immobilisé dans le nord de la Prusse une partie des forces ennemies pour la défense des côtes menacées d'un débarquement.

» Ce plan n'avait de chance de réussite que si l'on

gagnait l'ennemi de vitesse. Il fallait, dans ce but, rassembler en peu de jours sur les points déterminés non-seulement le nombre d'hommes voulu, mais les accessoires essentiels, tels que voitures, le train, les parcs, les équipages de ponts, les chaloupes canonnières pour protéger le passage du Rhin, enfin l'approvisionnement de biscuit indispensable pour nourrir une armée nombreuse qui marche réunie.

» L'empereur se flattait de pouvoir obtenir ce résultat, et là fut son erreur, comme l'illusion de tout le monde fut de croire qu'au moyen des chemins de fer, la concentration de tant d'hommes, de chevaux et de matériel pouvait se faire avec l'ordre et la précision nécessaires, bien que tout n'eût pas été réglé d'avance par une administration vigilante.

» Les retards tinrent en grande partie aux vices de notre organisation militaire telle qu'elle existe depuis cinquante ans et qui se révélèrent dès les premiers moments.

» Au lieu d'avoir comme en Prusse des corps d'armée toujours organisés, se recrutant dans la province et possédant sur les lieux leur matériel avec tous les accessoires, en France, les troupes appelées à composer une armée se trouvent dispersées sur tout le territoire, tandis que le matériel est amassé dans quelques villes au fond des magasins où tout s'encombre.

» S'agit-il de former une division active sur un point quelconque de la frontière, l'artillerie arrive généralement d'un lieu très-éloigné, les voitures du train et d'ambulance de Paris et de Vernon, presque tous les approvisionnements de la capitale, et les soldats de la réserve rejoignent de toutes les parties de la France. Les chemins de fer ne peuvent suffire à transporter les hommes, les chevaux et le matériel, la confusion s'introduit partout, et souvent les gares sont remplies d'objets dont on ignore la nature ainsi que la destination.

» En 1860, l'empereur avait décidé que les recrues de la deuxième partie du contingent seraient annexées dans les dépôts de leurs départements, pour être, en temps de guerre, versées dans les régiments destinés à faire campagne. Cette disposition alliait les avantages du système prussien à ceux du système français. Les hommes de la réserve n'ayant qu'à se diriger de leurs villages au chef-lieu du département, y étaient assemblés, équipés en peu de temps et répartis dans les différents régiments. Cependant ceux-ci, rapidement complétés, ne se trouvaient pas comme en Prusse composés de la population de toute une province.

» Malheureusement, on modifia cette combinaison, au ministère de la guerre, en 1866, et l'on attribua dès les premières opérations du recrutement chaque soldat à un régiment. De sorte que lorsque, en 1870, on appela la réserve, les hommes qui en faisaient partie durent, pour aller rejoindre leurs corps, suivre les itinéraires les plus compliqués. Ainsi par exemple, ceux qui étaient à Strasbourg et dont les régiments se trouvaient en Alsace, au lieu d'être assemblés immédiatement au dépôt de Strasbourg, furent envoyés à leurs dépôts respectifs, peut-être dans le midi de la France ou même en Algérie, et obligés ensuite de retourner en Alsace pour être incorporés dans leurs régiments.

» On conçoit tout ce qu'une pareille organisation

dut apporter de retard dans l'arrivée de la réserve.

» Il en fut de même pour les effets de campement, pour les voitures d'ambulance, pour celles des officiers : au lieu d'être distribués dans les dépôts au centre de chaque département, ils étaient entassés dans un petit nombre de magasins, de façon que beaucoup d'hommes de la réserve ne purent rallier leurs corps que très-imparfaitement équipés, dépourvus de sacs, tentes-abri, gamelles, bidons, marmites, tous objets de première nécessité.

» A ces inconvénients, il faut ajouter le peu d'initiative laissé aux généraux commandant les départements et aux intendants. Pour la plus petite chose, il fallait un ordre ministériel. Impossible, par exemple, de donner ce qui était indispensable aux officiers, soit même les *nécessaires d'armes* aux soldats, sans un ordre venu de Paris.

» Cette routine administrative enlevait aux généraux l'activité et la prévoyance qui suppléent quelquefois à un défaut d'organisation.

» Cependant, hâtons-nous de le dire, pour composer une armée, il faut moins compter sur l'intelligence des individus que sur une organisation solide faisant mouvoir des rouages simples, capables de fonctionner régulièrement pendant la guerre, parce qu'ils ont été *habitués* à fonctionner régulièrement pendant la paix.

» Malgré toutes les déceptions qu'on éprouva, il faut rendre justice aux hommes qui, au ministère de la guerre, furent chargés, au milieu d'une paix profonde, de mettre tout à coup en mouvement toute la puissance militaire de la France. En tenant compte des vices de l'administration, ce fut un vrai tour de force de mettre en ligne en si peu de temps des armées incomplétement formées, aucune mesure préparatoire n'ayant été prise à cet effet.

» Sans doute on objectera que quelques-uns au moins des vices de l'administration française qui viennent d'être signalés devaient être corrigés d'avance. Mais on oublie combien il est malaisé d'avoir raison d'habitudes et de préjugés invétérés. »

Il est bien temps en vérité de formuler une pareille défense, et de s'apercevoir d'une foule d'inconvénients lorsque en étant au pouvoir l'on n'admettait pas la moindre réforme susceptible de modifier la vieille machine administrative et que le souverain couvrait de sa haute responsabilité messieurs les chefs de service, ainsi rendus impeccables !

En divulguant la mauvaise organisation de notre armée, l'auteur de l'opuscule dont nous venons de citer des fragments semble réclamer l'indulgence pour les fautes inouïes de son empereur et prendre à tâche de dissimuler sa déplorable insuffisance.

Donnons-en une preuve entre mille afin qu'on ne puisse révoquer en doute la stupidité de cet empereur.

Des tiraillements continuels faisaient obstacle aux décisions qu'il y aurait eu à prendre au sein du conseil en vue d'une expédition vers les côtes de Prusse. Ennemi de toute controverse et supposant à tort que le Danemark consentirait à entrer dans une guerre, Badinguet jugea opportun de faire diversion sur le Schleswig. Sans s'arrêter aux études préliminaires ni aux connaissances spéciales que ce hardi projet comportait, Son Imbécillité crut trouver en *Plonplon* l'homme qu'il lui fallait pour diriger une guerre maritime et continentale. A cette fin, le cousin Jérôme qu'il envoyait tous les ans *en mission* au pôle Nord, dans l'espoir que les catarrhes ou les rhumatismes l'en débarrasseraient, fut rappelé des terres australes pour prendre le commandement des forces navales françaises et danoises combinées.

Plonplon accourut au Palais-Royal pour se mettre aux ordres de l'empereur qui se disposait à rejoindre l'armée du Rhin.

En lui donnant ses instructions, Badinguet remit à Son Altesse une lettre ainsi conçue :

« Mon cher cousin, nous avons parlé en conseil des ministres de ce qui te regarde ; voici ce qui a été décidé :

» Le prince Napoléon commandera en chef les troupes de débarquement et les troupes alliées si le roi y consent.

» La marine sera indépendante sous les ordres de l'amiral Bouët-Willaumez, lequel cependant aura l'ordre de s'entendre avec le prince pour suivre les opérations.

» D'ici là, tu pourras venir avec moi. Je compte partir mercredi ou jeudi.

» Crois à mon amitié.

» Napoléon. »

L'alliance du Danemark était une douteuse éventualité et il fallait être bien téméraire pour y compter. Mais confier à *Plonplon* une pareille entreprise après sa conduite en Crimée, c'était dépasser toutes les bornes de la sottise. Quoi qu'il en soit, l'Altesse, blessée d'avoir un guide-âne, au lieu de recevoir un commandement nominal, se récusa pour ne pas engager *sa responsabilité !*

Le 12e corps, organisé par le général Trochu, devait être le noyau de l'armée expéditionnaire désignée pour agir sur le littoral ennemi ; mais l'outrecuidance de *Plonplon* fit manquer le mouvement projeté vers ce point.

Arrivé à Metz le 28 juillet, Badinguet s'improvisant généralissime, prit en personne le commandement en chef de l'armée du Rhin ; il paraissait alors très-satisfait de lui-même et confiant dans la valeur des soldats qui avaient remporté de si glorieuses victoires en Crimée et en Italie. Il était hors de doute que ceux-ci, grâce à leur irrésistible élan et surtout mieux commandés, pouvaient suppléer au nombre et à l'insuffisance de certaines mesures préparatoires.

Cependant Badinguet, plus prévoyant, aurait pu craindre dès sa première revue, que des obstacles insurmontables ne fissent échouer ses projets. Au lieu de 150,000 hommes qu'il s'attendait à trouver à Metz, on ne lui en présenta que 100,000. A Strasbourg, on en comptait 40,000 sur 100,000 qui devaient s'y réunir, et Canrobert n'avait encore qu'une division à Châlons. Malgré ces déceptions, notre César ne perdit pas l'espoir d'aplanir les obstacles et de réaliser son plan de campagne avant que l'ennemi fût prêt. Dans cette présomption, il donna des ordres précis pour activer l'arrivée des régiments et des accessoires qui manquaient.

Jusqu'alors Badinguet n'avait rien préparé, rien prévu

pour le cas où la France même deviendrait le théâtre de la guerre, il se persuadait que la lutte, engagée sur le territoire allemand, serait favorable à son armée. Strasbourg et Metz, qui allaient servir de base à ses opérations, ne possédaient en réalité qu'un demi-armement. On y avait entassé un matériel considérable, ainsi que de la grosse artillerie; mais si les arsenaux contenaient une immense quantité de canons et de munitions de guerre, les magasins de vivres se trouvaient à peu près vides, on n'avait d'approvisionnement de bouche que pour leur garnison normale et leur population, c'est-à-dire de quoi soutenir un siége pendant deux ou trois mois tout au plus. Mais comme notre héros entendait présider à la fois aux opérations et à la direction de l'intendance, il avait amoncelé à Lunéville et à Sarreguemines une immense quantité de provisions, qui se seraient trouvées plus en sûreté dans Metz où elles pouvaient être d'une grande ressource pour le ravitaillement de la place et de l'armée.

Toujours est-il que cet étrange général voyait tout en rose, et écrivait de son quartier général à Nini :

« Nous allons bien, l'armée est réunie et pleine d'ardeur. — *Loulou* se porte à merveille, il a dormi seize heures. »

Madame César dans ses lettres se montrait également pleine de confiance :

« Je suis persuadée, disait-elle, que nous mènerons les Prussiens tambour battant jusqu'à Berlin. »

Loulou, dont on voulait faire un guerrier, mandait à sa mère que :

« Tout allait de mieux en mieux. »

Au quartier général impérial on était excessivement loin de prévoir qu'un complet revirement allait culbuter tous les plans de l'empereur; changer la face des choses et le précipiter du trône. Il est vrai qu'à Paris comme en France les gens sérieux s'attendaient à un terrible drame.

Tout d'abord on put constater que l'effet produit sur l'opinion par cette guerre fit tomber toutes les valeurs et alourdit le mouvement des affaires, déjà languissantes. Nous ne retracerons pas ici la panique générale, que les appréhensions du pays justifiaient jusqu'à un certain point. — Ni les explications données à la Chambre par M. E. Ollivier qui voyait d'un *cœur léger* s'ouvrir cette campagne, ni l'incroyable ignorance du maréchal Lebœuf, affirmant à plusieurs reprises que toutes les mesures militaires étaient si bien prises qu'*un bouton de guêtre* ne manquerait pas à l'armée tant que dureraient les hostilités; rien de tout cela ne pouvait rassurer les populations qui, comme d'instinct, pressentaient d'horribles désastres : les troupes partaient sans enthousiasme et il était facile de prévoir que le soldat se battrait mal. Badinguet lui-même s'en allait inquiet et sans la moindre ovation. Pour la première fois, il eut de la franchise en disant : « *La guerre sera longue et pénible.* » Il était bien temps de s'en apercevoir !

La formation des corps sur la frontière de l'est ne laissait pas que d'être très-laborieuse; il s'en fallait de beaucoup que les effectifs fussent au complet et les vivres manquaient déjà sur la ligne de concentration. — Les transports n'arrivaient pas à cause de l'encombrement des routes et des chemins de fer. Matériel, subsistances, renforts expédiés à l'armée du Rhin, séjournaient forcément dans les gares, et pendant que nos soldats éprouvaient toutes les tortures de la faim et de la soif, les Prussiens prenaient des positions formidables en face de nos corps disséminés sur une vaste étendue de terrain pour faire leur jonction en temps opportun.

Cependant, avec les troupes disponibles dans les départements de l'est, on pouvait dès le 16 juillet franchir le Rhin à Kelh et à Manheim. La troisième armée allemande n'avait pas encore rassemblé plus de 50,000 hommes de ce côté et il était facile de pousser jusqu'à Carlsruhe et Stuttgard avant que les Prussiens fussent maîtres des défilés de la Forêt-Noire.

C'était ainsi qu'il fallait ouvrir la campagne pour arriver premiers sur le champ de bataille et empêcher la Confédération du Sud de prendre part à la lutte. On n'avait qu'à s'approvisionner dans les Souabes, au moyen de réquisitions, sans attendre l'arrivée des *impedimenta*.

Il y avait d'ailleurs un précédent à opposer à l'ennemi. — N'avait-il pas attaqué l'Autriche à l'improviste dans des circonstances analogues? Badinguet, qui passait à juste titre pour un homme enclin aux surprises, ne pouvait-il agir en dénonçant les hostilités?

Toujours est-il, que faute de prendre l'initiative, on laissa aux Prussiens le temps de se masser dans la principauté de Bickenfeld. La déclaration de guerre avait été faite le 19 juillet, et le 20, sans perdre une minute, ils occupaient une partie du duché de Bade. En moins de quinze jours, grâce à la rapidité et à l'admirable organisation de leurs facteurs, les treize corps dont se composait l'armée de la Confédération du Nord se trouvaient concentrés sur le Rhin, où déjà des troupes nombreuses étaient rassemblées.

Ainsi, tandis que nous n'avions pu réunir 200,000 hommes sur notre frontière de l'est, la Prusse y avait déjà transporté 499,915 hommes, 154,882 chevaux, 13,286 voitures affectées à ses treize corps. Un corps prusso-allemand au complet compte 38,455 hommes, 11,914 chevaux, plus le matériel roulant qui se compose de 1,022 voitures non compris l'artillerie. — Il avait donc fallu 1,300 trains pour expédier ces treize corps, et chacun d'eux avait dû employer cent convois par jour.

Jamais nos règlements routiniers sur le transport des troupes, par les voies rapides, ne nous eussent permis de faire un pareil tour de force.

Quant à nos troupes, elles restaient stationnées, pendant que s'effectuait ce mouvement, à Belfort, à Wissembourg, à Saint-Avold, à Boulay, à Bitche, à Forbach et à Thionville, sur un développement de soixante-quinze lieues, attendu que nos généraux n'avaient pas su régler au préalable la marche des opérations.

Cependant, inquiet de l'immobilité qu'affectait l'ennemi et voulant savoir de quel côté il rassemblait ses forces, Badinguet ordonna une reconnaissance du côté de Niederbronn. C'est là que le 26 juillet le général de Bernis, avec un escadron du 12e chasseurs, surprit et mit en fuite une patrouille de cavalerie bavaroise, après lui avoir tué un officier et fait quelques prisonniers. Cette escarmouche n'ayant pas amené le résultat qu'il espérait, Badinguet offrit au précepteur de

Loulou l'occasion de se distinguer. — Le 2 août, le général Frossard attaqua un détachement prussien qui longeait la voie ferrée contiguë à la frontière. — Là, selon l'heureuse expression du moderne César, le prince impérial reçut *le baptême du feu*, et prouva son courage en allant *ramasser des balles* perdues dans son képi. L'impératrice régente ne manqua pas d'exalter *ce petit fait d'armes* et de faire ressortir la vaillance de son fils; innocente illusion!

Par malheur cet exploit allait nous coûter cher. Les Prussiens, parfaitement renseignés par leurs espions et surtout par un certain Schuls Dugelmann, n'attendaient que le premier coup de fusil pour nous surprendre en flagrant délit d'invasion.

CHAPITRE XXIV.

L'INVASION.

Sommaire. — Combats et revers. — Plan sérieux. — Badinguet s'évade de Metz. — Bazaine prend le commandement de l'armée du Rhin. — Batailles sanglantes. — Investissement. — Correspondances. — Mac-Mahon part de Châlons pour débloquer Bazaine. — Curieux télégrammes. — Opérations de Mac-Mahon. — Metz et Sedan.

Ce qui va suivre n'est autre chose qu'un compte rendu analytique des évolutions militaires les plus remarquables de la campagne de 1870. Pour en éclaircir quelques points encore obscurs, il fallait nous livrer à des appréciations qui pourront surprendre, mais qu'on veuille bien croire que de notre part, il n'y a pas la moindre prétention de faire ici un cours de stratégie.

Ceci dit nous poursuivons.

Après sa démonstration sur Saarbruck qu'il évacua le lendemain, le général Frossard prit position à Spickeren avec les divisions Verger, Bataille et Laveaucoupet du 2ᵉ corps d'armée. — L'action engagée vers onze heures du matin finit à une heure, ce qui permit à Badinguet et au prince impérial de rentrer le même jour à Metz. Mais en même temps que le *Moniteur* annonçait que notre armée avait pris l'offensive, franchi la frontière et envahi le territoire prussien, le roi Guillaume adressait une proclamation à ses soldats et prenait le commandement des forces prusso-allemandes, qui réunies se montaient à 500,000 combattants.

La 1re armée formée à Coblentz avait été placée sous les ordres du prince Frédéric-Charles ; la 2e à Mayence était commandée par le prince royal de Prusse ; la 3e avait pour chef le général de Steinmetz.

On sait dans quel ordre de bataille nous nous trouvions. — Malgré toutes ses cachotteries il avait transpiré que l'empereur en personne commanderait son armée, divisée en huit corps y compris celui de la garde, et qu'en prenant l'offensive il aurait sous ses ordres immédiats : — le maréchal Mac-Mahon, duc de Magenta, chef du 1er corps, — le général Frossard du 2e, — le maréchal Bazaine du 3e, — le général Ladmirault du 4e, — le général de Failly du 5e, — le maréchal Canrobert du 6e, — le général Félix Douay du 7e, et le général Bourbaki du corps de la garde impériale.

Mais ce qui résulte des dépêches trouvées aux Tuileries, c'est que les 450,000 hommes de troupes françaises qui figuraient *sur le papier* ne devaient donner en réalité que 225,000 combattants. Pas un corps n'avait ses cadres au complet ; le matériel, les approvisionnements faisaient partout défaut. Bref, ni l'armée de terre ni l'armée navale n'étaient prêtes à entrer en campagne. Et l'on se flattait de gagner l'ennemi de vitesse, de le devancer sur le champ de bataille !

Badinguet ne pouvait s'abuser plus longtemps, car le 4 août au matin, la division du général Abel Douay, campée en avant de Wissembourg, était assaillie par un corps de Bavarois et une nuée de Prussiens débouchant tout à coup des bois qui bordent la Lauter.

Attaquées à l'improviste, nos troupes opposèrent une résistance opiniâtre ; — le 74° de ligne se retrancha dans la ferme de Guibert où il soutint pendant deux heures tout l'effort des Prussiens pour tourner la droite, tandis que les turcos du 1er régiment contenaient les Bavarois qui s'avançaient par la route, dans le but de déborder la gauche. Un détachement d'infanterie, qui venait rejoindre son corps par la voie ferrée, sauta de wagons et se plaça au centre avec le 50° de ligne, le 16° bataillon de chasseurs et quatre escadrons de cavalerie légère, pour prendre part à la lutte qui s'engagea sur une étendue d'environ quatre kilomètres.

Ne possédant qu'une batterie divisionnaire, les Français ne pouvaient éteindre le feu de la nombreuse artillerie ennemie, qui des hauteurs qu'elle occupait bombardait Wissembourg et les villages voisins. Pour la déloger, le général Abel Douay ordonna une charge à fond ; alors les turcos s'élancèrent à la baïonnette sur les Bavarois, qu'ils ébranlèrent un moment par leur furia.

Dans ce combat acharné le général Abel Douay fut blessé mortellement par un éclat d'obus et sa division n'ayant plus de munitions dut se retirer sur Bitche par le col du Pigeonnier, en abandonnant aux Allemands ses tentes et un canon.

Cette première affaire était d'autant plus glorieuse pour nos armes que la division **Abel Douay**, qui comptait à peine neuf mille hommes, soutint pendant toute une demi-journée le choc de 40,000 ennemis commandés par le prince Fritz.

Après leur succès, les Prussiens et les Bavarois arrivant en masse par le chemin de fer de Landau et sortant des fourrés où ils se tenaient embusqués, se ruèrent sur nos blessés et les achevèrent sur le champ de bataille. Ils en firent une véritable boucherie dans les vignes et les houblonnières; puis, fouillant les maisons, ces cannibales assassinèrent jusqu'à des femmes et des enfants qui, à leur approche, s'étaient réfugiés dans les caves.

Dans une dépêche du 4 août, la reine Augusta apprenait les premiers exploits des brigands de Guillaume, et de son côté Mac-Mahon savait que la division d'Abel Douay venait d'être écrasée près des fameuses lignes de Wissembourg.

Sans s'enquérir du nombre des ennemis qu'il allait avoir à combattre, le maréchal accourut en toute hâte pour venger cet échec. Disposant ses troupes de gauche à droite, Mac-Mahon développa son front de bataille sur une longueur de sept kilomètres, et quoique ses positions fussent on ne peut mieux choisies, il devait manquer de monde pour les défendre.

En raison même de son peu d'épaisseur, le 1er corps d'armée pouvait être enfoncé et débordé; mais le maréchal comptait sans doute sur les renforts qu'il avait demandés au général de Failly.

Le 6 août au matin, la 1re division couvrait en ligne droite les approches de Reichshoffen et de Frœschviller, les 3e et 4e divisions formées en potence occupaient Eberbach et Wœrth ; la 2e division restait en réserve avec la cavalerie.

Dès leur première attaque, les Prussiens voulurent couper la droite par Wœrth et fussent repoussés, mais voyant qu'ils portaient le gros de leurs forces sur Morsbrun pour le tourner, Mac-Mahon lança sur eux les zouaves et les turcos, puis fit charger les cuirassiers et les chasseurs. La mêlée devint sanglante, et malgré l'avalanche d'Allemands qui se précipitaient des hauteurs de Gunstedt pour écraser nos braves, le succès fut longtemps indécis.

Ne pouvant arrêter le mouvement tournant de l'ennemi, le maréchal commanda un changement de front qui s'exécuta sous une grêle de projectiles avec autant de précision que sur un champ de manœuvres. L'arrivée du général de Failly aurait peut-être changé notre défaite en triomphe, mais par suite d'une erreur télégraphique indiquant *Hausbach* au lieu de *Lansbach*, le chef du 5e corps ne put venir au secours de Mac-Mahon.

La fortune étant contre nous, il fallut rompre après avoir combattu toute une journée dans d'inégales proportions. De l'aveu même du prince Frédéric-Charles, l'armée ennemie, forte de 120,000 hommes dans la matinée du 6, atteignit le chiffre de 140,000 sur le soir, alors que le corps de Mac-Mahon s'élevait à peine à 35,000 hommes, artillerie et cavalerie comprises.

Maîtres du champ de bataille, les Prusso-Allemands

se livrèrent à des cruautés épouvantables sur nos malheureux soldats mourants. Et Guillaume, ajoutant sa grossière ironie aux forfaits de ses soudards, rendit grâce à Dieu dans une proclamation mystico-burlesque qui finissait par ces mots :

« On tirera le canon pour cette victoire. »

Le vaincu annonçait ainsi sa défaite :

« Je me suis battu aujourd'hui de neuf heures à cinq heures ; j'ai perdu la bataille. Envoyez-moi des vivres et des munitions. »

Le 1er corps, qui avait fait des trouées considérables dans les rangs ennemis, ne fut pas poursuivi avec autant d'acharnement qu'on pouvait le craindre. Une partie de son effectif se dirigea sur Strasbourg, et le maréchal Mac-Mahon vers Saverne, où il rédigea le rapport suivant :

« A sept heures du matin, l'ennemi se présenta devant les hauteurs de Guersdorff, et engagea l'action par une canonnade bientôt suivie d'un feu de tirailleurs assez vif contre la 1re et la 3e division. Cette attaque fut assez prononcée pour obliger la 1re division à faire une changement de front en avant sur son aile droite, afin d'empêcher l'ennemi de tourner la position générale. Un peu plus tard, l'ennemi augmenta considérablement le nombre de ses batteries, et ouvrit le feu sur le centre des positions que nous occupions sur la rive droite de la Sauerbach. Bien que plus sérieuse et plus fortement accentuée que la première, qui se continuait d'ailleurs, cette seconde démonstration n'était qu'une fausse attaque, qui fut vivement repoussée.

» Vers midi, l'ennemi prononça son attaque vers

notre droite. Des nuées de tirailleurs, appuyés par des masses considérables d'infanterie, et protégés par plus de soixante pièces de canon placées sur les hauteurs de Gunstedt, s'élancèrent sur la 2ᵉ brigade, qui occupait le village d'Elsashausen.

» Malgré de vigoureux retours offensifs, plusieurs fois répétés, malgré les feux très-bien dirigés de l'artillerie et plusieurs charges brillantes de cuirassiers, notre droite fut débordée après plusieurs heures d'une résistance opiniâtre. Il était quatre heures. J'ordonnai la retraite. Elle fut protégée par les 1ʳᵉ et 3ᵉ divisions qui firent bonne contenance et permirent aux autres troupes de se retirer sans être trop vivement inquiétées. La retraite s'effectua sur Saverne par Niederbronn, où la division Guyot de Lespart du 5ᵉ corps, qui venait d'y arriver, prit position, et ne se retira qu'à la nuit close. »

L'éparpillement des corps d'armée n'avait pas permis d'envoyer des renforts aux héros de Wissembourg et de Reichshoffen ; il allait en être de même sur d'autres points.

Cependant Badinguet ne bougeait pas de Metz et continuait d'échanger avec Nini une correspondance épistolaire ; — le spécimen suivant semble attester sa perplexité :

« *Sa Majesté l'impératrice. — Saint-Cloud.*

» Metz, le 6 août 1870, à 3 heures du soir.

» Je n'ai pas de nouvelles de Mac-Mahon. Ce matin les reconnaissances du côté de la Sarre ne signalaient aucun mouvement de l'ennemi. J'apprends maintenant qu'il y a un engagement du côté du général Frossard. Il est trop loin pour que nous puissions y aller. Dès que j'aurai des nouvelles je te les enverrai.

» NAPOLÉON. »

En effet, IL ÉTAIT TROP LOIN du champ de bataille ! François Ier, à Pavie, était trop près. L'histoire comparera et jugera.

L'incroyable médiocrité de Badinguet se décelait d'une façon tout à fait désolante ; il ne savait à quelle source se renseigner pour apprendre ce qui se passait chez l'ennemi, posté à un kilomètre de ses corps d'armée et les surveillant nuit et jour. Cependant les Prussiens se groupaient en si grand nombre dans la Bavière-Rhénane, que durant plusieurs jours le manque de subsistances les contraignit à un jeûne qui les éprouva rudement. On aurait pu saisir ce moment *psychologique* pour les tailler en pièces, mais après Wissembourg ils trouvèrent de quoi se réconforter amplement en faisant main basse sur les approvisionnements que Badingue semblait avoir entassés tout exprès pour eux dans Sarreguemines, ville ouverte à deux pas de la frontière.

Poursuivant l'exécution de ses plans, favorisé d'ailleurs par une razzia de nos vivres et l'éparpillement de nos troupes, l'ennemi attaqua le même jour le 1er corps à Wœrth et le 2e à Forbach, où le général Frossard occupait de fortes positions.

C'étaient la 1re armée allemande commandée par le prince Frédéric-Charles et la 3e armée aux ordres du général de Steinmetz qui tombaient sur le 2e corps; environ 180,000 Prussiens et Bavarois contre moins de 30,000 Français. Le général Frossard avait établi ses divisions dans l'ordre suivant. La 1re au centre à Wendel-Stiring, entre Forbach et Saarbrück ; la 2e sur un mamelon situé au sud-est de Spickeren et la 3e au plateau de Spickeren.

Vers midi, les Prussiens, sortant des bois, où ils se tenaient blottis, engagent l'affaire à coups de canon. Une de nos brigades, composée d'un bataillon de chasseurs et des 76e et 77e régiments de ligne, ouvre la fusillade et se maintient à Stiring. Plus tard, la division Bataille fait une charge meurtrière sur l'ennemi, et le refoule ; mais les réserves de Frédéric-Charles et de Steinmetz apparaissent et parviennent, après des efforts et des pertes énormes, à repousser les divisions Verger et Laveaucoupet, dont l'artillerie, trop à découvert, ne peut parvenir à régler son tir ni à répondre efficacement aux batteries qui les criblent d'obus et de mitraille.

A la nuit, le 2e corps, pliant sous le nombre, effectua sa retraite par Saint-Jean Borbach, et Remilly, où la 3e division du 4e corps Ladmirault l'aida à rétrograder jusqu'à Metz.

Dans cette journée l'on vit un seul régiment français tenir tête, pendant deux heures, à plus de 20,000 Allemands, et nos dragons retranchés dans un cimetière combattre à pied pour arrêter le flot d'ennemis qui arrivait par la route de Saarlouis. Deux divisions survenant à propos nous donnaient la victoire ; mais le précepteur de *Loulou*, qui pensait gagner son bâton de maréchal en conservant ses positions de Spickeren, refusa les troupes que Bazaine voulait lui envoyer.

La situation devenant critique, Badinguet adressa ce télégramme à Nini :

« Metz, 7 août, 3 h. du matin.

» Le maréchal Mac-Mahon a perdu une bataille sur la Sarre ; le général Frossard a été obligé de se retirer ; cette retraite s'opère en bon ordre ; tout peut se rétablir.
» NAPOLÉON. »

Aussitôt la régente fit part de cette dépêche à sa cousine Mathilde.

« J'ai, dit-elle, de mauvaises nouvelles de l'empereur, — l'armée est en retraite. — Je rentre à Paris, où je convoque le conseil des ministres.
» Saint-Cloud, 7 août. EUGÉNIE. »

D'autres télégrammes, très-alarmants, du quartier général impérial, décidèrent la régente à mettre d'urgence le département de la Seine en état de siége et à convoquer les chambres pour le 9 août.

En annonçant les échecs de Reichshoffen et de Forbach, l'*Officiel* du 7 août publiait cette curieuse proclamation de l'impératrice :

« Français,

» Le début de la guerre ne nous est pas favorable ; nos armées ont subi un échec ; soyons fermes dans ce revers et hâtons-nous de le réparer.

» Qu'il n'y ait parmi nous qu'un seul parti, celui de

la France ; qu'un seul drapeau, celui de l'honneur national.

» Je viens au milieu de vous, fidèle à ma mission et à mon devoir ; vous me verrez la première au danger, pour défendre le drapeau de la France.

» J'adjure tous les bons citoyens de maintenir l'ordre. Le troubler serait conspirer avec nos ennemis.

» Palais des Tuileries, 7 août, 11 h. du matin.

» L'Impératrice,
» EUGÉNIE. »

A sa rentrée à Paris, Madame César dépêcha un courrier pour faire savoir à son époux qu'elle était très-satisfaite des résolutions prises au conseil des ministres... Qu'on repousserait les Prussiens, l'épée dans les reins, jusqu'à la frontière... et même au delà du Rhin. Puis elle ajoutait : « Courage donc! avec de l'énergie nous dominerons la situation. Je réponds de Paris, etc. »

Les jours suivants, l'Espagnole rabattait un peu de son assurance, car un cri d'indignation soulevait toutes les poitrines à la pensée que nos troupes en étaient venues aux mains dans des proportions aussi inégales, et que deux échecs avaient suffi pour ouvrir l'Alsace et la Lorraine aux armées allemandes.

On se disait que le maréchal Mac-Mahon avait commis une faute grave en laissant à l'ennemi la facilité d'écraser la division Abel Douay qui, à Wissembourg, se trouvait trop en l'air ; — qu'il avait compliqué cette faute en livrant bataille à Wœrth, et en ne faisant pas sauter le tunnel des Vosges dans sa retraite sur Châlons.

Cette négligence livra en effet, aux envahisseurs, la voie ferrée qui dessert les régions de l'est, et nos dépôts de ravitaillement (qu'on eût pu détruire) tombant en leur pouvoir, rien ne put désormais ralentir leur marche en avant.

Refoulés sur la Sarre, les généraux Frossard et Ladmirault rejoignirent donc l'empereur et sa garde, qui étaient restés à Metz ; le général de Failly, qui n'avait pas eu le temps de renforcer le 1er corps, se trouvait séparé de l'armée du Rhin ; il se replia sur Vitry-le-Français avec deux divisions. Le général Félix Douay, dont le corps était trop éloigné du centre des opérations, se retira vers le Mourmelon où le maréchal Mac-Mahon rallia les troupes qui se rassemblaient au camp. Quant aux Prussiens, ils étaient maîtres de notre première ligne de bataille ainsi que de la voie de communication qu'on leur avait abandonnée et qu'ils relièrent aussitôt aux chemins de fer rhénans pour accélérer le transport de leur matériel et de leur landwehr.

« Dans ces circonstances, dit un historiographe attaché au quartier général de l'empereur, profondément attristée de voir toutes ses combinaisons détruites et réduite en peu de jours à ne plus songer qu'à prendre une position défensive, Sa Majesté résolut de ramener immédiatement l'armée au camp de Châlons, où elle aurait pu recueillir les débris de l'armée du maréchal Mac-Mahon, le corps de Failly et celui de Douay. Ce plan communiqué à Paris fut d'abord approuvé par le conseil des ministres ; mais deux jours après une lettre de M. E. Ollivier informa l'empereur qu'après mûre délibération le conseil avait pensé qu'il s'était trop hâté d'approuver la retraite de l'armée de Châlons, l'abandon de la Lorraine ne pouvant produire qu'un effet déplorable sur les esprits; en conséquence il engageait l'empereur à renoncer à son projet. Celui-ci céda pour le moment à ce conseil.

» L'effectif de l'armée de Metz fut porté à 140,000 hommes par l'arrivée de Canrobert avec deux divisions et des hommes de la réserve, et elle reçut l'ordre de se concentrer autour de Metz, dans l'espoir qu'elle pourrait tomber sur une des armées prussiennes avant qu'elles eussent opéré leur jonction. Malheureusement, comme si, dans cette campagne, tous les éléments de succès nous faisaient défaut, non-seulement la concentration de l'armée fut retardée par le combat de Spickeren et par le mauvais temps, mais son action fut paralysée par l'ignorance absolue où nous restâmes toujours de l'emplacement et de la force des armées ennemies. Les Prussiens cachèrent si bien leur mouvement derrière le formidable rideau de cavalerie qu'ils déployèrent devant eux dans toutes les directions, que malgré les plus persévérantes recherches, on ne sut jamais réellement où était le gros de leurs troupes, et par conséquent où devait se produire l'effort le plus considérable. »

Ainsi voilà qui est clair; à Paris et à Metz on faisait et défaisait les plans de campagne à mesure qu'ils étaient adoptés, tandis que les Prussiens procédaient méthodiquement à leurs opérations.

Sous le coup des premiers échecs, l'empereur se décida à donner le commandement de l'armée du Rhin au maréchal Bazaine, dont tout le monde alors appréciait la capacité, à supprimer les fonctions de major général que le maréchal Lebœuf exerçait d'une façon si déplorable.

Nommé par décret du 12 août, Bazaine prit le commandement supérieur dès le lendemain. Les instructions qu'il avait reçues du grand conseil de guerre tenu à Panges le 10 août lui prescrivaient de faire passer l'armée de la rive droite de la Moselle, où elle se trouvait rassemblée depuis le 11, sur la rive gauche, pour la diriger sur Verdun.

Toutefois, la certitude qu'il fallait agir en masse contre les Prussiens nécessitait quelques manœuvres stratégiques qui ne concordaient pas du tout avec celles que le conseil de Paris proposait. Les plans étant contradictoires, Badingue rassembla son grand état-major et dans cette conférence on se rangea à l'idée de reculer jusqu'au plateau des Haies, qui commande la route de Paris par les plaines châlonnaises. De là, on était en position d'arrêter l'ennemi.

Ce plan aurait pu sauver l'armée française d'un double désastre, car les Prussiens, qui venaient d'éprouver la valeur de nos soldats, étaient trop prudents pour venir se heurter contre les 170,000 hommes de Bazaine solidement établis aux Haies et les 130,000 que Mac-Mahon allait avoir sous ses ordres.

La 1re et la 2me armées françaises réunies, composées de treize corps, dont un de la garde impériale, auraient présenté un chiffre d'environ 300,000 combattants, animés du désir de reprendre l'offensive et capables de remporter une victoire complète sur les Prussiens; mais Bazaine tenait, paraît-il, à manœuvrer sous les murs de Metz; il préféra suivre le plan de Paris en simulant des mouvements en arrière.

De l'avis des principaux chefs de corps de l'armée du Rhin, il était élémentaire de ne laisser dans Metz que la garde nationale de cette ville et quelques troupes de soutien; mais si le maréchal Bazaine avait l'intention de s'appuyer sur les avancées de la place, il devait au moins s'installer fortement sur les hauteurs environnantes, d'où il rayonnait sur un pays fertile qui pouvait lui fournir des vivres pour plusieurs mois. Par malheur, son impéritie, et l'imprévoyance de Badinguet qui, nous le répétons, laissa enlever les approvisionnements de Sarreguemines et de Lunéville lorsque du 4 au 9 août il avait tout le temps de les faire transporter à Metz, devaient être également funestes à notre armée.

Par suite des combats de Sarrebourg et de Spickeren, où il avait eu le dessous, le 2⁰ corps s'était donc réuni aux 3°, 4° et 6° corps massés avec la garde sur la rive droite de la Moselle et autour de Metz. Cette concentration avait duré huit jours dont il aurait fallu profiter sans perdre un instant, soit pour faire retraite sur Nancy ou Verdun, soit pour introduire des vivres dans la place.

Le 13 août, l'armée française campée sous Metz comptait le matin 175,000 hommes, dont 7,000 environ détachés pour le service de la ville, et 540 pièces de campagne. Le grand parc d'artillerie était resté à Toul. Le même jour les colonnes prussiennes se montrèrent à une certaine distance. Quelques uhlans furent même signalés du côté de Briey. Ce n'était rien moins que l'avant-garde de l'armée de Steinmetz composée des 1ᵉʳ, 7° et 8° corps, plus la 3° division de réserve et deux brigades de cavalerie. L'effectif se montait à 120,000 hommes. En même temps apparaissait l'armée du prince Frédéric-Charles, formée des 2º, 3º, 4º, 9º, 10º et 12º corps, qui, compris la garde royale et trois divisions de cavalerie, présentait un chiffre de 240,000 combattants.

Toutes ces troupes appartenant à la Confédération du Nord prirent position de l'autre côté de la Moselle ; elles s'élevaient à 360,000 hommes et disposaient de 900 pièces d'artillerie.

Contre de pareilles forces le grand état-major déclara qu'il n'y avait pas à défendre la ligne de la Moselle, et sur son conseil l'empereur ordonna à Bazaine de reculer sur Verdun en évitant toute espèce d'engagement.

Du premier coup d'œil, le major-général de l'armée prussienne s'était aperçu que l'armée française allait lui échapper s'il ne l'arrêtait entre la Meuse et la Moselle. Aussi, le 14 août, pendant que nos troupes rétrogradaient, l'ennemi attaqua l'arrière-garde du général Ladmirault. Ce ne fut d'abord qu'un combat de tirailleurs ; mais bientôt l'affaire prit toutes les proportions d'une bataille. L'infanterie de Steinmetz arrivant par la route de Beuzonville en vint aux prises avec la brigade de Bellecourt et l'artillerie du 4º corps riposta vigoureusement aux batteries allemandes placées à la lisière du bois de Mey. Ce bois, qui recélait de fortes réserves prussiennes, fut pris et repris plusieurs fois pendant que les généraux de Cissey et Pradier dégageaient nos ailes à droite et à gauche de la ligne de bataille. A la nuit les corps de Steinmetz, décimés par nos mitrailleuses et les canons du fort Queulen, se retiraient au loin.

En réalité, Bazaine ne combattit à Borny que pour protéger le passage de la division Metmann, qu'une crue subite de la Moselle et l'insuffisance des ponts jetés sur cette rivière empêchaient de regagner son corps d'armée. Cependant, il suffisait de canonner les Prussiens de la rive opposée jusqu'à ce que nos derniers soldats eussent franchi la rivière. Mais puisque le maréchal prenait sur lui de faire un retour sur l'ennemi, que ne déployait-il toutes ses forces au lieu de n'opposer que cinq à six divisions? Il eût ainsi remporté une belle victoire et couvert sa retraite sur Verdun, où l'armée aurait trouvé de grands approvisionnements qui lui eussent permis de se refaire et de se diriger ensuite vers Châlons.

Quoi qu'il en soit, la journée de Borny fut des plus sanglantes pour les Prussiens, ils y perdirent de 8 à 9,000 hommes, et nous 4,000 environ. Notre succès était incontestable, puisque nos troupes bivouaquèrent sur le champ de bataille; mais le roi de Prusse considérant que son attaque avait eu pour effet de nous retenir à Metz, fit parvenir ce télégramme à la reine Augusta.

« Combat glorieux à Borny, sous Metz; les Français sont refoulés derrière Metz. Je me rends sur le champ de bataille. »

De bonne foi Guillaume aurait pu dire :

« Nous avons été frottés d'importance à Borny. »

Avec plus de loyauté, Badinguet résumait en ces termes sa dépêche à Nini :

« L'armée a commencé à passer sur la rive gauche de la Moselle. Ce matin, nos reconnaissances n'avaient signalé la présence d'aucun corps; mais lorsque la moitié de l'armée a eu passé, les Prussiens ont attaqué en grandes forces. Après une lutte de quatre heures, ils ont été repoussés avec de grandes pertes. »

Quelques jours avant, le roi Guillaume, en mettant le pied sur notre territoire, adressait cette proclamation, dont se souviendront les Français.

« Saarbruck, 11 août.

» Nous Guillaume, roi de Prusse, faisons savoir ce qui suit aux habitants du territoire français occupé par les armées françaises :

» L'empereur Napoléon ayant attaqué par terre et par mer la nation allemande, qui désirait et *désire encore vivre en paix* avec le peuple français, j'ai pris le commandement des armées allemandes pour repousser cette agression, et j'ai été amené par les événements militaires à dépasser les frontières de la France.

» Je fais la guerre aux soldats et non aux citoyens français. Ceux-ci, par conséquent, continueront à jouir de toute sécurité pour leurs personnes et pour leurs biens, aussi longtemps qu'ils ne me priveront pas eux-mêmes, par des entreprises hostiles contre les troupes allemandes, du droit de leur accorder ma protection.

» GUILLAUME. »

Le jour même de la bataille de Borny, un homme qui était allé prendre ses instructions en Belgique où l'agent supérieur de la police prussienne l'avait mandé tentait un soulèvement à Paris. Cet auxiliaire de l'étranger devait profiter du mécontentement général qui se manifestait contre le gouvernement impérial pour organiser la guerre civile, comme diversion aux opérations militaires des armées allemandes. L'indignation publique fit promptement justice de la misérable échauffourée qui eut lieu à la Villette, dans l'après-midi du dimanche 14 août ; mais à la nouvelle que l'infâme Blanqui, Eudes et leurs complices s'étaient rendus coupables de cet attentat, Badinguet s'en exagéra l'importance au point de vouloir retourner aux Tuileries sur-le-champ.

Toutefois, avant de quitter Metz, il adressa cette proclamation aux habitants :

« En vous quittant pour aller combattre l'invasion, je confie à votre patriotisme la défense de cette grande cité. Vous ne permettrez pas que l'étranger s'empare de ce boulevard de la France, et vous rivaliserez de dévouement et de courage avec l'armée.

» Je conserverai le souvenir reconnaissant de l'accueil que j'ai trouvé dans vos murs, et j'espère que dans des temps plus heureux, je pourrai venir vous remercier de votre noble conduite.

» Du quartier impérial de Metz, le 14 août 1870. »

Cette proclamation, communiquée le 15 au ministre de l'intérieur, avait été antidatée d'un jour pour dissimuler le motif de la fuite de Badinguet et de *Loulou*.

Le 15 août, le mouvement de retraite arrêté par le combat de la veille fut repris dès le matin. Badinguet, prenant les devants, établit son quartier général à Gravelotte ; il espérait que Bazaine se retirerait avec lui sur Verdun en suivant les routes du sud qui conduisent de Metz à cette ville, pendant que les convois prendraient celle du nord en passant par Étain. De leur côté les Prussiens prenaient des dispositions pour retarder la concentration de notre armée sur le plateau de Gravelotte. Manœuvrant rapidement pour livrer bataille au maréchal, l'ennemi contourna Metz, remonta la Moselle qu'il franchit à Corny sur un pont de bateaux, puis, à travers bois et ravins, s'avança à marches forcées pour arriver au plateau de Mars-la-Tour, et se placer à cheval à la jonction des routes qui aboutissent au midi du département de la Meuse. Bazaine avait échelonné les 2e et 4e corps derrière la division de cavalerie du général de Forton, dont les éclaireurs surveillaient la route de Mars-la-Tour, tandis que la division du général de Barail éclairait celle de Conflans. La garde impériale se tenait en avant de Gravelotte, mais les 3e et 6e corps s'acheminaient lentement vers le plateau, attendu qu'on n'avait pu jeter qu'un très-petit nombre de ponts sur la Moselle.

Le 16, au matin, Bazaine se trouvait encore entre Resonville et Doncourt, où Decaen et Canrobert devaient le rallier, quand tout à coup, sur les dix heures, le 3e corps prussien, débusquant par le défilé de Gorze et la vallée de l'Orne, se porta à sa rencontre aux environs de Tronville, et voulut lui couper sa ligne de retraite sur Verdun. A midi, toute la cavalerie ennemie arriva par Vionville pour dégager son 3e corps presque anéanti ; mais en chargeant de trop près nos colonnes, elle se fit ramener et laissa sur le terrain le tiers de ses divisions. Vers une heure, nos 3e et 6e corps se rangèrent en bataille, mais à tout moment les Prussiens recevaient des renforts considérables. Les 7e, 8e, 9e et 10e corps de leur première armée s'avancèrent par Nomeny, et s'abattirent à droite et à gauche sur notre front d'attaque. La nuit seule mit fin au carnage ; l'armée française conserva ses positions de Gravelotte à Saint-Marcel, et les Prussiens furent repoussés vers Bruville et dans les bois qui s'étendent au delà de Mars-la-Tour.

Des deux côtés, l'on se battit avec un égal acharnement, et l'on s'attribua la victoire, mais, par le fait, l'armée prussienne y perdit le tiers de son effectif. — Bazaine la battit à plates coutures, et paya si bien de sa personne qu'il manqua d'être pris avec tout son état-major. Du reste, le maréchal n'obtint d'autre résultat que de hâter le départ de Badinguet, qui s'esquiva au galop avec une division de chasseurs d'Afrique et quelques autres troupes, pendant qu'on hachait le 3ᵉ corps et la cavalerie du prince Frédéric-Charles.

L'avantage de l'ennemi était d'occuper la position de Flavigny, qui commandait la route la plus courte et la plus directe de Metz à Verdun ; mais Bazaine restait maître de celle d'Étain et de Briey, par où il pouvait se retirer sur la Champagne ou sur Mézières.

Bazaine, s'il avait eu le moindre souci du salut de son armée, pouvait reprendre sa marche sur Verdun, dans la nuit du 16 au 17 août, bien qu'à vrai dire tous les corps fussent harassés d'avoir combattu en proie aux tortures de la soif et de la faim. Les troupes prussiennes n'étaient pas moins éprouvées que celles du maréchal sous le rapport des pertes et des privations de la journée ; il leur était absolument impossible à elles-mêmes de recommencer l'attaque contre nous, car elles avaient épuisé toutes leurs munitions. Bon gré mal gré, l'ennemi était donc forcé de se tenir en expectative sur les hauteurs qui dominent Mars-la-Tour, et quoiqu'il eût envoyé des forces pour occuper la position de Frênes, en avant de Verdun, on eût pu atteindre cette ville pendant qu'il opérait son ravitaillement.

Toujours est-il que le maréchal Bazaine passa toute la journée du 17 à rédiger son rapport et à faire la situation de son armée.

Le manque d'eau à Gravelotte et aux environs était d'ailleurs une excellente raison pour continuer sa marche en avant ; mais le maréchal prétendit qu'il se trouvait dans l'obligation d'aligner les vivres, d'évacuer ses blessés sur Metz, et de s'établir de Rosinvilles à Saint-Privat, où les puits n'étaient pas rares, afin de remplacer les munitions consommées.

Encore faut-il savoir qu'à Gravelotte l'artillerie de plusieurs divisions dut rester spectatrice de la bataille, faute de gargousses de 4, que le directeur de l'arsenal ne voulait délivrer que sur un reçu du maréchal Bazaine. Voilà ce qui s'appelle comprendre le service.

Ainsi donc, le commandant en chef de l'armée du Rhin, avec tous ses faux-fuyants, n'essaya même pas de continuer sa retraite par Conflans, attendu que cette route était trop rapprochée des lignes d'opérations de l'armée prussienne. Il en advint que le roi Guillaume rappela à lui dans la journée du 17 août toutes les troupes qui n'avaient pas pris part à l'action, et leur concentration se fit au pas accéléré.

Dès lors, Bazaine put redouter une nouvelle attaque, que ses lenteurs et ses mauvaises dispositions rendaient inévitable. Mais, de deux choses l'une : puisque la voie de Mars-la-Tour lui était interdite, et que la crainte d'un mouvement convergent de l'ennemi l'empêchait d'entreprendre une marche de flanc par Étain, le maréchal n'avait qu'à prendre la route de Longuyon ou celle de Thionville, qui lui restaient ouvertes.

Il n'y avait plus à hésiter, car sur les huit corps que le roi de Prusse rassemblait, trois étaient encore intacts, et Guillaume allait se trouver à la tête de 240,000 hommes, sans compter la cavalerie. Par contre, il ne restait plus à Bazaine que 140,000 combattants sur les 175,000 rationnaires qu'il avait la veille de la bataille de Borny. En deux jours, du 14 au 16 août, ses pertes se montaient à 20,500 hommes, dont plus de 1,000 officiers ; il en avait laissé 10,000 en garnison à Metz, et l'escorte de Badinguet devait être portée en déduction. Tout en faisant ce calcul, le maréchal n'était pas sans remarquer que les forces ennemies ne cessaient de s'accroître, tandis que les siennes diminuaient sensiblement, et que la tactique de ses adversaires consistait à l'empêcher de se rallier à la deuxième armée en formation à Châlons, à l'isoler des renforts qu'on pouvait lui envoyer, et à le rejeter, coûte que coûte, dans la place de Metz jusqu'à ce que la famine le réduisît à capituler.

Il est inconcevable que, dans une pareille situation, le maréchal ait préféré ramener son armée sous Metz pour lui faire prendre quelque repos et la ravitailler, que de reculer vers le nord. En possession de cette zone, appuyé sur ses places fortes, et disposant des voies ferrées qui la sillonnent, Bazaine pouvait, du moins, tenir la campagne, masquer ses mouvements effectifs et menacer constamment la base d'opération des Prussiens. Ses troupes, qui avaient manifesté quelque léger mécontentement au moment de la concentration, ne demandaient plus qu'à combattre l'ennemi, et tout prouve qu'avec 140,000 soldats d'élite, habilement dirigés et renforcés par des réserves, un chef capable eût été invincible. Malheureusement, le maréchal Bazaine avait été surfait : il était inhabile à diriger une armée aussi considérable que celle qu'il avait sous ses ordres, et il ne se sentait ni assez entreprenant, ni assez inspiré par le patriotisme pour soutenir avec éclat l'honneur de nos armes.

C'est en vain que le maréchal prétend donner le change sur sa conduite en insinuant que le manque de munitions l'avais mis dans l'impossibité de s'éloigner de Metz. Ce subterfuge ne peut lui servir, car il résulte du témoignage de Changarnier que Bazaine était encore suffisamment approvisionné pour livrer deux ou trois batailles après celle de Gravelotte.

Dans cette journée, la plus sanglante peut-être de notre époque, Bazaine n'eut d'autre but que de se débarrasser de l'empereur, qui devenait incommode; il avait réussit à lui ouvrir la route de Metz à Verdun, cela lui suffisait.

Le 18 août, l'armée allemande, renforcée d'une nombreuse artillerie et de masses considérables d'infanterie, recommença l'attaque sur les lignes d'Armanvilliers. — Sauf le 1er corps de la 1re armée, qui était resté devant Metz et le 4e en marche sur Toul, le roi Guillaume avait concentré autour de lui toute sa garde, qu'il plaça à son aile droite avec le 12e corps; son centre, formé des 3e et 10e corps, cruellement décimés les jours précédents, ne devait donner, suivant la coutume prussienne, qu'à la fin de l'action pour décider le gain de la bataille. Mais entre temps la réserve, abritée sous les bois d'Ancy et des Ognons, commença à canonner les Français, qui répondirent vivement. Pendant ce combat d'artillerie, l'aile gauche de l'ennemi, composée des 7e, 8e et 9e corps, opérait une conversion par Mars-la-Tour pour tourner la droite de Bazaine et l'envelopper. Ce mouvement, qui s'effectua sur une vaste étendue de terrain, réussit d'autant mieux que le maréchal ne le contraria nullement; pourtant, nos troupes ne se laissaient aborder nulle part sans résister à outrance. — La garde royale, qui avait voulu attaquer du côté de Saint-Privat, éprouva des pertes énormes ; les 7e, 8e et 9e corps se virent arrêtés par les *manœuvres obstacles* et les *feux couchés*. Le succès resta incertain jusqu'au soir; mais vers 7 heures, les 3e et 12e corps qui n'avaient pas donné et le 13e corps entraient en ligne presque en même temps que le 2e corps arrivant de Forbach. Ces divers corps survenant à propos ranimèrent le courage chancelant de l'ennemi qui s'acharna sur le corps de Canrobert, encore incomplet, et le rejeta sur Jaumont. — La division de grenadiers de la garde impériale, en réserve, n'ayant pu arriver à temps pour secourir le 6e corps en proie à une panique causée par le manque de munitions, notre droite fut débordée et le village de Saint-Privat enlevé par la réserve prussienne.

Le résultat de la bataille était complétement négatif pour les belligérants, mais il ne resta pas moins de 40,000 tués ou blessés sur le terrain. Observons toutefois que dans cette journée l'armée française, sans se laisser entamer, ni perdre un canon, lutta contre des forces triples et une artillerie supérieure, — et que Bazaine qui se tenait sur le plateau de Plappeville, laissa ses chefs de corps livrés à eux-mêmes, sans ordres et sans direction, contenir l'ennemi qui tentait de nous tourner par Woippy et Saint-Ruffin pour nous couper de Metz.

En somme l'affaire de Saint-Privat affaiblit encore notre armée de 12,800 hommes dont 600 officiers, mais elle coûta 27,000 hommes à l'ennemi.

Dans la nuit du 18 au 19 août notre armée retirée sous les forts de Metz n'avait plus que 128,000 combattants pour reprendre l'offensive. De son côté, l'armée allemande, après une série d'actions meurtrières, avait eu 80,000 hommes hors de combat; mais afin de cerner Bazaine, le roi de Prusse fit détruire les ponts de l'Orne, affluent de la Moselle, en même temps que la voie ferrée de Thionville. Puis de ses deux armées réunies il reforma la 3ᵉ armée, qui sous les ordres du prince de Saxe allait agir parallèlement avec celle du prince royal de Prusse désignée pour marcher sur Paris, pendant que Frédéric-Charles resserrait l'armée française autour de Metz avec 250,000 hommes.

Mais changeons d'objectif.

CHAPITRE XXV.

OPÉRATIONS DE BAZAINE ET DE MAC-MAHON.

SOMMAIRE. — L'auguste fuyard. — Badinguet et Plonplon. — Plan de Palikao. — Épître de Nini. — Télégrammes. — Mac-Mahon en marche sur Sedan. — Fausses sorties de Bazaine. — Défaite de l'armée de Châlons.

Badinguet, qui n'avait cédé son commandement à Bazaine que pour retirer la régence à Nini et lui reprendre son pouvoir, impuissant devant le mouvement révolutionnaire, ne prévoyait pas que l'armée serait retardée dans sa marche par l'*incident* de Gravelotte. — Du reste, on a dit quelque part : — « Personne ne doutait à Gravelotte de la facilité d'atteindre le lendemain Verdun; on n'imaginait pas que, le 14 et le 16 août, Bazaine avait eu à combattre toute l'armée prussienne. »

Aveu naïf, et que nous signalons à la postérité.

Parti le 16 au matin avec sa progéniture, Badinguet atteignit Verdun en passant à Étain et à Conflans sans rencontrer le moindre obstacle, il avait même pris le temps de faire un excellent repas sur sa route.

Une fois en sûreté, Badinguet se figura que Bazaine avait repoussé les Prussiens à Rézonville et que d'un moment à l'autre on allait lui signaler l'approche du maréchal ; mais ses coureurs détachés en avant de Verdun ne purent recueillir aucun indice sur la direction prise par l'armée de Metz.

A son tour, l'auguste fuyard devint de plus en plus perplexe ; il écrivait le 17 août au maire d'Étain pour lui demander des nouvelles de Bazaine et n'obtenait rien de positif. — Il ignorait que Guillaume, dont les combinaisons ne reposaient que sur ses forces numériques, s'apprêtait à reprendre la lutte et qu'ayant estimé à leur juste valeur les talents du commandant en chef de l'armée du Rhin, il avait résolu de le rejeter tout à fait sur Metz et de l'y enfermer.

De Verdun, Badinguet se rendit aussitôt au camp de Châlons, où l'indiscipline et le désordre étaient inexprimables. Là, il trouva le maréchal Mac-Mahon en train de constituer la 2e armée avec l'assistance de Trochu, qui, par décision du ministre de la guerre, avait remplacé Canrobert dans le commandement des troupes réunies au Mourmelon.

On tint conseil, et comme Badinguet ne savait tirer aucun parti des forces qui pouvaient rétablir l'équilibre en égalisant les chances de la lutte, il fut décidé qu'on renoncerait au projet de diversion sur le littoral prussien, à cause de la lenteur apportée à l'armement des escadres qui rendait inutiles les opérations navales, et d'un commun accord l'on décida de renvoyer dans leurs ports respectifs des vaisseaux dont la présence seule retenait en Allemagne les 100,000 hommes de Falkenstein. On dédaigna même de discuter sur l'opportunité qu'il y aurait à composer une 3ᵉ armée avec la garde mobile, les francs-tireurs, et les volontaires qui se levaient pour défendre la patrie envahie. Badinguet craignait, disait-il, le contact de ces dangereux éléments, qui ne rendraient que de faibles services, et introduiraient la désorganisation parmi les troupes. D'ailleurs, où trouver des guerrilleros capables de tenir la campagne avec des corps de partisans, lorsque l'empire, cet idéal du militarisme, ne possédait pas un homme de guerre capable de faire mouvoir une armée régulière de 40,000 hommes ?

Nini l'*Espagnole* se défiait aussi des irréguliers : — « Nous ne comptons pas sur ces mauvais bataillons ! » disait-elle aux diplomates étrangers qui lui rendaient visite à Saint-Cloud pendant que son époux commandait à Metz.

Et pourtant ces *mauvais bataillons*, mal instruits, mal armés, mal équipés et surtout mal dirigés, allaient faire aux Prussiens une guerre de tirailleurs qui, mieux conduite, eût peut-être sauvé la France.

En s'évadant de Metz Badinguet avait emmené Plonplon, pour qui une fuite n'avait rien d'extraordinaire. — « Cher cousin, lui dit-il un jour, ça va mal ! très mal ! Mon idée est que l'armée se retire sur Paris. Nous livrerons probablement une bataille sous les murs de la capitale, elle sera décisive. Nous écraserons les Prussiens ; mais comme tu ne me sers à rien pour l'instant, va-t'en à Florence, porte cette lettre à ton beau-père, qu'il vienne à nous avec 100,000 soldats et qu'il tâche de pousser l'Autriche à déclarer la guerre à l'Allemagne. » —En même temps, dans une dépêche adressée au *Galantuomo*, Badinguet le priait de diriger 50,000 hommes par le Mont-Cenis sur Belfort, afin de prendre en flanc les envahisseurs et de déboucher par les Alpes avec un autre corps d'armée italien qui menacerait la Bavière, si toutefois le cabinet de Vienne voulait favoriser ce mouvement.

Plonplon partit donc de Châlons pour remplir cette mission, mais après avoir médité longuement sur les difficultés de sa négociation, ce qui lui fit perdre un temps précieux.

Avant de congédier son cousin, Badinguet avait adressé une dépêche à son cher Pietri pour lui donner des détails sur le combat de Gravelotte ; mais n'obtenant point de renseignements précis sur la direction prise par Bazaine, qu'il croyait dégagé au prix d'héroïques efforts, son anxiété redoubla. — L'inquiétude, les souffrances physiques et morales l'accablaient à tel point qu'il résolut de prévenir l'impératrice de son retour prochain aux Tuileries.

L'Espagnole était en train de présider le conseil des ministres lorsqu'on lui apporta cette nouvelle.

« Démonio ! s'écria-t-elle. Il avait cependant juré qu'il ne reviendrait que mort ou vainqueur ! »

Après avoir pimenté ses exclamations d'adjectifs familiers aux maritornes de Castille, Nini adressa à Badinguet le message que voici :

« Avez-vous réfléchi à toutes les conséquences de votre rentrée à Paris sous le coup de deux revers ! Pour moi, je n'ose prendre la responsabilité d'un conseil. — Si vous vous y décidez, il faudrait au moins que la mesure fût présentée au pays comme provisoire. L'empereur revenant à Paris réorganiser la 2ᵉ armée et confiant provisoirement le commandement en chef de l'armée du Rhin à Bazaine. »

Cet heureux choix était fait quand Badinguet, prêt à quitter Châlons pour accourir à Paris, reçut cette verte réponse qui lui fit ajourner encore sa résolution.

Du 19 au 20 août, il y eut devant Metz divers engagements d'avant-postes, mais l'ennemi se hâtant de nous fermer toutes les issues, les communications allaient devenir difficiles, et plus tard impossibles.

A l'en croire, Bazaine n'aurait jamais pu trouver d'hommes assez dévoués pour lui servir de messagers pendant le blocus ; cependant il est à notre connaissance qu'un brasseur de Metz, qui s'était chargé de remettre ses dépêches au quartier général impérial, a été fusillé par les Prussiens pour avoir tenté de traverser leurs lignes, et qu'un autre envoyé du maréchal parvint à gagner Châlons, où il apprit à Badinguet que Bazaine ne faisait aucun progrès, que ne pouvant percer par Verdun, il allait opérer sa retraite sur Montmédy et se rabattre ensuite sur le Mourmelon par Sedan et Mézières.

A Paris, comme partout ailleurs, régnait un indescriptible gâchis ; les masses s'agitaient en apprenant coup sur coup que les Prussiens marchaient sur la capitale, que Strasbourg allait être assiégé, que les provinces de l'est subissaient les horreurs de la plus épouvantable invasion et que le roi Guillaume voulait tâter la place de Metz.

Au ministère de la guerre le désordre croissait; il y avait confusion dans les bureaux, et ce fut à grand'peine que Palikao, qui venait de remplacer le général

Dejean, put régulariser le mouvement des troupes. De son côté le conseil privé, sachant dans quelle situation critique se trouvait Bazaine, décidait qu'il fallait à tout prix le délivrer.

Le 21 août, Palikao envoyait un de ses aides de camp à l'empereur, pour lui remettre la dépêche suivante :

« Il y a deux partis à prendre : ou dégager Bazaine, dont la position est des plus critiques, en se portant en toute hâte sur Montmédy; ou marcher contre le prince de Prusse, dont l'armée est nombreuse et qui a mission d'entrer dans Paris, où il serait proclamé empereur d'Allemagne. Dans ce dernier cas, je puis envoyer le 13e corps d'armée général Vinoy, 27,000 hommes, occuper la Ferté-sous-Jouarre, où il serait le pivot d'un mouvement tournant de l'armée de Mac-Mahon, qui marcherait vigoureusement sur le flanc de l'armée prussienne, soit qu'elle prenne la route de Vitry, Champaubert et Montmirail, soit qu'elle se dirige par Vassy, Montiérender et Brienne. »

Après les fautes irréparables de Lebœuf et de l'empereur, le général Palikao s'était mis en tête d'arrêter le mouvement du prince royal de Prusse, pensant que celui-ci allait suivre la route prise par les alliés en 1814 pour venir sur Paris; mais l'ennemi continuant à descendre vers la capitale par la vallée de la Marne, le ministre de la guerre dut renoncer à sa manœuvre convergente du côté de Château-Thierry.

S'inspirant des nombreux exemples que d'habiles stratégistes ont donnés dans les précédentes campagnes et reconnaissant les causes de nos premiers revers, le général Palikao voulut opposer à l'ennemi des masses compactes, et, dans ce but, il traça le plan de jonction des armées de Châlons et de Metz. — Donc pour les réunir toutes deux sur un même point et reprendre l'offensive, il fallait d'abord dégager Bazaine. L'opération était simple et facile, mais pour l'exécuter, il fallait avoir l'audace de Dumouriez lorsqu'en 1792 il effectua sa retraite de Sedan sur l'Argonne après avoir trompé les Prussiens et devancé les Autrichiens qui, de Stenay, pouvaient lui fermer les défilés du Chêne-Populeux.

C'était l'inversion de ce plan qui avait sauvé la France à Valmy que Palikao subordonnait à la réunion des armées de Metz et de Châlons. Pour l'opérer, il divisait en trois colonnes les troupes campées au Mourmelon et marquait ainsi leurs étapes :

L'aile droite, 1er et 2e corps, commandés par les généraux Ducrot et Lebrun, devait se porter de Suippes à Verdun, — l'aile gauche, 5e corps, général de Failly, partant de Betheinville, avait le même objectif, — le centre, 7e corps, général F. Douay, allant par Le Grand-Saint-Hilaire, marchait également sur Verdun ou Charny.

La colonne de droite pouvait se rendre à sa destination en passant par Grandpré, nœud des défilés qui couvraient sa marche sur Verdun par Clermont ; puis de Varennes elle débouchait dans la vallée de la Meuse, en vue de Charny. La distance à parcourir était de soixante-quatorze kilomètres, — la colonne du centre avait quatre-vingt-quatre kilomètres à franchir en cinq jours de marche sur une route accidentée, — la colonne de gauche, traversant un terrain plus facile, devait mettre aussi cinq jours pour faire de cent trois à cent quatre kilomètres.

Les quatre corps de l'armée de Châlons, partant du Mourmelon le 21 août, avaient ordre d'arriver le 25 aux environs de Verdun où, d'après les calculs de Palikao, le maréchal Mac-Mahon livrerait le 26 une bataille que l'ennemi perdrait infailliblement.

A cet avis du ministre de la guerre Mac-Mahon opposa des raisons péremptoires. Résumant la situation et ses périls, le maréchal représenta à Palikao qu'il y avait quelque différence entre les armées prussiennes et celles du Céleste Empire, qu'il avait battues devant Pékin. — En effet, les troupes de Guillaume, aussi nombreuses qu'aguerries, occupaient tout le pays de la frontière belge à Bar-le-Duc, elles s'étendaient à l'est et au sud sur les deux lignes d'un triangle dont notre 2ᵉ armée avait à parcourir la base pour débloquer Metz. Pendant cette opération, il fallait s'attendre à être attaqué d'un côté par les 100,000 hommes du prince de Saxe, et de l'autre par les 150,000 du prince de Prusse.

En présence d'armées aussi supérieures à la sienne, Mac-Mahon annonçait à Palikao qu'au lieu de s'exposer par une marche de flanc aussi périlleuse, avec des troupes encore imparfaitement organisées, il allait se porter sur Soissons ou sur Paris. « C'est seulement sous les murs de la capitale, disait le maréchal, que mon armée reposée et reconstituée pourra offrir à l'ennemi une résistance sérieuse. »

Après avoir expédié cette dépêche du maréchal, l'empereur, qui n'en faisait jamais qu'à sa tête, donna l'ordre de lever le camp de Châlons et de brûler tous les approvisionnements qu'on ne pouvait transporter à Reims, où, le 22 août, Mac-Mahon reportait son quartier général.

Etabli en arrière de cette ville, le commandant en chef de la 2ᵉ armée observait les mouvements du prince de Prusse qui, arrivé à Chaumont, ne savait s'il devait continuer sa marche sur Paris ou attendre le prince de Saxe pour livrer bataille aux Français dans les plaines de Châlons. Le voyant hésiter, Palikao se figura sans doute que NOTRE FRITZ n'était guère plus redoutable que le Chinois San-Koli-Kin et supplia Badinguet de ne pas abandonner Bazaine, trop empêché pour faire sa jonction avec Mac-Mahon, tandis que celui-ci, avec 123,000 hommes, pouvait faire une rapide diversion sur les Allemands, déjà épuisés par plusieurs combats.

Évidemment le ministre de la guerre ne se rendait pas compte du découragement qu'avait produit sur les troupes du camp de Châlons l'arrivée des 1ᵉʳ et 5ᵉ corps après la défaite de Wœrth. Ces soldats si héroïques ne parlaient à leurs camarades que de l'écrasante supériorité numérique de l'ennemi, des effets foudroyants de son artillerie, de leur retraite précipitée à travers les Vosges, et des privations qu'ils avaient endurées. Le maréchal Mac-Mahon s'était bien aperçu que tous ces racontars démoralisaient son armée; mais il ne doutait pas que le repos ne raffermît promptement ses intrépides régiments. Aussi, avant de les ramener au feu, jugeait-il prudent de leur faire oublier les fatigues et les impressions fâcheuses qu'ils avaient rapportées du champ de bataille.

A ses observations mal comprises, on répondit au maréchal que, d'accord avec l'impératrice, le conseil des ministres et le conseil privé regardaient comme indispensable la délivrance de Bazaine et que le retour de l'empereur à Paris et l'inaction de la 2ᵉ armée seraient du plus déplorable effet, ce qui était vrai.

Lors des dernières conférences tenues à Châlons, et sur la proposition de Plonplon, le général Trochu avait été nommé commandant de la place de Paris, malgré le peu de confiance que son caractère inspirait à Badingue. — Le général avec la garde mobile allait occuper le camp de Saint-Maur. Le maréchal Mac-Mahon se disposait à le rejoindre avec les 1ᵉʳ, 5ᵉ, 7ᵉ et 12ᵉ corps afin de couvrir la capitale, quand une dépêche de Bazaine lui annonça que l'ennemi grossissait à vue d'œil autour de Metz, mais qu'il comptait toujours opérer son mouvement rétrograde sur Montmédy.

Le maréchal Mac-Mahon accusa réception de la dépêche en ces termes :

« Si, comme je le crois, vous êtes forcé de battre en retraite très-prochainement, je ne sais, à la distance où je me trouve, comment vous venir en aide sans découvrir Paris.

» Si vous en jugez autrement, faites le moi savoir. »

Pendant ce temps, le conseil de régence transmettait à l'empereur les observations de Palikao, et se déclarait l'interprète de l'opinion publique en persistant à soutenir : — Qu'il était beaucoup plus opportun de délivrer Bazaine que de se replier sur Paris, d'ailleurs en parfait état de défense, bien approvisionné et pourvu d'une nombreuse artillerie.

Mac-Mahon alors se sacrifia, et Badinguet, qui espérait recouvrer son prestige en accompagnant la 2ᵉ armée, fit parvenir ce télégramme au ministre de la guerre :

« Reçu votre dépêche. Nous partons demain pour Montmédy. — Pour tromper l'ennemi faites mettre dans le journal que nous partons avec 150,000 hommes. »

Le 23 août, le maréchal Mac-Mahon se mit en route avec vingt-six régiments de marche, une division d'infanterie de marine, le corps du général Félix Douay, les troupes du camp de Lannemezan, deux divisions du général de Failly et environ 6,000 zouaves et turcos.

Du 1ᵉʳ corps fort de 35,000 hommes, qui avait combattu à Frœschwiller, il restait à peine 18,000 hommes qu'on reversa dans *la marche*. Ainsi l'armée du maréchal Mac-Mahon, non compris le 13ᵉ corps Vinoy prêt à le rallier, s'élevait à 123,500 hommes dont 8,100 cavaliers.

L'empereur qui, dit-on, ne commandait plus envoya cet express au ministre de la guerre :

« Courcelles, 23 août 1870, 8 heures 15 minutes.

» Il est bien essentiel de diriger sur Reims, qui doit être diversion, tête de ligne de chemin de fer, une force assez respectable pour que les coureurs ennemis ne viennent pas interrompre nos communications. »

Le même jour, Mac-Mahon écrivit ce billet à Bazaine :

« Suis à Reims ; me porte dans la direction de Montmédy. Serai après-demain sur l'Aisne, d'où j'agirai selon les circonstances pour vous venir en aide. »

Badinguet expédiait quatre lignes dans le même

sens au chef de l'armée du Rhin, et pour tromper le prince de Prusse, Palikao faisait tomber cette dépêche entre ses mains :

« *Le ministre de la guerre au maréchal Mac-Mahon.*

« Retirez-vous sur Paris par Reims et Soissons. »

Le 24 août, après avoir dépassé Suippes et Bertheville où la difficulté des approvisionnements l'obligea à se rapprocher de la voie ferrée, le maréchal Mac-Mahon porta son quartier général à Rethel, et adressa ce télégramme à Palikao :

« Je crains de rencontrer encore dans les Ardennes de grandes difficultés, qui seront insurmontables si nous ne parvenons à joindre Bazaine. Je demande donc qu'il soit dirigé sur Mézières des convois considérables de biscuit, soit près de dix millions de rations. »

La fausse dépêche de Palikao, saisie par le prince royal de Prusse, confirmait celui-ci dans la pensée que Mac-Mahon se repliait réellement sur la capitale. Le 26, l'ennemi était encore à Vitry-le-Français quand il apprit que la colonne des généraux Ducrot et Lebrun remontait sur Verdun. Reconnaissant son erreur, le prince Fritz fit aussitôt diligence pour se porter à la rencontre de notre droite. Mais pour l'atteindre, il lui fallait faire un trajet de vingt-cinq lieues à travers les collines qui longent la Meuse, et, pendant ce temps, Ducrot et Lebrun pouvaient rallier le corps de F. Douay à Livry-la-Perche.

L'aile droite et le centre réunis présentaient un effectif de 115,000 combattants au débouché des Ilettes, sur la vallée de la Meuse, par Clermont, et pouvaient y attendre le 5ᵉ corps, qui formait l'aile gauche. Du reste, le plus grand écart entre les deux colonnes était de vingt-quatre kilomètres pendant la marche. Le général Palikao comptait donc sur la promptitude de Mac-Mahon qui, après avoir laissé en route quelques milliers de traînards, arriverait avec plus de 100,000 hommes vers Briey et forcerait le prince de Saxe à accepter la bataille avec ses 70 à 80 mille Allemands. Cependant il fallait prévoir que l'armée prussienne devant Metz tenterait de venir appuyer les Saxons; mais, dans cette conjecture, Bazaine sortait de ses lignes et la jonction s'opérait.

On remarquera que le prince royal de Prusse ne pouvait même, en se hâtant, joindre le prince de Saxe avant le 28 et le 29 août; car ce dernier ayant éprouvé un échec le 25 en attaquant Verdun, défendu par la garde nationale, s'était retiré au delà de la Meuse, dont les passages se trouvaient libres de cette ville à Charny sur une étendue de six kilomètres. Ainsi donc l'armée prussienne sous Metz et celle des Saxons se trouvaient exposées à subir une défaite. C'était ainsi que les choses devaient se passer suivant le général Palikao; mais Mac-Mahon pensait réussir autrement en tournant les Saxons par les défilés du Nord. Ceux-ci, en effet, se crurent un moment pris à dos.

Toujours est-il que de Rethel, Mac-Mahon s'arrêta à Tourteron, là il apprit que Verdun venait d'être attaqué et bombardé pendant plusieurs heures, mais que la garde nationale et la garnison avaient repoussé l'ennemi. En même temps, on lui apportait la nouvelle que le prince de Saxe et le prince de Prusse, qui devaient opérer leur jonction à Châlons pour l'attaquer ensemble, avaient suspendu leur mouvement sur Paris et remontaient vers le nord.

La marche de Mac-Mahon s'effectuait lentement, car il y avait de grandes difficultés à traverser l'Argonne et les Ardennes en traînant après soi d'immenses convois de vivres et de munitions de guerre. La moindre n'était pas de masquer l'opération, il fallait se garder, organiser des reconnaissances, s'éclairer pour éviter les surprises, etc.

Le 25 août, Bazaine, ayant reçu une correspondance secrète de Badinguet, sembla céder au vœu général en préparant une sortie. — Le lendemain 26, la garde impériale et les 4e et 6e corps s'avancèrent dans la direction de Sainte-Marie-aux-Chênes pour forcer le passage en longeant la droite de la Moselle. Arrivée au plateau de Saint-Julien par un temps affreux, l'armée comptait bien aborder les Prussiens qui se rangeaient en bataille en vue de la ferme de Grammont; mais l'ouragan contraria, paraît-il, les projets de Bazaine à tel point qu'il donna contre-ordre au moment de l'attaque. Les cinq corps d'armée retournent donc à leurs campements après avoir inutilement opéré des manœuvres pénibles. Et pourtant, jamais l'occasion de faire une trouée n'avait été plus belle.

On commençait à murmurer contre les lenteurs de Bazaine, mais comme on lui supposait l'intention de franchir les retranchements ennemis dès que le moment lui semblerait propice, on prit patience.

Le ministre de la guerre, instruit par un télégramme de Verdun que Bazaine occupait la ligne d'Armanvilliers à Sutty, en donna avis à l'empereur, mais divers renseignements fournis à Mac-Mahon le convainquirent que les dernières démonstrations de Bazaine n'avaient produit aucun résultat satisfaisant et que les armées du prince de Saxe et du prince de Prusse se dirigeaient sur lui.

Des partis ennemis se montrant déjà sur la route, il sentit le péril, et dépêcha ce courrier :

« *Maréchal Mac-Mahon au commandant supérieur de Sedan.*

» Le Chesne, 27 août 1870, 3 h. 30 m. du soir.

» Je vous prie d'employer tous les moyens pour faire parvenir au maréchal Bazaine la dépêche suivante :

« *Le maréchal Mac-Mahon, au Chesne, au maréchal Bazaine.*

» Maréchal Mac-Mahon prévient le maréchal Bazaine que l'arrivée du prince royal à Châlons, le force à opérer le 29 sa retraite sur Mézières, et de là à l'ouest s'il n'apprend que le mouvement de retraite du maréchal Bazaine soit commencé. »

Le même jour, à la même heure, Mac-Mahon télégraphiait à Paris :

« *Maréchal Mac-Mahon à Guerre.* — *Paris.*

» Le Chesne, 27 août 1870, 3 h. 25 m. du soir.

» Les 1re et 2me armées, plus 200,000 hommes, bloquent Metz, principalement sur la rive gauche ; une force évaluée 50,000 hommes serait établie sur la rive droite de la Meuse pour gêner ma marche sur Metz. Des renseignements annoncent que l'armée du prince royal de Prusse se dirige sur les Ardennes avec 50,000 hommes ; elle serait déjà à Ardeuil. Je suis au Chesne avec un peu plus de 100,000 hommes. Depuis le 19, je n'ai aucune nouvelle de Bazaine ; si je me porte à sa rencontre, je serai attaqué, de front, par une partie des 1re et 2e armées, qui, à la faveur des bois, peuvent dérober une force supérieure à la mienne ; en même temps par l'armée du prince royal de Prusse me coupant toute ligne de retraite. Je me rapproche demain de Mézières, d'où je continuerai ma retraite, selon les événements, vers l'ouest. »

Deux heures après avoir reçu ce télégramme, le général Palikao adressait celui-ci à l'empereur :

« *Guerre à Empereur. — Quartier impérial.*

» Paris, 27 août 1870, 1 h. du soir.

» Si vous abandonnez Bazaine, la révolution est dans Paris, et vous serez attaqué vous-même par toutes les forces de l'ennemi. Contre le dehors, Paris se gardera. Les fortifications sont terminées. Il me paraît urgent que vous puissiez parvenir rapidement jusqu'à Bazaine. Ce n'est pas le prince royal qui est à Châlons, mais un des princes, frère du roi de Prusse, avec une avant-garde et des forces considérables de cavalerie. Je vous ai télégraphié ce matin deux renseignements qui indiquent que le prince royal de Prusse, sentant le danger auquel votre marche tournante expose et son armée et l'armée qui bloque Bazaine, aurait changé de direction et marcherait vers le nord. Vous avez au moins trente-six heures d'avance sur lui, peut-être quarante-huit heures. Vous n'avez devant vous qu'une partie des forces qui bloquent Metz, et qui, vous voyant vous retirer de Châlons à Reims, s'étaient étendues vers l'Argonne. Votre mouvement sur Reims les avait trompées, comme le prince royal de Prusse. Ici tout le monde a senti la nécessité de dégager Bazaine, et l'anxiété avec laquelle on vous suit est extrême. »

Le lendemain, Palikao redoublait d'instances auprès de Mac-Mahon, à qui parvenait ce nouveau télégramme :

« *Guerre à Mac-Mahon. — Au quartier général.*
  (*Urgent, faites suivre.*)

» Paris, 28 août 1870, 1 h. 3 m. du soir.

» Au nom du conseil des ministres et du conseil privé, je vous demande de porter secours à Bazaine, en profitant des trente heures d'avance que vous avez sur le prince royal de Prusse. Je fais porter corps Vinoy sur Reims. »

Le ministre, en envoyant cet ordre, ignorait que les armées du prince de Saxe et du prince royal de Prusse étaient déjà réunies, et qu'à ce moment, les avant-gardes en venaient aux mains avec nos 5ᵉ et 7ᵉ corps. Aussitôt, Mac-Mahon fit un mouvement sur le nord pour préserver son armée d'une catastrophe inévitable. Mais pendant la nuit un ordre formel de Paris lui enjoignit de reprendre la direction de Metz.

On conçoit l'anxiété de Mac-Mahon, lorsque, arrivé à Stonne, il ne put recueillir d'indices certains sur la sortie que Bazaine devait effectuer. Et pourtant celui-ci, sachant que l'armée de Châlons manœuvrait pour délivrer la sienne ou protéger sa retraite vers le nord, ne pouvait se dispenser de faire un effort suprême pour forcer la ligne d'investissement. Ses fausses sorties donnaient lieu de supposer qu'au lieu d'opérer sa jonction avec la 2ᵉ armée, le maréchal Bazaine voulait se maintenir à Metz, en dépit des avis contraires.

Suivait-il en cela sa propre volonté ou obéissait-il à certaines influences? Là est la question.

Quoi qu'il en soit, on ne peut se dissimuler que le plan du ministre de la guerre était plus que téméraire, et que de son cabinet il n'en voyait point les difficultés; mais si Mac-Mahon s'était conformé à ses instructions, s'il n'avait pas perdu son temps à raisonner la situation et mis six jours à parcourir vingt-cinq lieues, il distançait l'ennemi, arrivait avant lui à Stenay, et ralliait enfin Bazaine, qui n'osait probablement risquer seul une action décisive pour rompre le blocus.

De cette façon, le but de Palikao eût été atteint. — C'était d'ailleurs le devoir de Mac-Mahon, car en acceptant le commandement en chef de l'armée de Châlons, et le plan qu'on lui imposait de Paris, le maréchal s'engageait par le billet suivant, écrit de son quartier général au ministre de la guerre:

« Veuillez dire au conseil des ministres qu'il peut compter sur moi, et que je ferai tout pour délivrer Bazaine. »

Ces lignes ne concordent pas du tout avec la lenteur de sa marche et ses hésitations; mais c'était le cas d'imiter Badinguet qui, dans le cours de son aventureuse carrière, a toujours cru à la fatalité. Cette faiblesse empruntée aux anciens a, paraît-il, sa raison d'être dans les revers.

Le maréchal Mac-Mahon prend d'ailleurs la responsabilité du désastre de Sedan assez stoïquement, et le général Palikao, sans trop d'acrimonie, lui reproche aujourd'hui d'avoir manqué l'occasion de sauver la France en méconnaissant ses ordres. Mais quelles que soient nos appréciations, nous ne croyons pas que l'ex-ministre de la guerre mérite le blâme que la commission d'enquête imprime dans son rapport :

« Imprévoyant dans ses préparatifs, impuissant dans l'organisation, le ministre de la guerre était, au commencement de septembre, sévèrement jugé par l'opinion. »

Ces conclusions sont dures, car enfin Palikao a déployé beaucoup d'activité du 10 août au 4 septembre ; c'est donc moins à son ministère de vingt-quatre jours qu'à ses combinaisons stratégiques qu'il faut s'en prendre du funeste résultat de la dernière campagne.

Quant au maréchal Mac-Mahon, dès son arrivée à Rethel, il ne se faisait plus d'illusions, et malgré toutes ses précautions pour cacher à l'ennemi le secret de ses opérations, il ne put déjouer la vigilance des princes de Saxe et de Prusse. Ceux-ci, avertis par leurs émissaires que les troupes du camp de Châlons effectuaient un mouvement tournant pour se rapprocher de Bazaine, rebroussèrent chemin, et par une marche de flanc vinrent tomber sur l'aile gauche de l'armée française pour la couper de son centre. Presqu'en même temps, les troupes bavaroises détachées de

Metz, conversaient en sens inverse pour contenir Bazaine, et envelopper la droite de Mac-Mahon.

Le 29 août, par suite des ralentissements apportés dans les mouvements de notre 2° armée, les divers corps, trop éloignés les uns des autres, ne purent se rallier à Stonne. Le 5° et le 7°, laissés sur la rive gauche de la Meuse, furent attaqués isolément à Beaumont et à Rémilly par l'armée du prince de Saxe, 4° et 12° corps et garde royale qui la veille avait fait sa jonction avec les 1er et 2° corps bavarois. Le général Douay résista vigoureusement aux Bavarois et franchit la rivière ; mais de Failly, surpris dans ses campements, perdit ses bagages, 5,000 hommes et 25 canons ou mitrailleuses. Ce dernier fait prouverait que le héros de Mentana n'avait pas oublié toute son artillerie à Châlons, ainsi qu'on l'a prétendu. Toujours est-il que s'il tira des batteries de remplacement du parc de réserve, de Failly les laissa aux Saxons, qui le rejetèrent au delà du pont de Mouzon.

Le maréchal, qui avait établi son quartier général à Raucourt, passa la Meuse avec les 1er et 12° corps, dans l'intention de gagner Sedan. Il reconnaissait l'impossibilité de secourir Bazaine et d'atteindre Montmédy, car l'ennemi le talonnait.

Badinguet était à Carignan avec le corps du général Ducrot lorsqu'on lui annonça la retraite de Mac-Mahon. A l'aspect de ses troupes en désordre, il sentit que le quart d'heure de Rabelais allait sonner et que tout était perdu pour lui, surtout l'honneur. C'est alors que César se rappelant le mot de Bilboquet écrivit au sieur Bure, son trésorier, de *sauver la caisse.* Mais Bure était un homme de précaution, qui connaissait son maître, et déjà il avait prévenu ses ordres. Le télégramme suivant en fait foi :

« Le 30 août, à 6 heures du soir.

» J'approuve la distribution des fonds que tu me proposes. Tu remettras le reste des fonds à Thélin.

» NAPOLÉON. »

En même temps qu'il songeait à mettre notre argent en lieu sûr, Badinguet racontait à Nini l'échec de Mouzon et l'en consolait par ces mots :

« Je suis resté assez longtemps à cheval.

» NAPOLÉON. »

Quel généreux effort !
La tournure que prenaient les choses rendit enfin Nini moins optimiste, mais madame Mère, enflammée d'une ardeur belliqueuse, exprima le désir de monter à cheval avec sa fille et de courir sus à l'ennemi. — Elle prétendait qu'un si bel exemple serait aussitôt suivi par les dames patriotes et que les Prussiens ne résisteraient pas à l'élan d'une immense armée d'amazones.

Nini refréna par ce billet la fantaisie de sa valeureuse mère : — « Gardez-vous bien de venir, lui dit-elle, vous ne pourriez que compromettre les affaires. »

Pour le coup, Nini montra de la sagesse et nous devons lui en tenir compte.

Cependant à Paris l'on n'avait encore que des nouvelles vagues de Bazaine et de Mac-Mahon ; l'anxiété de Palikao était extrême et se traduisait par ce télégramme aigrelet.

« *Guerre à maréchal Mac-Mahon. — Sedan.*

» Paris, le 31 août 1870, 9 h. 40 m. du matin.

» Je suis surpris du peu de renseignements que M. le maréchal Mac-Mahon donne au ministre de la guerre. Il est cependant de la plus haute importance que je sache ce qui se passe à l'armée, afin de pouvoir coordonner certains mouvements de troupes avec ce que peuvent faire MM. les commandants de corps d'armée. Votre dépêche de ce matin ne m'explique pas la cause de cette marche en arrière, qui va causer la plus vive émotion.

» Vous avez donc éprouvé un revers ? »

Réponse du maréchal Mac-Mahon :

« *Au ministre de la Guerre. — Paris.*

» Sedan, le 31 août 1870, 1 h. 15 m. matin.

» Mac-Mahon fait savoir au ministre de la guerre qu'il est forcé de se porter sur Sedan. »

Malgré tout ce que l'on en a dit, Badinguet, à coup sûr, exerçait encore un commandement supérieur, puisque en arrivant à Sedan il expédiait cet ordre au chef du 13ᵉ corps.

« *Au général Vinoy. — Mézières.*

» Sedan, le 31 août 1870, 10 h. 5 m. matin.

» J'ai vu votre aide de camp; les Prussiens s'avancent en force vers Carignan. Concentrez toutes vos troupes dans Mézières.

» NAPOLÉON. »

Le 31 août, jour doublement fatal pour nos armes, Bazaine se décida enfin à sortir de son inaction. Il avait revu l'émissaire, ou plutôt le soldat qui était allé à Châlons porter la nouvelle de la bataille du 18, et qui revenait avec cette dépêche de l'empereur :

« Reçu votre dépêche du 19 dernier. Me porte dans la direction de Montmédy; serai après-demain sur l'Aisne et j'agirai selon les circonstances pour vous venir en aide. »

L'envoyé ayant mis dix jours à accomplir sa mission, Bazaine devait supposer que la 2º armée se rapprochait de lui. Dans cette croyance, le maréchal rassembla toute l'armée en avant des forts Queulen et de Saint-Julien. Elle avait pour but d'enlever de vive force le plateau de Sainte-Barbe, puis, en cas de succès, les 3º, 4º et 6º corps devaient se porter sur Thionville par Rattelainville et Bedonge, en faisant filer la garde et le 2º corps par la route de Malroy.

Bazaine avait, dit-il, pris ces dispositions, parce que la rive droite offrait l'avantage de ne pas traverser l'Orne; puis, en prenant Sainte-Barbe pour objectif, on plaçait l'ennemi dans l'incertitude de savoir si l'armée de Metz se dirigerait vers l'est pour couper les communications, ou vers les forteresses du nord.

Cette opération réussit en partie, le combat s'engagea, le 31 dès le matin, du côté de Servigny et de Noisseville. Les Prussiens furent culbutés, on s'empara même d'un de leurs camps; mais le maréchal, qui n'avait qu'à faire diversion sur Armanvilliers, dégarnie de troupes ennemies envoyées à Sedan pour briser les lignes qui l'enveloppaient, ne poussa pas plus loin ses avantages. Redoutant un retour des Prussiens, Bazaine ordonna aux 2e, 3e, 4e et 6e corps d'évacuer Servigny pendant la nuit.

Le 1er septembre, l'action recommença sous un épais brouillard très-défavorable à nos troupes, et Lebœuf, qui avait pris le commandement du 3e corps à la place du général Decaen, tué à la tête de ses troupes, ne put se maintenir à Noisseville sous le feu intense de l'artillerie et de l'infanterie ennemies. La garde impériale et le 6e corps repassèrent à leur tour la rive gauche et reprirent leurs anciennes positions autour de Metz.

Dès lors, Bazaine se laissa enfermer dans la place, et tout le pays sur une circonférence de huit lieues se trouva ceint de redoutes prussiennes qui furent armées sans le moindre empêchement.

Pour se disculper de n'avoir fait que de fausses sorties au lieu de seconder Mac-Mahon en lançant ses têtes de colonnes dans la direction qu'il avait lui-même indiquée, le maréchal Bazaine affirme que son rapport sur les journées du 31 août et du 1er septembre a été envoyé en triple expédition, expédié le 3 en duplicata, puis réexpédié le 7 septembre.

Il faut donner acte à Bazaine de ce rapport, qui portait en substance :

« Après une tentative de vive force, laquelle nous a amenés à un combat qui a duré deux jours dans les environs de Sainte-Barbe, nous sommes de nouveau dans le camp retranché de Metz avec *peu de ressources en munitions d'artillerie de campagne, ni viande, ni biscuit;* enfin un état sanitaire qui n'est pas parfait, la place étant encombrée de blessés. Malgré les nombreux combats, le moral de l'armée reste bon. Je continue à faire des efforts pour sortir de la situation dans laquelle nous sommes ; mais l'ennemi est très-nombreux autour de nous. Le général Decaen est mort. Blessés et malades environ 18,000. »

— J'ai toujours ignoré, ajoute Bazaine, si cette dépêche était parvenue, car depuis cette époque *je n'ai plus reçu* aucune communication du gouvernement.

Comment aurait-elle pu arriver à sa destination alors que s'accumulaient tant d'événements funestes ?

Le maréchal de Mac-Mahon avait pris un parti désespéré en se reportant sur Sedan, d'où il pouvait atteindre Mézières dès que les corps des généraux Lebrun et Ducrot l'auraient rejoint ; mais pendant ce temps d'arrêt, le prince de Prusse avait stimulé ses troupes et, pressant le pas, opéré sa jonction avec celles du prince de Saxe, passé la Meuse à Donchery et à Donzy ; puis décrivant une courbe pour couper notre ligne de retraite, il refoulait une partie de l'armée française dans les fossés de Sedan et l'autre sur le territoire belge.

Ce fut vainement que le maréchal, qui avait fort bien pressenti cette manœuvre, voulut l'empêcher en essayant de repousser les Prussiens derrière la Meuse ; ses troupes, constamment surprises dans leurs positions, exténuées par la faim et les marches forcées, se démoralisèrent complétement. Elles attribuaient à la trahison les revers inouïs qui les accablaient et couvraient de leurs malédictions l'auteur de cette exécrable guerre, si maladroitement entreprise et qui dès ses débuts présageait un si funeste dénoûment.

Quoi qu'il en soit, par un suprême effort, Mac-Mahon tenta d'arrêter l'ennemi près de Bazeilles. Plaçant son artillerie et ses mitrailleuses sur les hauteurs qui dominent le pont, il comptait foudroyer les Prussiens au passage; mais ceux-ci franchissant la Meuse avant le jour s'emparèrent de tous les points culminants des environs de Sedan, où déjà Badinguet s'était jeté avec une partie des troupes en débandade.

Il y avait, dit-on, quelque chance de sauver l'armée ce jour-là en faisant retraite sur Mézières; mais le maréchal Mac-Mahon s'exposa trop et fut blessé grièvement. Le général Ducrot, à qui il remit le commandement, reprit l'offensive pour se frayer un chemin vers le nord. Malgré les bordées des batteries prussiennes, qui couvraient nos troupes de projectiles depuis le matin, il tenta d'arrêter le mouvement circulaire de l'ennemi, qui se prononçait hors de la portée de nos canons; mais voyant que nos fantassins, las d'essuyer les feux convergents de quatre cents pièces Krupp, commençaient à plier, le général Ducrot fit rectifier le tir de son artillerie et donner la cavalerie de réserve. Celle-ci fondant comme un ouragan sur la première ligne ennemie la prit en flanc et la dispersa à coups de sabre; puis se précipitant sur la deuxième ligne, disposée en carré sur les ailes, elle tenta de l'enfoncer par des charges héroïques.

Écrasée sous la pluie de balles des bataillons prussiens, cette cavalerie fit demi-tour, rallia les chasseurs d'Afrique et, de concert avec eux, tomba de nouveau sur l'ennemi sans parvenir à traverser ses rangs. Le général Ducrot ne désespérait pas encore de renverser les terribles obstacles qui s'opposaient à son passage lorsque le général Wimpffen arrivant d'Algérie se présenta avec une lettre de service du ministre de la guerre et revendiqua le commandement de l'armée.

Après avoir arraché à la faiblesse de l'empereur la direction des opérations militaires, Wimpffen consulta l'état-major. On ne lui cacha pas les périls du moment, on l'instruisit des dispositions prises en vue d'arrêter le mouvement tournant que l'ennemi tentait par les bois de la Garenne, mais le nouveau général en chef, qui avait assisté la veille au combat de Bazeilles, où le 12ᵉ corps avait opposé une si vive résistance aux hordes tudesques, se montra tout à fait rassuré.

Il ne voyait, paraît-il, dans le mouvement stratégique de l'ennemi qu'une simple manœuvre de cavalerie, dissimulant un mouvement de retraite.

« La journée est à nous, dit-il, au général Castelnau qui lui exprimait ses craintes. Dans deux heures, j'aurai jeté les Prussiens dans la Meuse. »

Cependant l'ennemi, massé au nord entre Floing et le calvaire d'Illy, couronnait bientôt ces hauteurs abandonnées par le 7ᵉ corps, acculé dans les fonds de Givonne ainsi que les 1ᵉʳ et 5ᵉ corps. Ce changement de front permit aux Prussiens de contourner la ville, et de la bombarder d'une grêle d'obus qui produisit une confusion inexprimable.

CHAPITRE XXVI.

LE COURONNEMENT DE L'ÉDIFICE.

Sommaire. — L'épée de Badinguet. — Le général Wimpffen traite avec von Bismark et de Moltke. — Entrevue du capitulard et du roi Guillaume. — Badinguet et Néron. — Télégramme du roi de Prusse à la reine Victoria. — Les Prussiens marchent sur Paris. — Nini apprend le désastre de Sedan. — Une page des Fascicules. — On proclame la République à Paris. — Fuite de Nini. — Le galantuomo et la traîtresse Italie. — Bon mot de Plonplon à propos de son cousin.

Badinguet, qui de Châlons à Sedan n'avait assisté qu'à une série de défaites, s'était arrêté à Venderesse, où il se coucha malade et fatigué du champ de bataille pour ne se réveiller qu'au bruit de la canonnade.

A l'aspect du désordre causé par les bouches à feu de l'ennemi, braquées sur tous les points culminants pour brûler la ville et décimer nos soldats, Wimpffen reconnut qu'il n'y avait plus qu'à se rendre à discrétion ou à risquer une sortie furibonde avant que les deux armées prussiennes eussent opéré leur jonction sur le plateau d'Illy.

Le 1er septembre, à une heure de l'après-midi, il adressait à l'empereur la dépêche suivante :

« Sire,

» Je me décide à forcer la ligne qui se trouve devant le général Lebrun et le général Ducrot plutôt que d'être prisonnier dans la place de Sedan.

» Que Votre Majesté vienne se mettre au milieu de ses troupes, elles tiendront à honneur de lui ouvrir un passage.

« 1 h. 1/2, 1er septembre.

» De Wimpffen. »

Badinguet ne répondit pas ; il était dans des transes mortelles, et très-inquiet de rejoindre ce pauvre *Loulou* qu'il avait dû expédier en Belgique.

Alors le général Wimpffen insista pour voir l'empereur, mais Badinguet, rougissant de sa propre lâcheté, n'osa le recevoir, et le fit éconduire par son entourage.

C'était pourtant le moment de racheter par une action d'éclat les ignominies du passé ; mais au lieu d'électriser ses soldats en se plaçant à leur tête, l'homme du 2 décembre envoya un de ses officiers au général O'Reilly, gouverneur de Sedan, pour qu'il demandât une suspension d'armes.

L'*armistice* pouvait offrir à Badinguet les moyens de traiter de la paix dans des conditions relativement avantageuses pour lui, car il se croyait en politique moins inhabile qu'à la guerre.

C'était encore une erreur. D'ailleurs un examen de conscience, un peu tardif, lui démontrait enfin la profonde ineptie de son grand état-major, qui, après l'avoir fait marcher de surprise en surprise, ou plutôt de revers en revers, le laissait à la merci d'un ennemi aussi peu généreux. Comme il se lamentait en voyant la lutte devenir impossible dans un si effroyable gâchis, on vint lui annoncer que le général de Wimpffen, avec une poignée d'hommes résolus qui l'avaient suivi, s'était élancé du côté de Balan pour rallier les 5ᵉ et 12ᵉ corps, mais qu'il avait été ramené par les Prussiens, qui entouraient la place et allaient sans doute continuer le bombardement jusqu'à ce que l'armée française eût capitulé.

— Eh bien ! mais n'ai-je pas dit qu'on entamât des pourparlers avec le quartier général prussien ?

— J'ai sollicité l'armistice, répondit le général O'Reilly. Mais MM. de Moltke et Bismark ne veulent traiter qu'avec le général en chef.

— En ce cas faites venir Wimpffen et hissez le drapeau blanc sur la citadelle, ordonna Badinguet.

Puis il s'habilla, et envoya son épée au roi de Prusse avec ces deux lignes :

« Monsieur mon frère,

» N'ayant pu mourir au milieu de mes troupes, il ne me reste qu'à remettre mon épée entre les mains de Votre Majesté.

» Je suis de Votre Majesté
     » le bon frère,

       » NAPOLÉON. »

— « On ne discute pas avec une épée, » répondit

Guillaume exaspéré par le chiffre de ses pertes, « on la brise, c'est déjà fait. Avec l'homme on peut causer ; je veux causer. »

L'implacable monarque, imitant Napoléon Ier à Iéna, voulait renvoyer la flamberge du vaincu ; mais sur les conseils de Bismark il dicta cette réponse :

« Monsieur mon frère,

» En regrettant les circonstances dans lesquelles nous nous rencontrons, j'accepte l'épée de Votre Majesté, et je la prie de bien vouloir nommer un de ses officiers muni de vos pleins pouvoirs pour traiter de la capitulation de l'armée qui s'est si bravement battue sous vos ordres. De mon côté, j'ai désigné le général de Moltke à cet effet.

» Je suis de Votre Majesté
» le bon frère,
» Guillaume. »

» Devant Sedan le 1er septembre 1870. »

« Qu'il vienne ! s'écria le roi en remettant ce pli à un de ses aides de camp, ou bien je le traite en simple soldat, quoiqu'il ne le mérite guère. »

Le général de Wimpffen, qui avait entrepris une tâche au-dessus de ses forces, était rentré l'âme navrée dans Sedan, où l'attendait la plus douloureuse épreuve qu'un guerrier puisse subir. C'est lui que Badinguet choisissait pour négocier l'armistice avec de Moltke et apposer son nom au bas de la capitulation de Sedan.

Le premier mouvement de Wimpffen fut de refuser la triste mission qu'on voulait absolument lui donner.

— Et pourquoi n'iriez-vous pas recevoir les propositions de M. de Moltke ? fit Badinguet.

— Parce que ce n'est pas à moi de capituler, dit Wimpffen, mais à ceux qui ont causé notre défaite en ne suivant pas mes ordres.

Tous les chefs de corps présents à cette scène se levèrent pour protester.

— De qui parlez-vous ? s'écria le général Ducrot. C'est sur vous seul que retombe la responsabilité de cette désastreuse journée. Si vous aviez précipité le mouvement de retraite que j'avais ordonné au lieu de l'arrêter, nous serions à présent dans Mézières ou bien près.

— C'est-à-dire que vous me donnez un brevet d'incapacité ? répliqua Wimpffen.

— Vous en avez donné des preuves, notamment à Oran, murmura Ducrot.

— Eh bien, j'offre ma démission, et puisque vous êtes si habile, reprenez le commandement.

— Non pas, gardez-le, fit Ducrot, je n'en veux plus.

L'embarras de Badinguet était extrême : il fallait cependant un négociateur, et à défaut de Wimpffen qui se récusait, il allait désigner un de ses aides de camp, — le frère d'Abel Douay à qui le commandement en chef de l'armée revenait par rang d'ancienneté. Mais les généraux Lebrun et Ducrot, furieux contre Wimpffen, se récrièrent en disant que ce dernier ayant sollicité la direction des opérations, devait accepter les conséquences humiliantes de la capitulation.

Après bien des débats le général de Wimpffen consentit enfin à recevoir les instructions de l'empereur et à se rendre auprès du major général de l'armée prussienne.

Conduit aux-avant postes, Wimpffen se présenta au quartier général allemand avec le général Castelnau, et quelques autres officiers de l'état-major impérial. Au bout d'un quart d'heure, parut le général de Moltke, flanqué de Von Bismark, du général de Blumenthal, et d'une douzaine de gros casques.

De Moltke leur fit signe de s'asseoir et dit brusquement à Wimpffen :

— Vos pouvoirs ?
— Les voici, général.
— Vérifions.

Wimpffen, assez intimidé par cet accueil, restait silencieux, mais comme de Moltke ne disait mot, il demanda les conditions que S. M. le roi de Prusse mettait à la capitulation.

— Toutes vos troupes se rendront avec armes et bagages, mais en témoignage de notre estime pour leur courage, les officiers conserveront leur épée, quoique prisonniers de guerre.

— Je ne m'attendais pas à ce que vos conditions fussent aussi dures, reprit Wimpffen ; l'armée française peut prétendre à de plus honorables préliminaires de paix.

— Il ne s'agit point de *paix*, mais de *capitulation*, riposta de Moltke.

— Je croyais qu'en vous proposant de rendre la place de Sedan telle qu'elle est en ce moment, vous permettriez à notre armée de se retirer avec les honneurs de la guerre sur quelque point du territoire que vous désigneriez, sous la promesse ratifiée par l'empereur de ne plus servir contre la Prusse jusqu'à la conclusion de la paix. Sa Majesté s'engagerait même à ce que toutes ses troupes s'embarquassent pour l'Algérie.

De Moltke restait impassible en écoutant le général Wimpffen, et son regard disait qu'il ne modifierait rien à ses impitoyables conditions.

Alors, changeant de ton, Wimpffen déclara qu'il n'en était pas encore réduit à accepter les conditions qu'on voulait lui imposer, qu'il ferait une percée, ou se défendrait dans Sedan jusqu'à la dernière extrémité.

— Je connais la valeur de votre armée, répondit de Moltke, mais je vous défie de sortir de Sedan et d'y tenir pendant deux jours. Vous n'avez plus de munitions et il vous reste à peine 80,000 hommes (1) pour combattre les 240,000 qui vous circonviennent de toutes parts. Demain, à l'aube, cinq cents bouches à feu seront en position et vous pulvériseront. S'il vous convient de vous en assurer, envoyez un de vos officiers visiter nos batteries.

Ces arguments, qui rappelaient Wimpffen à la situation, le réduisirent à plaider de son mieux les circonstances atténuantes. Mais c'est en vain qu'il exhorta de Moltke à prendre en considération les malheurs de l'armée française, et qu'il fit ressortir les dangers qu'il y aurait à la traiter sans ménagements; la sympathie qu'un vainqueur généreux pouvait recueillir en n'outrageant pas une nation chevaleresque par des rigueurs qui ne sont plus en rapport avec les progrès de la civilisation; il invoqua vainement les souvenirs de Sébas-

---

(1) 64,000 seulement, car près de 10,000 fuyards s'étaient sauvés en Belgique.

topol et de Solférino, comme preuve de l'indulgence de la France envers ses ennemis. Enfin, le général ajouta que, si le roi Guillaume voulait se contenter des succès obtenus sans demander autre chose qu'une indemnité de guerre, il répondait d'une paix durable entre les deux pays.

A ces mots, dont sourit l'inflexible de Moltke, Von Bismark bondit tout à coup. Sa haine contre la France ne put se contenir, et, dénaturant l'histoire, il nous représenta comme un peuple turbulent, cruel, vaniteux, jaloux de la grandeur de la Prusse et de la gloire qu'elle avait acquise à Sadowa. Dans ses imprécations le ministre de Guillaume laissait comprendre que la médiation de Badinguet avait empêché son roi de pousser plus loin ses conquêtes en Autriche; il alla jusqu'à prétendre que nous n'avions entrepris cette guerre que pour frustrer la Prusse du fruit de ses victoires, et qu'il fallait nous dompter pour toujours parce que notre abominable nation n'avait ni foi ni loi, et qu'elle troublait la tranquillité de la laborieuse Allemagne, qui à l'abri de nos querelles voulait désormais vivre en paix.

Si la discussion lui eût été permise, Wimpffen eût pu répondre que nous n'avons jamais tenté de nous agrandir au delà de nos frontières naturelles et qu'on ne saurait nous reprocher ni d'avoir commis des rapts comme celui de la Pologne, ni d'avoir fait une guerre de flibustiers à l'Autriche et au Danemark.

Mais la raison du plus fort est, dit-on, la meilleure. — Von Bismark conclut que la France devait être châtiée dans son orgueil et que, pour éviter à l'avenir tout retour agressif de sa part, il fallait mettre entre l'Allemagne et elle une barrière infranchissable.

— S'il en est ainsi, répliqua Wimpffen indigné, nous nous battrons !... Jamais l'empereur ne voudra souscrire à des conditions avilissantes pour son armée.

— Pardonnez-moi d'intervenir, dit le général Castelnau à Wimpffen, mais Sa Majesté m'a chargé d'un message dont je dois m'acquitter.

Wimpffen demeura interdit, et Bismark invita le général à parler.

— Je fais appel aux bons sentiments de Sa Majesté le roi de Prusse, dit Castelnau. Il a dû recevoir l'épée de l'empereur, qui personnellement s'est rendu à merci, dans la conviction qu'une capitulation honorable sera accordée à son armée.

— Voilà tout ce que vous avez à nous dire ? fit Bismark.

— Je n'ai rien de plus à ajouter, répondit Castelnau.

— Est-ce l'épée de Napoléon III, ou l'épée de la France, qui a été envoyée ? demanda Von Bismark.

— C'est l'épée de l'empereur, répliqua l'aide de camp général.

— Alors, reprit de Moltke, nous n'avons pas à modifier nos conditions ; quant à l'empereur, il obtiendra ce qu'il voudra... pour sa personne.

— Allons, messieurs, tout est dit, riposta Wimpffen ; nous recommencerons demain la bataille.

— Vous savez que la trêve expire ce matin à quatre heures ? reprit de Moltke.

— A quatre heures, soit ! fit Wimpffen, dont l'amour-propre se révoltait.

— Songez-y, répéta de Moltke, dès l'aube j'ouvre le feu avec cinq cents pièces de canon.

— Qu'importe! s'écria Wimpffen. Avec ce qui me reste de braves je vous ferai payer cher notre défaite, Et qui sait, ajouta-t-il, Bazaine peut nous venir en aide.

— Oh! ne comptez pas sur lui, repartit de Moltke, je l'ai enfermé dans un cercle de fer, comme vous l'êtes dans Sedan.

— Si le général connaissait la force de nos positions, insinua Bismark, il tiendrait un autre langage.

— Est-ce qu'il a jamais étudié le terrain que nous occupons? dit de Moltke avec insolence. Ah! voilà bien les généraux français! Négligents et présomptueux, ils se mettent en campagne munis de plans topographiques de l'Allemagne, mais avec la vaisselle qui encombre leurs fourgons, ils n'ont pas soin d'avoir une carte de leur propre pays.

Cette leçon blessa Wimpffen. S'il avait eu la repartie plus vive il eût cloué de Moltke en répliquant:

— Vous pouvez avoir raison de critiquer notre ignorance, mais vous seriez moins instruit si vous n'étiez venu lever les plans de cette contrée pour vous y introduire à la façon du voleur qui prend l'empreinte de la serrure avant de crocheter une porte.

Mais Wimpffen fit mieux, sans doute, d'abréger l'entretien en demandant la permission d'envoyer un de ses officiers examiner les positions que de Moltke prétendait si formidables.

— A quoi bon? reprit le major général, revenant aussitôt sur sa parole, vous n'auriez pas le temps de faire le tour de nos lignes. Minuit est sonné; il ne vous reste pas quatre heures de trêve.

— Mais, reprit Wimpffen, avant de prendre une décision, il est indispensable que vous nous accordiez un sursis, ne fût-ce que pour m'entendre avec mes collègues.

— Je ne vous donnerai pas une seconde de répit.

Wimpffen allait se retirer avec sa suite quand Bismark intervint de nouveau pour dire à de Moltke que le roi devait arriver à neuf heures, et qu'on pouvait attendre jusque-là.

En faisant cette concession, de Moltke arrêta les bases de la capitulation qui, admise en principe, n'attendait plus que la signature de Wimpffen.

Dans cette conférence, les plénipotentiaires du roi de Prusse n'envisageaient pas la situation du même œil. Selon Bismark, il ne fallait rien livrer au hasard, afin de pouvoir abuser de la victoire en toute sécurité. Son but était de nous amoindrir par les armes, tout en observant les usages diplomatiques. De Moltke voulait pousser jusqu'au bout une guerre d'extermination et satisfaire ses instincts de carnage. A part cette variante, tous deux tendaient aux mêmes résultats, l'un par une barbarie raffinée, l'autre avec une cruauté sauvage.

En rentrant à Sedan, le général Wimpffen assembla un conseil de guerre, et lui annonça que tout ce qu'il avait pu obtenir dans sa conférence avec de Moltke était que l'on épargnerait aux soldats de rendre eux-mêmes leurs armes, et que les officiers conserveraient tout ce qui leur appartenait (1). Il exposa ensuite les périls qu'entraînerait la prolongation de la lutte. Pour

---

(1) Cette clause ne fut pas observée.

empêcher un massacre, une majorité de 30 voix contre 2 approuva les termes de la capitulation imposée par le major général prussien.

Celui-ci, très-minutieux, s'était plaint à Wimpffen de ce que le premier envoyé qui avait demandé l'armistice eût gardé le silence au sujet de l'empereur. Mais avant que Badinguet se fût décidé à envoyer son épée au roi Guillaume, les espions de Bismark avaient révélé sa présence. Il faut savoir que l'auguste capitulard, en voulant suivre son fils, avait rencontré des obstacles qui l'avaient fait revenir au galop à Sedan. Des acclamations immenses avaient retenti dans les rangs ennemis : — « Il est là ! Nous le tenons ! » criaient les soldats prussiens, et croyant déjà la guerre finie, ils s'embrassaient et jetaient leurs armes.

L'enthousiasme des Tedeschi tenait du délire : leurs musiques militaires, insultant au malheur du vaincu, se mirent à jouer les airs du *Beau Dunois*, et de la *Marseillaise*. Peu habitués à d'aussi faciles triomphes, ils se grisaient de leur victoire. Lorsque Badinguet, escorté par les fameux cuirassiers blancs, passa au milieu d'eux pour aller se constituer prisonnier au quartier général, ces pillards ne lui épargnèrent ni les outrages ni les humiliations.

Arrivé au château de Bellevue, où Guillaume s'était installé, l'empereur fut présenté par Bismark et M. de Roon. Le prince de Prusse et les officiers du grand état-major se tenaient groupés dans un coin de la pièce, qui était fort sombre.

Badinguet, ôtant son chapeau, salua le roi en allemand. Guillaume, en uniforme de général, le casque en tête, se promenait avec agitation, les mains croisées derrière le dos, à la manière du grand Frédéric. Enfin, il s'arrêta, vint se placer en face de son prisonnier, resta debout, raide, silencieux, fronçant le sourcil.

— « Sire, reprit l'empereur en s'inclinant, et toujours tête nue, je viens répéter de vive voix à Votre Majesté ce que j'ai eu l'honneur de lui faire savoir par écrit. »

— « C'est bien, Monsieur, répondit Guillaume, qui pouvait à peine contenir sa colère. J'ai décidé que Spandau vous serait assigné pour prison... pour résidence, veux-je dire, reprit le roi : vous attendrez là mes ordres ultérieurs. »

— « Sire... » essaya de balbutier Badinguet.

— « *C'est dit*, Monsieur, » fit Guillaume, en frappant sur le pommeau de son sabre.

— « Au revoir donc, monsieur mon frère, » répondit l'empereur en français. — Et saluant avec courtoisie les témoins de cette scène, il se retira escorté par deux cuirassiers blancs, qui ne lui permirent pas de remonter dans sa calèche.

On le conduisit, sur-le-champ, dans une cour, attenante au château, où il fut gardé à vue. Il alluma d'abord une cigarette, et alla s'asseoir sur un petit banc, au bord d'une mare. Pendant qu'il fumait et regardait l'eau, un officier d'état-major vint lui dire que le roi désirait s'entretenir longuement avec lui, et qu'il l'enverrait chercher dans un quart d'heure.

Badinguet hocha la tête, et continua de fumer. Comme il avait soif, un des soldats qui le gardaient lui apporta un verre d'eau.

Après avoir bu, il se prit à sourire, et dit à l'offi-

cier : — « Néron vaincu passa sa dernière heure auprès
» d'une mare dans laquelle il but ; je suis plus heureux
» que lui. Il est vrai que mon règne n'a jamais res-
» semblé au sien. »

Au bout d'une demi-heure, un officier général vint
de la part du roi le prier d'entrer dans une salle où
Guillaume se trouvait absolument seul.

Ils restèrent là assez longtemps, et s'entretinrent à
voix basse. Que se dirent-ils?...

Le moment était solennel.

L'entretien terminé, Badinguet monta dans une
chaise de poste aux armes du roi de Prusse, et par la
route de Luxembourg fut dirigé sur Cassel.

Il faut croire que cette entrevue avait calmé Guillaume qui, dit-on, était résolu à faire fusiller l'homme
dont les machinations avaient fait décimer son armée.

On sait maintenant, de source certaine, comment
Badinguet parvint à apaiser le courroux du roi de
Prusse. Perdant toute dignité, il confessa que, lui
vaincu, la France ne pouvait lever d'armée proprement dite ; qu'il suffisait de marcher sur Paris pour y
entrer presque sans coup férir, et que par suite du remaniement qu'on faisait subir au matériel de guerre,
les chassepots et les canons manquaient dans les arsenaux. Puis, il ajouta que le désordre était extrême
dans l'administration ; qu'elle ne pouvait suffire aux
charges qui l'accablaient, et qu'enfin rien n'était
plus facile que d'imposer la paix à une nation
en proie à l'ambition des partis ; qu'il traiterait en
son nom, à toutes conditions, même au prix de l'Alsace, de la Lorraine, et de plusieurs milliards d'indemnité, prenant l'engagement de rétablir l'ordre,

21.

et de ne jamais troubler la tranquillité de l'Europe.

Tel est le langage honteux au prix duquel l'auteur de tant de maux se fit accorder le séjour somptueux de Wilhelmshœhe, où sa cour et ses cuisiniers le suivirent.

Des aveux et des promesses de cette nature donnaient à réfléchir. Guillaume le comprit et dès ce moment il résolut de pousser la guerre à outrance. En même temps il adressait à son Augusta la lettre suivante :

« Varennes, 4 septembre.

» Quel moment émouvant que mon entrevue avec l'empereur ! Nous ne nous étions pas vus depuis mon voyage à Paris, il était alors à l'apogée de sa puissance. Quelle chute et combien elle doit lui paraître terrible ! Je lui ai donné Wilhelmshœhe près de Cassel pour résidence. Notre entrevue a eu lieu dans un petit château situé sur le front des glacis de Sedan. — De là je passai à cheval à travers les rangs de notre armée autour de Sedan.

» La réception que m'ont faite les troupes, tu peux l'imaginer, est indescriptible. J'ai terminé ma promenade de cinq heures à la tombée de la nuit, à sept heures et demie, mais je ne suis arrivé ici qu'à une heure. Dieu nous aide encore.

» GUILLAUME. »

Nous ne nous étendrons pas davantage sur la catastrophe de Sedan, fruit de l'inertie de Bazaine et de l'apathie de Mac-Mahon, qui pendant toute la journée du 29 août, alors qu'il y allait du salut de la France et du sort de ses armées, ralentit sa marche pour parlementer avec Palikao. Ce qui mit le comble au désastre c'est le manque d'ensemble dans les opérations, la composition hétérogène de l'armée de Châlons et la blessure de Mac-Mahon. Ce maréchal avait commis certaines bévues qui auraient pu le déconsidérer, mais sa bravoure chevaleresque et l'éclat d'obus qui le renversa sauvèrent sa réputation militaire.

Les Prussiens, il faut l'avouer, n'avaient pas eu tort de compter sur les dissentiments qui devaient se produire entre nos maréchaux dans l'exécution des plans stratégiques. Pour avoir pris sur lui de brusquer une attaque à découvert quand la tactique de de Moltke consistait à se cacher dans les bois, à ne faire que des mouvements de cavalerie appuyés d'artillerie et de n'engager ses troupes que successivement, le vieux général de Steinmetz fut impitoyablement destitué par le roi de Prusse. Il en devrait toujours être ainsi lorsqu'un chef d'armée manque d'habileté, ou ne se conforme pas scrupuleusement aux prescriptions qu'on lui a données. Le cas est même, suivant nous, justiciable des conseils de guerre.

Ces principes sont inflexibles. Mais si le maréchal Mac-Mahon a tergiversé dans cette malheureuse campagne, on lui doit d'avoir indiqué dès son premier revers le seul parti qui restait à prendre pour continuer la guerre dans de meilleures conditions. On peut même fonder de grandes espérances sur ses talents militaires, car il est homme à se corriger de quelques travers et à prendre une brillante revanche au cas où l'ennemi s'aviserait de mettre encore une fois en jeu les destinées de la France.

Le jour même où Paris apprenait la défaite de la 2ᵉ armée et la reddition de Sedan, des dépêches ridicules se répandaient à la Bourse. On publiait des bulletins de victoires toutes opposées aux nouvelles fâcheuses que l'on attribuait à l'étranger. Aux Tuileries, les courtisans stupéfaits doutaient encore des infortunes de Badinguet, quand une dépêche datée de Bruxelles vint dévoiler toute l'étendue de nos désastres :

« L'empereur est à Bouillon. Je le conduis à Verviers par train spécial.

» Regray, »

Aussitôt, Nini adressa cette épître à sa mère :

• Paris, le 4 septembre 1870.

» Le général Wimpffen, qui avait pris le commandement après la blessure de Mac-Mahon, a capitulé ; seul, sans commandement, l'empereur a subi ce qu'il ne pouvait empêcher. Toute la journée il a été au feu. Du courage, chère mère ; si la France veut se défendre, elle le peut. Je ferai mon devoir.

» Ta malheureuse fille,

» Eugénie. »

La veille, Pietri jetait déjà un premier cri d'alarme.

« *Préfet de police à Impératrice. Guerre, Intérieur, Gouverneur de Paris, général Soumain.*

» Paris, 3 septembre, 9 h. 40 m. soir.

» L'agitation est très-grande dans Paris : des bandes sillonnent les boulevards et les principales voies en poussant des cris séditieux. A neuf heures plusieurs centaines d'individus ont attaqué le poste de police du boulevard Bonne-Nouvelle. Après une lutte vigoureuse les assaillants ont été repoussés ; le chef de la bande et plusieurs sont arrêtés. L'un d'eux avait un long poignard. »

Dans une dépêche chiffrée, partie le 4 septembre au matin, le secrétaire du prince Napoléon lui mandait ce qui suit :

« Pendant que la Chambre réunie dans les bureaux délibère sur des propositions, la foule envahit les tribunes. La garde nationale proclame la République. C'est un fait consommé pacifiquement jusqu'à présent.

» HUBAINE. »

Quelques heures après, Plonplon savait par la même voie que la Chambre avait prononcé la déchéance de l'empereur, qu'un comité dit : de la Défense nationale était constitué à l'Hôtel de Ville et que Nini protégée par M. de Kératry gagnait la frontière belge.

Il va sans dire qu'au premier bruit de guerre, le général Plonplon avait fait enlever ses trésors de Meudon et du Palais-Royal.

La mission dont il était chargé auprès de son beau-père mettait sa personne en sûreté.

On sait que le *galantuomo*, pour ainsi dire couronné par les mains de l'empereur, s'était engagé à lui fournir 500,000 hommes en cas de conflit avec la Prusse. Sommé de tenir sa parole, Victor Emmanuel répondit d'une manière évasive qu'il était prêt à marcher contre nos ennemis, quoique d'avance il sût ne plus devoir rentrer dans ses États. Pourtant il se ravisa. Ne voulant pas être taxé d'ingratitude, il offrit à l'impératrice régente de mettre un contingent de 100,000 hommes à la disposition de la France, *si l'on consentait à lui laisser prendre le reste du domaine de Saint-Pierre.*

« J'aimerais mieux voir les Prussiens à Paris que les Italiens à Rome ! » s'écria Nini, outrée d'une telle proposition.

Quelques jours après le *galantuomo*, loin de se concerter avec l'Autriche pour nous venir en aide, établissait la ligue des neutres et s'emparait de la ville éternelle, où il ne devait entrer qu'à la mort du Pape et sous la réserve expresse d'abandonner l'île de Sardaigne à la France. Cette clause avait été stipulée dans une convention secrète entre lui et Napoléon III.

Aujourd'hui que les revers ont accablé la France, que le Tudesque foule notre sol, Vittorio changerait volontiers de tactique pour reprendre les territoires qu'il nous a concédés à prix d'or et fait payer du sang de nos soldats.

Il ne manquait à Badinguet, qui n'est pourtant pas un lion, que le coup de pied de l'âne. Son estimable cousin, qui rêvait un tout autre « couronnement de l'édifice, » se vengeait par ces mots :

« — Allons ! disait le fils Jérôme, c'est ainsi que devait finir mon cher cousin ! Deux fois dans sa vie il a trompé tout le monde : la première en se faisant passer pour un Brutus, et la seconde en cherchant à faire croire qu'il pouvait être César. »

CHAPITRE XXVII.

CUNCTATOR ET CAPITULATOR.

Sommaire. — Intrigues de Bazaine et de N. M. Régnier. — Un conseil de guerre. — Situation de l'armée de Metz. — Complot des officiers. — La mission du général Boyer. — La reddition. — Affaire des drapeaux. — Bazaine part pour Wilhelmshœhe.

Il était infaillible qu'en cas d'insuccès Badinguet laissât la France en proie aux factions anarchiques, et à toutes les calamités d'une nouvelle invasion. C'était d'ailleurs sa consolation et sa plus chère vengeance, car il avait dit :

« Si la France mettait ma dynastie en péril, ou si l'Europe se coalisait contre moi, je déchaînerais la démagogie pour me défendre ! »

C'était bien dans cette intention que Badinguet tolérait l'*Internationale*, créée par Von Bismark, qui lui aussi avait son but.

A coup sûr, on pouvait encore conjurer les fléaux qui venaient s'abattre sur notre pays, en donnant plus de régularité aux opérations. Par malheur, certains généraux de l'empire mettaient leur opinion et leur intérêt personnel au-dessus de l'honneur national.

Jamais le maréchal Bazaine ne pourra se laver des accusations de trahison que ses prétendues combinaisons justifient. — Jouet des intrigues de Bismark, il paralysait l'énergie de sa vaillante armée, dans la persuasion que l'ennemi, après avoir traité avec lui, l'aiderait à renverser la République, à restaurer l'empire, ou à appuyer la régence de Nini-Montijo.

Aussi longtemps qu'on put la bercer aux récits de victoires imaginaires, la France abusée se laissa aller aux plus décevantes illusions. — Dans sa candeur elle s'exaltait et se figurait que l'*héroïque* Bazaine viendrait à bout de percer les lignes prussiennes ; mais, moins crédules au sujet du maréchal, les habitants de Metz l'accusaient ouvertement de traîner les choses en longueur pour mieux les livrer à l'ennemi, et certains officiers de l'armée du Rhin, las de ne recevoir aucun ordre pour avancer ou reculer, se désaffectionnaient de leur chef, qui, disaient-ils, n'avait aucun plan arrêté.

Inquiet des bruits qui se colportaient par la ville, et des plaintes amères que l'armée faisait entendre contre lui, Bazaine daignait parfois s'arracher aux douceurs du noble jeu de billard pour convoquer ses maréchaux ou ses généraux, et leur donner quelques furtives explications sur son attitude équivoque. Pour essayer de motiver son inertie, le maréchal ne craignait pas d'affirmer qu'il ne gardait l'expectative que sur les instances du gouverneur de la place, qui appréhendait le départ de l'armée de Metz dont la présence lui paraissait indispensable pour protéger ce boulevard de la France contre les entreprises du prince Frédéric-Charles; tandis que le général Coffinières, au contraire, homme d'action, tout en reconnaissant qu'on immobilisait ainsi une grande partie des troupes prussiennes, répétait qu'on ne pouvait rester inactif; attendu qu'en retenant l'ennemi sous Metz, on privait en même temps le pays de ses meilleurs défenseurs.

D'ailleurs, quand il n'avait plus rien à objecter, Bazaine retournait au billard comme son maître à la cigarette, et ne se préoccupait pas davantage de l'opinion de ses subordonnés. Jamais jusque-là on n'avait vu un chef d'armée montrer autant d'indifférence pour ses soldats, ni paraître à ce point dédaigner la question de vie ou de mort qui s'agitait devant lui.

Espérant cependant une solution conforme à ses vues politiques, Bazaine avait accepté les services d'un individu dont le caractère n'est pas encore bien défini, mais qui d'office se fit son entremetteur auprès de Bismark et de l'impératrice, pour amener une convention militaire sur laquelle s'appuierait Nini en revendiquant ses droits à la régence.

Sans savoir pourquoi M. Régnier (c'est le nom de l'officieux intermédiaire) se faisait médiateur dans le conflit franco-allemand, nous croyons que c'est à son intervention qu'il faut attribuer la coupable inaction de Bazaine ; sans ses incitations, le maréchal serait resté pur de toute intelligence avec l'ennemi, et il ne l'est pas!

M. Régnier, paraît-il, est Français, négociant en Angleterre et propriétaire à Paris ; peut-être a-t-il aussi quelques châteaux en Espagne ; mais, quoique commerçant, père de famille et possédant 20,000 livres de rentes, à ce qu'il dit, sa manie est de s'occuper de haute politique. Il a du reste le physique et la tournure militaire, la faconde d'un commis voyageur, et sa prose sent d'une lieue le roué d'ambassade.

Le samedi 11 septembre il apprend par les journaux que l'ex-impératrice vient d'arriver à Hastings. Abandonnant aussitôt sa maison, ses affaires, Régnier se rend à Marine-Hôtel, et écrit à l'impératrice pour solliciter une audience et lui faire accepter un plan de restauration qui aurait fait honneur aux diplomates de Berlin, tant il était parsemé de chausses-trappes sous des dehors attrayants.

Mais Nini et ses conseillers, flairant un piége de Bismark, repoussèrent les propositions de Régnier qui ne se rebuta pas et envoya lettre sur lettre à Mme Lebreton, confidente de la régente. Aussi tenace qu'un courtier qui veut placer avantageusement sa marchandise, Régnier attend le petit prince à la promenade, et devant son précepteur, lui propose l'affaire que sa maman s'obstine à refuser. Il y met tant de bagout, que *Loulou* le prend réellement pour un Ratapoil acharné, et, après deux ou trois entrevues, approuve l'idée exprimée par Régnier d'aller à Wilhelmshœhe, en passant à Ferrières, où réside Bismark, et en touchant à Metz, afin de s'aboucher avec Bazaine.

Loulou avait lu les lettres adressées par Régnier à sa mère et ne voyait pas d'inconvénient à ce que ce dévoué partisan du bonapartisme se fît l'interprète de la cause impériale et la défendît auprès des vainqueurs de son père.

Mourant d'ennui à Hastings, le thème de Régnier le séduisait : — Se réfugier sur la flotte, ou en Corse, adresser une proclamation au peuple français et un manifeste aux gouvernements étrangers ; puis traiter de la paix en payant deux milliards à l'ennemi et en lui concédant une partie de notre territoire. Quoi de plus facile, puisque le médiateur était prêt à aplanir tous les obstacles, si l'on voulait l'accréditer ?

Cependant *Loulou*, malgré ses instances, n'arrivait pas à faire partager ses impressions à sa mère. Celle-ci ne disait ni oui ni non à cause du peu de confiance qu'elle avait dans la flotte, et tout en croyant aux sympathies de Bazaine et de son armée, qu'un pacte avec l'étranger pouvait laisser à sa disposition, il lui semblait trop dangereux pour l'avenir de la dynastie d'accepter les limites que Régnier, *très-fort en géographie*, avait tracées lui-même.

Aussi Nini, par politesse, envoya ses remercîments au médiateur inconnu, et l'engagea à renoncer à des projets dont l'exécution lui paraissait irréalisable. Mais *Loulou*, qui subissait l'influence de Régnier, persista dans son approbation et consentit à écrire quelques mots à son père au bas d'une photographie.

Nous les reproduisons textuellement :

« Cher papa, je vous envoie ces vues d'Hastings ; j'espère qu'elles vous plairont.

» Louis Napoléon. »

Muni de cette pièce, Régnier fait ses adieux à *Loulou* et à son précepteur, puis il prend l'express-train, débarque à Calais, se rend à Meaux en chemin de fer, brûle l'étape, et arrive au château de Ferrières. Là, il dépose son sac de nuit dans un vestibule, et trouve précisément le comte de Hastfeld qui le conduit dans un cabinet où Bismark, après avoir quitté le roi Guillaume, vient s'entretenir avec lui pendant que Jules Favre fait antichambre.

A la vue de la signature de *Loulou* et de Régnier qui le regarde fixement et lui demande une passe pour se rendre à Wilhelmshœhe afin de remettre à Badinguet la photographie ornée du paraphe de son fils, Bismark croit avoir devant lui un envoyé de la régente, et sans préambule il dit à Régnier :

« Monsieur, notre situation est celle-ci. Que peut-on nous offrir ? Avec qui pouvons-nous traiter ? » Ensuite il avoue que son désir est de profiter de la situation actuelle, pour réduire les frontières de la France et la mettre dans l'impossibilité de faire de longtemps la guerre à l'Allemagne.

Régnier, qui avait prévu les objections de Bismark, propose d'aller à Metz voir Bazaine et de faire rendre cette place au nom de l'empereur, pourvu toutefois qu'un arrangement intervienne en faveur de l'armée du Rhin.

Bismark paraît enchanté de Régnier, qui se montre on ne peut plus coulant dans les transactions, et lui délivre un sauf-conduit ainsi rédigé :

« Je requiers les officiers commandants de troupes alliées de laisser passer sans empêchement monsieur Régnier et de lui faciliter son voyage autant qu'il sera possible.

» Ferrières, 20 septembre 1870.

» Von Bismark. »

« Tous les détachements de troupes sont requis d'exécuter ce qui est ci-dessus.

» Quartier général Ferrières, 20/9/70.

» Le quartier maître général,

» Prince Podbieski. »

Le 23 septembre, Régnier arrive à Metz, et le maréchal le reçoit sans même prévoir qu'il peut venir s'assurer de l'état de son armée et le révéler à l'ennemi. Sans la moindre défiance, Bazaine lui confie la situation telle qu'elle existe, il avoue même qu'il ne peut aller « qu'avec beaucoup de peine jusqu'au 18 octobre en mangeant les chevaux des officiers. » Et tout en approuvant les démarches de Régnier, qui prétend sauver la France et le faire sortir avec les honneurs de la guerre, s'il veut se mettre lui et son armée à la disposition du gouvernement de la régente, le seul que Bismark considère comme légal, il se déclare prêt à signer ce qu'on voudra.

Régnier le prend au mot et lui présente la photographie en question, en le priant d'y apposer sa signature pour prouver à Bismark qu'il parle comme envoyé du maréchal.

Tout en autorisant Régnier à négocier pour lui et son armée, Bazaine déclare ne pouvoir répondre de la garnison de Metz, si l'impératrice-régente ne relève le général Coffinières de Nordeck du commandement qu'il tient de l'empereur. — Le maréchal a même des raisons particulières pour qu'on place le gouverneur sous ses ordres immédiats, car celui-ci, et le général

Bourbaki qui est à la tête de la garde, prêchent tous les jours la sortie.

Écarter l'un et retirer les pouvoirs de l'autre cela entrait déjà dans le plan que s'était tracé Régnier. En effet, Bourbaki, par son caractère aventureux et sa haute position, pouvait entraîner la garde impériale dans le mouvement qui se propageait dans l'armée, aussi Régnier proposa-t-il de l'envoyer auprès de l'impératrice sous prétexte d'une mission confidentielle que lui seul pouvait remplir.

Le général, appelé par le maréchal, se récrie d'abord à l'idée d'abandonner ses soldats ; il craint qu'on ne l'accuse de lâcheté, de désertion, mais Bazaine lui fait entendre que Régnier (qui assiste à leur conversation) est à la fois le représentant politique et militaire de la régente. L'ambassadeur *in partibus* exhibe la fameuse photographie, et Bourbaki, trop crédule, ne résiste pas davantage à l'éloquence de ceux qui font appel à son dévouement.

Bazaine ne peut du reste lui refuser l'exéat qui doit motiver son absence, et sur cette garantie de son honneur le général accepte la mission de porter une lettre à l'impératrice et une autre à la femme de Régnier.

Ce dernier, avant de quitter Bourbaki, lui donne son passe-port, délivré à Londres *par l'ambassadeur de la Confédération germanique du Nord*, et lui recommande surtout d'aller prendre sa chambre à Marine-Hôtel, et de ne *point sortir* sans avoir reçu un message. On ne lui en dit pas davantage pour le mettre en communauté d'intérêts, mais on arrive à lui persuader qu'il a la confiance absolue de la régente, et que Sa Majesté, après avoir pris connaissance de la communication dont on le charge, en référera avec lui pour le reste.

Les choses ainsi arrangées, Régnier rappelle à Bazaine que le grand-duc de Hesse lui a adressé une demande pour faire sortir de Metz plusieurs prisonniers appartenant aux ambulances de l'*Internationale*, Hessois et *autres*. Le maréchal en donne l'ordre, et Bourbaki, confondu avec ces libérés portant la croix rouge, est conduit par les trompettes parlementaires à la première station des lignes prussiennes, et de là à la frontière du Luxembourg.

Le général ainsi enlevé à son commandement, il n'y avait plus à craindre que l'armée fît une manifestation pour élire un nouveau chef, — Canrobert aimait trop à s'effacer, et Lebœuf avait perdu la confiance des soldats. — Voyant le champ libre, Bazaine et Régnier prirent aussitôt leurs dispositions pour composer avec Bismark.

Le conciliateur s'attendait à être reçu à bras ouverts par ce dernier ; mais comme il ne rapportait autre chose qu'un projet de capitulation, Bismark se mit à ergoter sur les mots.

Ainsi, au lieu de cette rédaction : — « le maréchal Bazaine m'autorise à traiter de la reddition de l'armée de Metz, » Bismark, très-formaliste en diplomatie, prétendit qu'il fallait mettre : « de l'armée sous les murs de Metz. » Puis, au sujet de la place, Régnier lui ayant dit que le général Coffinières était indépendant de Bazaine, Von Bismark répliqua que sans la ville rien ne se ferait.

A ces mots Régnier sourit, en disant que pour des raisons à lui connues il s'était abstenu de voir le gouverneur de Metz, mais que la dépêche envoyée à l'impératrice la déciderait à réunir le commandement de la place à celui de l'armée sous les ordres de Bazaine.

Bismark l'interrompit en déclarant qu'il aurait traité aussi bien avec lui que s'il était le représentant de l'empereur ou de la régente, mais qu'il regrettait qu'un homme aussi pratique, après être entré dans Metz avec la certitude d'en pouvoir sortir sans être inquiété dans aucun de ses papiers, ce qui n'avait été jamais accordé, n'en soit pas revenu avec une reconnaissance plus formelle de ses droits à traiter qu'une photographie avec la signature du maréchal et une lettre à sa femme. Bismark ajouta que cela n'était pas suffisant pour un *plénipotentiaire* et prévint Régnier qu'il était forcé de cesser toute communication ultérieure jusqu'à ce qu'il eût des pouvoirs plus étendus.

Cependant, avant de le congédier, Bismark consentit à envoyer ce télégramme à Bazaine :

« Le maréchal Bazaine autorise-t-il M. Régnier à traiter de la reddition de l'armée de Metz, en restant dans les conditions convenues avec ce dernier? »

Le lendemain Bazaine répondait ainsi :

« Je ne puis répondre affirmativement à ces questions.

» J'ai dit à M. Régnier que je ne pouvais disposer de la capitulation de Metz. »

Au reçu de ce télégramme, Bismark fit dire à Régnier qu'il ne pouvait plus le recevoir, attendu que sa mission n'avait rien d'officiel, mais que s'il revenait nanti de pièces diplomatiques il jouerait avec lui cartes sur table.

Furieux de sa déconvenue, Régnier adressa le jour même cette lettre au maréchal.

« Ferrières, vendredi 30 septembre 1870.

» Maréchal, votre hésitation à répondre affirmativement au dernier télégramme, après une convention devenue sacrée pour les trois personnes qui y ont pris part, m'éloigne momentanément de mon but. Je pars aujourd'hui. Je ne pourrai vous faire tenir des nouvelles de mon compagnon homonyme (1) et de ses amis (nouvelles écrites) qu'au plus tard le samedi 8 octobre ; restez jusque-là. Passé ce délai, si vous n'avez pas de lettres, vous êtes libre et adieu. (Votre lettre à votre femme a été envoyée) ; mais il y aura quelqu'un qui versera des larmes de ne pas être avec vous, et vous maudira, quoique moi comme lui j'en aurai le cœur brisé.

» *Strasbourg est pris.*

» RÉGNIER. »

Cette lettre, ainsi qu'une espèce de mémorandum que Régnier trouvait très-acceptable, fut remise au maréchal Bazaine par l'intermédiaire de Bismark.

Cependant Bourbaki, à qui Régnier recommande aujourd'hui de se brûler la cervelle pour avoir fait avorter son plan en ne conservant pas l'incognito, ne fut pas plutôt hors de Metz, que d'affreux soupçons lui traversèrent l'esprit. Se croyant le jouet d'une audacieuse intrigue, comme cela était supposable,

---

(1) Bourbaki, qu'il croyait à Marine-Hôtel.

le général s'empressa de se rendre auprès de l'impératrice qui, stupéfaite de le voir autant que des conditions contenues dans la dépêche qu'il apportait, ne douta plus des supercheries de Régnier.

L'affaire, ébruitée par les journaux anglais, détermina l'entremetteur à publier l'ÉTRANGE HISTOIRE que nous venons d'analyser, afin de se disculper du fait de trahison. Bourbaki, profondément humilié d'avoir été pris pour dupe, alla conter l'aventure à Gambetta, qui pour consolation lui donna un grand commandement dans l'armée de *tirailleurs* qu'il organisait.

On comprendra maintenant pourquoi Bazaine, qui par politique négociait pour sortir de Metz, ne voulait pas tenter la voie des armes et pourquoi dans toutes les attaques ultérieures à la visite de Régnier, il laissa les généraux livrés à eux-mêmes en face de l'ennemi.

Cependant les murmures continuaient autour du maréchal, et comme Régnier l'avait abandonné à ses propres inspirations, Bazaine convoqua un conseil de guerre au quartier général.

Le 10 octobre, après lecture faite des rapports des commandants de la place de Metz et des notes qu'il avait demandées aux chefs de corps, le maréchal résuma ainsi la situation :

« Du 14 août au 1er septembre, nous avons livré trois grandes batailles et tenté deux grandes sorties pour nous faire jour à travers les rangs ennemis. A partir du 1er septembre jusqu'à ce moment nous avons eu, sans parler de combats partiels, sept à huit attaques à Chieulles, Ladonchamps et Saint-Remy. Journellement encore nos compagnies de partisans harcèlent les assiégeants.

» En moins de deux mois les pertes de l'armée de Metz se sont élevées, en tués, blessés ou disparus, à 25 officiers supérieurs, 2,499 officiers de tous grades, et 40,339 sous-officiers et soldats.

» Il y a dans les hôpitaux 19,000 malades et blessés; la dyssenterie, la variole et le typhus font du ravage parmi nous, une épidémie est à redouter. La ration du soldat est descendue de 500 à 250 grammes sans blutage, mais en fusionnant toutes les ressources de la ville et les nôtres nous avons encore pour douze jours de vivres. Ce n'est pas seulement les hommes qui végètent et succombent faute d'aliments, les chevaux meurent au pacage sans autre nourriture que des écorces d'arbres; on en abat 50 par jour pour l'armée, bientôt nous n'aurons plus de cavalerie ni d'attelages.

» Dans les graves circonstances où nous nous trouvons et ne pouvant plus compter sur une armée de secours pour nous délivrer, je crois devoir vous demander s'il convient d'envoyer dès demain un de nos aides de camp à Versailles afin de faire des ouvertures au roi de Prusse. En même temps qu'on traiterait avec lui pour sortir l'armée du Rhin de la pénible situation où elle se trouve et la conserver à la France, notre envoyé se renseignerait sur l'état de choses actuel; car, sauf les prisonniers échangés qui nous apprennent de temps à autre quelques fâcheux événements, nous ignorons absolument ce qui se passe autour de nous. »

Bazaine mentait impudemment sur ce dernier point.

Outre ce qu'il avait appris par Régnier, les relations qu'il entretenait avec les ambulances internationales le tenaient au courant des affaires et il lui était facile de les apprécier.

Quoi qu'il en soit, le conseil, mis en demeure de résoudre les diverses questions posées par le maréchal, délibéra et arrêta à l'unanimité :

« 1° Que l'on tiendrait sous Metz le plus longtemps possible;

» 2° Que l'on ne ferait pas d'opérations autour de la place, le but à atteindre étant plus qu'improbable;

» 3° Que des pourparlers seraient engagés avec l'ennemi dans un délai qui ne dépassera pas quarante-huit heures, afin de conclure une convention militaire honorable et acceptable pour tous;

» 4° Que dans le cas où l'ennemi voudrait imposer des conditions incompatibles avec notre honneur, et le sentiment du devoir militaire, on tentera de se frayer un passage les armes à la main. »

Les maréchaux Bazaine, Canrobert, Lebœuf signèrent cet acte, ainsi que les généraux Frossard, Ladmirault, Desvaux, Soleille, Coffinières et l'intendant Lebrun, membres du conseil de guerre.

L'avis demandé aux chefs de corps par une lettre du 7 octobre avait déjà fait naître bien des suppositions, mais les résolutions prises au quartier général ne laissèrent plus de doute sur les intentions de Bazaine. — En apprenant que le maréchal renonçait à l'action pour entamer des négociations et que le général Boyer allait partir pour le camp ennemi, des officiers supérieurs, « humiliés dans leurs armes, blessés dans leur dignité, » ne purent contenir plus longtemps leur indignation. Ils se réunirent à la hâte, se communiquèrent leurs idées afin de tenter un coup décisif et échapper à la honte d'une capitulation qui aurait fait pendant à celle de Sedan.

Récapitulation faite, il restait encore aux officiers 1,100 chevaux en bon état et les habitants de Metz consentaient à en céder 1,600 pour les besoins de l'armée. Par conséquent on pouvait constituer un parc de 250 pièces d'artillerie et de 400 voitures. Les chefs de corps répondaient de leurs soldats, mais on reconnut qu'il fallait au moins 48 heures pour organiser le mouvement et reconnaître le terrain, faire la répartition des vivres et combiner le plan d'ensemble des opérations.

« Sans s'attacher à l'idée de sortir par le nord et d'aller se faire désarmer en pays neutre, dit un officier d'état-major, on ne songea au contraire qu'à sauver l'armée afin de reprendre la campagne. Mais quoique les opinions fussent partagées, on était d'accord pour se jeter dans les Vosges et la Franche-Comté, si l'on parvenait à passer sur le ventre aux Prussiens.

» Chacun admettait qu'une fois la trouée faite, le ralliement serait difficile, que des corps se débanderaient ou se feraient prendre avec leur matériel; il y en avait même qui, eu égard aux difficultés de l'entreprise, croyaient à la possibilité d'un échec, mais pour beaucoup la mort semblait préférable à l'horrible catastrophe qui était imminente. »

On était donc certain d'affronter mille dangers et l'on se résignait à les braver pourvu qu'on pût échapper aux affronts d'une capitulation dont Bazaine endossait volontiers la responsabilité. Dans leur indignation, les plus exaltés proposaient de lui enlever son commandement ou de le contraindre à l'abdiquer s'il refusait d'agir, mais quel chef nommer à sa place?

A la pensée d'user de violence envers le maréchal, tous les généraux reculèrent. Aucun d'eux ne voulut porter atteinte à la discipline ni violer les lois de la hiérarchie militaire ; et pourtant, quel spectacle que d'assister à l'agonie d'une armée qui au prix d'un dernier effort pouvait encore sauver l'honneur du drapeau !

Toutefois, après s'être consultés, certains officiers supérieurs décidèrent de se rendre sur-le-champ au grand quartier général pour engager Bazaine à tenter le sort des armes. Mais, dès les premiers mots de l'entretien, le maréchal, voyant qu'on voulait exercer sur lui une pression morale, dissimula comme de coutume. Puis, tout en protestant que son intention n'était nullement de capituler, Bazaine avoua que, par suite de la décision qu'il avait prise d'accord avec son grand état-major, le général Boyer allait partir pour Versailles, afin d'y arrêter les termes d'une convention militaire qui permettait à l'armée de quitter honorablement la place ; il espérait, disait-il, voir cette démarche réussir et 48 heures suffisaient pour savoir à quoi s'en tenir. Si la négociation échouait, il faudrait selon lui marcher, sortir quand même et dans sa pensée son plan était déjà arrêté. Ses mesures étaient prises pour se trouver prêt à agir au retour de son aide de camp, si les circonstances l'exigeaient. Bazaine ajoutait que sa position vis-à-vis de l'armée était fort peu enviable et que si un autre voulait s'en charger, il était prêt à lui abandonner le commandement et à résigner ses pouvoirs.

Tout ce verbiage équivalait à un refus déguisé de reprendre les opérations. Sous ces spécieuses paroles et ces fausses promesses on devinait que les négociations allaient s'entamer, qu'aucune tentative ne serait faite pour s'ouvrir un chemin et que ces attermoiements mèneraient à l'heure où il ne serait plus possible de tenter une action efficace.

Devant cette résolution, si transparente, de ne rien faire s'évanouirent toutes les espérances. « Il n'y avait plus qu'à courber la tête et à attendre l'heure du déshonneur; elle allait sonner. »

Qu'on vienne dire après ce lamentable épisode que l'armée française n'est pas un modèle d'abnégation et de discipline. Qui donc encore oserait lui imputer les désordres qu'ont fait naître ailleurs les trahisons et les complots des vrais fauteurs de la guerre?

Nos ennemis eux-mêmes reconnaissent que nos malheurs pendant la dernière campagne ne peuvent aucunement être attribués aux soldats qui ont glorieusement combattu, mais à certains chefs qui se sont indignement comportés.

Peut-être notre grand et petit état-major rachèteront-ils la déconsidération qui les frappe en profitant de la trêve actuelle pour mieux approfondir la tactique et les règles de l'art militaire en vue d'une éclatante revanche. — Nous en acceptons déjà l'augure; mais se figure-t-on quel accueil attendait Bazaine, si, à l'exemple du grand Condé, il eût lancé son bâton de maréchal dans les lignes ennemies et ramené à la France l'élite de ses soldats! Quel triomphe pour lui! quelle page immortelle pour notre histoire! Pourquoi faut-il que cet émule de Raguse ait choisi le pilori, quand la patrie reconnaissante marquait sa place au Panthéon !

Quoi qu'il en soit, placé dans l'alternative de servir la cause du pays ou celle de Badinguet, le maréchal Bazaine se jeta dans la mauvaise voie. Il est vrai que pour tenter de se réhabiliter il a publié plusieurs rapports que nous allons analyser.

A vrai dire, on éprouve quelque répugnance à pénétrer dans cet inextricable foyer d'intrigues, mais il est bon de les démêler pour l'édification du pays. — Nous ferons remarquer que le général Boyer, qui devait aller à Versailles traiter au nom du maréchal Bazaine, ne put partir de Metz que le 12 octobre.— Le sauf-conduit demandé pour lui ayant été refusé par le prince Frédéric-Charles, il fallut s'adresser au roi de Prusse pour l'obtenir. Un calcul perfide avait retardé son départ : aussi l'aide de camp de Bazaine ne put arriver que le 14 à Versailles où, fidèle à sa politique de *Peaux-Rouges*, M. de Bismark le fit attendre toute une journée avant de le recevoir. Il y avait de la cruauté dans cette combinaison, car notre armée dépérissait d'heure en heure, et l'on ne distribuait plus à chaque homme que deux livres de betteraves et 200 grammes d'amidon. Ce régime quotidien n'était supportable à la rigueur que durant dix ou douze jours, on ne pouvait le prolonger davantage par rapport à l'affaiblissement des hommes qui n'aurait plus permis d'effectuer la percée.

Le 17 octobre, l'aide de camp Boyer repartit pour Metz, et le lendemain, dans une conférence à laquelle assistait le général Changarnier, il rendait compte de sa mission.

Von Bismark ne s'était pas montré plus accommodant pour l'armée de Bazaine que pour celle de Mac-Mahon. Ses conditions pour laisser nos troupes sortir de Metz avec armes et bagages, étaient, disait-il, subordonnées à une question politique dont *on ne pouvait encore discuter les conditions*, attendu que la Prusse reconnaissait l'impossibilité d'entamer des pourparlers avec le gouvernement de la Défense nationale, sans la convocation préalable d'une Assemblée constituante, qui seule aurait autorité pour garantir le traité à intervenir.

C'était ce que voulaient nos réactionnaires pour faire cesser la dictature de Gambetta, le seul homme du gouvernement de la Défense nationale assez hardi pour continuer la guerre à outrance, mais aussi le plus remarquable par ses extravagances.

Il va de soi que le général Boyer exposa au conseil la situation intérieure de la France, telle qu'elle lui avait été dépeinte par Bismark, et qu'il insista particulièrement sur ce que la Prusse n'ayant pas reconnu l'administration du 4 septembre, considérait encore comme gouvernement de droit celui qui émanait du plébiscite et de la constitution de 1870, votée en mai par le peuple français.

Sur cet exposé, le conseil décida, à la majorité de 7 voix sur 4, que le général Boyer retournerait à Versailles, et de là se rendrait en Angleterre, dans l'espoir que l'intervention de l'impératrice-régente, auprès du roi de Prusse, obtiendrait des conditions plus favorables pour l'armée de Metz. — Mais la Montijo n'avait rien de plus à attendre de la générosité de Guillaume que de la considération qu'avaient pour elle le czar et l'empereur d'Autriche.

Il fut donc résolu, à l'unanimité, que le maréchal Bazaine *ne saurait accepter aucune délégation pour signer les bases d'un traité impliquant des questions étrangères à l'armée,* « celle-ci devant rester en dehors de toute négociation politique. »

Pendant ces préliminaires, le temps devenait propice pour une opération de jour ou de nuit. Un ordre de Bazaine, et tout était prêt pour la sortie tant désirée. — Mais les tendances du maréchal étaient d'autant plus opposées au mouvement qu'on ne pouvait espérer réussir, il ne fit que l'entraver. Ainsi l'armée de Metz, que n'avaient pu vaincre les Prussiens, malgré leurs manœuvres sous bois et la puissance de leur artillerie, était condamnée à attendre, l'arme au bras, que la famine l'épuisât, et qu'au lieu d'une convention honorable, on lui imposât la plus honteuse capitulation.

Le général Boyer, dont les tentatives devaient être infructueuses, repartit pour Versailles, et Bazaine n'en eut plus de nouvelles, — mais, par l'intermédiaire du prince Frédéric-Charles, le maréchal apprit le 24 octobre que les garanties stipulées par son aide de camp avaient paru excessives à l'autorité militaire allemande, et qu'elle n'entrevoyait plus aucune chance d'arriver à un résultat par des négociations politiques.

Le 25, après une nouvelle réunion où Bazaine donna connaissance de la communication du prince Frédéric-Charles, le conseil voulut enfin s'édifier sur les intentions de l'ennemi à l'égard de l'armée de Metz, et pria le général Changarnier de se rendre au quartier général allemand pour tâcher d'obtenir, non une capitulation, mais un armistice avec ravitaillement, ou que l'armée pût se retirer en Algérie.

Cette délicate mission que le général Changarnier voulut bien accepter par dévouement, n'aboutit pas mieux que les précédentes, et une tentative de vive force étant considérée comme un acte de désespoir on se résigna à capituler.

Le 26 octobre, le général Jarras fut délégué par le conseil pour arrêter et signer une convention militaire, par laquelle l'armée française, vaincue par la famine, se constituait prisonnière de guerre. Le même jour, au rapport, l'ordre fut donné de déposer les aigles à l'arsenal où elles devaient être détruites.

Dans sa brochure justificative Bazaine ajoute ceci, avec un faux semblant de tristesse :

« *Mais cet ordre* ne fut malheureusement pas exécuté dans tous les corps. *On en demanda un nouveau avec attache de l'état-major général; on perdit ainsi des moments précieux; et, une fois la convention signée, c'eût été manquer à la parole donnée que de ne pas exécuter rigoureusement toutes les clauses, quelque pénibles qu'elles fussent.* Du reste, les trophées militaires n'ont de valeur morale que quand ils sont pris sur le champ de bataille; ils n'en ont aucune quand ils sont déposés dans un arsenal. »

Bazaine, en traçant ces lignes, espérait sans doute ne pouvoir être taxé d'hypocrisie; il croyait avoir détruit à jamais toute trace du douloureux incident qui avait signalé la remise des aigles et étendards de l'armée du Rhin au prince Frédéric-Charles, en arrachant le feuillet du registre de correspondance du grand état-major, sur lequel avaient été transcrites les lettres relatives aux drapeaux. Heureusement, pour la vérité historique, le chef d'état-major du 6ᵉ corps d'armée a pu conserver les dépêches qu'il a reçues à ce sujet.

Nous en donnons ici les copies certifiées conformes :

« *A. S. E. le maréchal Canrobert, commandant du 6ᵉ corps.*

Au grand quartier général, Ban-Saint-Martin, 27 octobre 1860.

» Monsieur le Maréchal,

» Veuillez donner des ordres pour que les aigles des
» régiments d'infanterie de votre corps d'armée soient
» recueillies demain matin de bonne heure, par les
» soins de votre commandant d'artillerie, et transpor-
» tées à l'arsenal de Metz, où la cavalerie a déjà
» déposé les siennes ; vous préviendrez les chefs de
» corps QU'ELLES Y SERONT BRULÉES.
» Ces aigles, enveloppées dans leurs étuis, seront
» emportées dans un fourgon fermé ; le directeur de
» l'arsenal les recevra et en délivrera des récépissés
» au corps.

» *Le maréchal commandant en chef,*

» Signé : BAZAINE. »

Cette dépêche a été écrite dans les bureaux de l'état-major général. Le lendemain, l'ordre suivant était adressé au directeur de l'arsenal :

Cabinet du maréchal
    Commandant en chef.

« Ban-Saint-Martin, 28 octobre.

» ORDRE.

» D'après la convention militaire signée hier soir 27
» octobre, tout le matériel de guerre, étendards, etc.,
» doit être déposé, inventorié et conservé intact jus-
» qu'à la paix : les conditions définitives de la paix
» doivent seules en décider.

» En conséquence, le maréchal commandant en
» chef prescrit de la manière la plus formelle au co-
» lonel de Girels, directeur d'artillerie à Metz, de rece-
» voir et de garder en lieu fermé tous les drapeaux qui
» ont été ou qui seront versés par les corps. Il ne de-
» vra sous aucun prétexte rendre les drapeaux dépo-
» sés, de quelque part que la demande en soit faite.
» Le maréchal commandant en chef rend le colonel de
» Girels responsable de l'exécution de cette disposition
» qui intéresse au plus haut degré le maintien des
» clauses de la *Convention honorable* qui a été signée et
» l'HONNEUR DE LA PAROLE DONNÉE.

» Le maréchal commandant en chef,

» *Signé* : BAZAINE.

» *A monsieur le colonel de Girels, directeur
de l'arsenal de Metz.* »

Ainsi, le maréchal Bazaine, pour empêcher les régiments de détruire leurs drapeaux et se montrer
agréable au prince Frédéric-Charles, ne craignait pas

de tromper, par sa dépêche du 27 octobre, les commandants des corps d'armée français !

Le lendemain 28, après *avoir violé la parole donnée par écrit* à ses troupes de faire brûler les aigles, il avait l'effronterie de parler de « convention honorable et de l'*honneur* de la parole donnée...... » à l'ennemi.

Nous soumettons ces documents à l'appréciation de nos lecteurs ainsi que des détails circonstanciés sur les moyens auxquels Bazaine a eu recours pour faire cadeau de nos drapeaux aux Prussiens qui n'ont pas eu honte de les envoyer à Berlin comme s'ils les avaient conquis.

Hélas ! ces nobles insignes devinrent les glorioles du couronnement de Guillaume, étalées au pied de sa statue équestre le jour où, travesti en empereur et roi, il fit une entrée carnavalesque dans sa triste capitale, entouré de casques à pointe chargés de lauriers comme des jambons de Pâques. Mais comme toute médaille a son revers nous ne désespérons pas de retourner un jour SOUS LES TILLEULS, ces Champs-Élysées de PENDULOPOLIS. Alors nous tiendrons à honneur de nous rappeler : « que sous le coup d'une extrême infortune, un peuple barbare nous a fait subir le plus effroyable outrage qu'on puisse imposer à une nation civilisée. »

Mais retournons à notre douloureuse narration.

Dans la soirée du 27 octobre 1870, les chefs d'état-major des deux armées signèrent au château de Frescaty, près de Metz, la capitulation qui le 28 fut acceptée par le conseil, ainsi que le protocole annexé à ce document. Le 29 au soir, Bazaine se constituait prisonnier à Corny, d'où le roi de Prusse l'expédiait à Cassel, auprès de Badinguet.

Ce maréchal dont la résolution personnelle était de ne pas capituler et qui en donnait l'assurance formelle à ses officiers, voici dans quels termes il faisait ses adieux aux défenseurs de Metz.

« *En me séparant de cette brave armée qui a toujours été un modèle de discipline et de loyauté, je lui adressai l'ordre du jour ci-après, faible expression de ma reconnaissance pour son patriotisme et les solides qualités militaires dont elle a donné tant de preuves pendant les plus tristes périodes de la guerre.* »

A L'ARMÉE DU RHIN.

« Vaincus par la famine, nous sommes contraints de subir les lois de la guerre en nous constituant prisonniers. A diverses époques de notre histoire militaire, de braves troupes commandées par Masséna, Kléber, Gouvion-Saint-Cyr, ont éprouvé le même sort, qui n'entache en rien l'honneur militaire, quand, comme vous, on a aussi glorieusement accompli son devoir jusqu'à l'extrême limite humaine.

» Tout ce qu'il était humainement possible de faire pour éviter cette fin a été tenté et n'a pu aboutir.

» Quant à renouveler un suprême effort pour briser les lignes fortifiées de l'ennemi, malgré votre vaillance et le sacrifice de milliers d'existences qui peuvent être encore utiles à la patrie, il eût été infructueux par suite de l'armement et des forces écrasantes qui gardent et appuient ces lignes; un désastre en eût été la conséquence.

» Soyons dignes dans l'adversité, respectons LES
» CONVENTIONS HONORABLES qui ont été stipulées, si nous
» voulons être respectés comme nous le méritons.
» Évitons surtout, pour la réputation de cette armée,
» les actes d'indiscipline comme la destruction d'armes
» et de matériel, PUISQUE, D'APRÈS LES USAGES MILITAIRES,
» PLACES ET ARMEMENT DOIVENT FAIRE RETOUR A LA FRANCE
» LORSQUE LA PAIX SERA SIGNÉE.

» En quittant le commandement je tiens à exprimer
» aux généraux, officiers et soldats toute ma recon-
» naissance pour leur loyal concours, leur brillante
» valeur dans les combats, leur résignation dans les
» privations, et c'est le cœur navré que je me sépare
» de vous.

» Ban-Saint-Martin, le 28 octobre 1870. »

Admirons surtout ce résumé de Bazaine :
« *J'espère que l'histoire rendra justice à l'armée du*
» *Rhin et que la grande voix de l'opinion publique dira*
» *qu'elle a bien mérité de la patrie.* »
C'est déjà fait! le monde entier a rendu hommage à la valeur de nos soldats qui ont, en effet, bien mérité de la patrie. Mais personne ne confondra cette noble armée avec son indigne chef, qui dans le présent et l'avenir n'obtiendra même pas les éloges de nos ennemis. Qu'il descende donc au niveau de Raguse et que le mépris de l'histoire les flétrisse tous deux à jamais.

Les Messins, qui ont élevé une statue à Fabert, en souvenir de sa défense héroïque, ont pris soin de la voiler le jour de la reddition. En revanche, on peut voir, non loin de la ville, un arbre écorcé et marqué d'un B au fer rouge. — C'est, disent les habitants, la potence qui attend Bazaine.

En dévoilant tous ces détails, l'histoire donnera aussi à l'Europe la juste mesure de cette gloire prussienne, née de nos discordes civiles, de la stupidité de Badinguet, de trahisons infâmes et du mépris de toutes les règles de la guerre ; puis, comme couronnement elle montrera les Français épuisés de sang et d'or s'entr'égorgeant sous les yeux d'un vainqueur sauvage, triomphant là où il méritait de succomber.

CHAPITRE XXVIII.

EN EXIL.

Sommaire. — Badinguet à Wilhelmshœhe. — Détails intimes. — Le vice-empereur. — Proclamation. — Badinguet et Nini à Chislehurst. — Chez Mme Tussand. — La chambre des horreurs. — Dernière incarnation de Badinguet.

Il ne nous reste plus, pour achever notre tâche, qu'à raconter les loisirs de l'auguste exilé.

Après l'avoir pris au trébuchet de Sedan, le roi Guillaume avait ordonné qu'il fût traité avec tous les égards dus à une Majesté tombée. On donna donc à Badinguet une garde d'honneur de 150 hommes d'infanterie. — Le colonel de Kersald, qui remplissait les fonctions de gouverneur du château de Wilhelmshœhe, commandait cette compagnie.

Le captif pouvait encore trancher du souverain, son entourage se composait des débris de sa maison civile et militaire, les gens de service étaient au nombre de quarante.

Les issues du château étaient étroitement gardées par les soldats, et nul ne pouvait entrer ni sortir sans un permis signé du colonel gouverneur. On assure qu'il fallut punir plusieurs sentinelles qui se refusaient à présenter les armes à l'ex-empereur, parce qu'il ne leur paraissait pas digne de cet honneur. La population de Cassel, qui le détestait autant que la garnison de Wilhelmshœhe, était très-mécontente des égards que le gouvernement prussien prodiguait à son prisonnier. C'est au point que celui-ci a vu le spectacle décommandé un soir qu'il voulait se montrer au théâtre.

Wilhelmshœhe est, paraît-il, un petit village de quelques centaines d'habitants. Son château servait de pied-à-terre au prince Électeur de Hesse, et n'était pas disposé pour recevoir une suite nombreuse. Le caractère brutal et l'avarice du suzerain en éloignaient les courtisans; mais dès l'arrivée de Badinguet dans cette résidence prison, on y ajouta de nouvelles constructions; des écuries s'élevèrent à l'entrée du parc, et l'habitation du portier-consigne fut agrandie d'un étage où fut placé le corps de garde. A fond du magnifique jardin, l'on établit une galerie couverte qui communiquait à une serre garnie d'arbustes et de fleurs, où le prisonnier passait une partie de ses matinées, tantôt accroupi dans un fauteuil et écoutant la lecture des journaux en sommeillant à moitié, tantôt se promenant lentement appuyé sur le bras du docteur Conneau ou du général Douay. Ces personnages ne quittaient pas l'empereur; ils avaient leurs appartements au second étage du château, et souvent le médecin passait la nuit sur un lit de camp qui se trouvait dans la pièce attenante à la chambre à coucher du captif.

Ce dernier se levait ordinairement entre huit et neuf

heures du matin ; il se montrait plusieurs fois par jour sous la balustrade de la fenêtre, une tasse à la main, et s'amusait à jeter des miettes de pain aux oiseaux qui accouraient en grand nombre. Ainsi, le juste a pitié des bêtes. Après s'être donné ce plaisir, il descendait dans la serre, où d'habitude se trouvaient sur une table une grande quantité de journaux et de lettres venant de Tours et de Berlin. Les lettres contenaient pour la plupart des suppliques, des demandes de secours et des dénonciations émanant de gens qui tenaient à faire de la police en amateurs, mais dans un but intéressé.

Autant que l'apparence permettait d'en juger, l'ex-empereur vivait à Wilhelmshœhe dans la plus grande retraite, mais les intrigues impérialistes allaient leur train.

Les messages politiques n'étaient pas confiés à la poste, de crainte d'un cabinet noir ; mais tous les trois jours une estafette arrivait de Londres et remettait des papiers importants au général Frossard, à l'hôtel du Nord, à Cassel. — Une heure plus tard, une calèche de louage déposait le général à la porte de Wilhelmshœhe, quelquefois il amenait l'estafette avec lui, et l'introduisait auprès de l'ex-empereur.

Si aucun incident ne survenait, Louis Napoléon recevait des visites pendant toute l'après-midi ; bien entendu, il n'était visible que pour les officiers français qui demeuraient à Cassel. Il en retenait ordinairement quatre ou cinq à dîner ; le repas durait toujours très-longtemps et l'on faisait bonne chère. Les étangs des environs et les forêts giboyeuses fournissaient un large contingent à la table du prisonnier, et les détonations du champagne ne manquaient jamais d'éclater au dessert. Parfois, le soir, les officiers amenaient leurs femmes qui avaient reçu l'autorisation de les rejoindre, et l'on organisait de petites représentations intimes, des raoûts qui rappelaient sans doute à Napoléon les soirées d'autrefois. A minuit, la société se séparait, et les bons habitants de Wilhelmsbœhe, plongés depuis longtemps dans le sommeil, se réveillaient au bruit du fracas des voitures qui ramenaient les invités.

Louis Napoléon ne sortait que très-rarement ; il se mettait en tenue civile, afin d'éviter certaines manifestations, et il ne restait jamais dehors plus de deux heures ; il préférait, quand le temps n'était pas trop froid, faire une tournée dans le grand jardin. Quelquefois, il se livrait à l'exercice du patin, sur un bassin assez large, situé devant la façade du château. Les rares passants qui longeaient la route de Cassel pouvaient alors, en jetant un regard à travers la grille, assister aux ébats impériaux.

Cette passion du patin faillit lui coûter la vie ; un jour il fit une chute qui détermina une contusion au front et une légère fracture à la jambe. Aussi dut-il rester onze jours sans sortir, et quatre jours au lit. Le second jour, une fièvre très-violente s'était déclarée, et le gouverneur du château télégraphia à Berlin et à Versailles que le prisonnier était au plus mal. La reine Augusta envoya aussitôt son propre médecin, M. le docteur Richter. Depuis cet accident, ce dernier, sur la prière de Badinguet, se rendait à Wilhelmshœhe une fois par semaine.

Peu à peu, l'ex-sire se releva de l'abattement où il

se trouvait à la suite de la catastrophe de Sedan. Il ne parlait guère selon son habitude, mais on l'entendait souvent rire de ce petit rire sec et sarcastique bien connu des habitués des Tuileries et de Saint-Cloud.

Il travaillait à peine et très-lentement, car il mit six semaines à rédiger le memorandum dont le *Mercure de Souabe* donna plusieurs extraits, et ne répondait que par hasard aux demandes qu'on lui adressait.

En somme, le séjour de Wilhelmshœhe était un paradis auprès de Sainte-Hélène, et le colonel Kersald, son gouverneur, était un ange en comparaison de sir Hudson Lowe.

La reddition de Metz apporta beaucoup de changement dans l'intérieur du château, une grande animation remplaça la monotonie qui y régnait. Une foule de réfugiés qui s'étaient retirés en Suisse, les Vandal, les Pietri, les Levert, etc., ainsi que des diplomates des plus marquants de l'empire, Fleury, La Valette et autres, se rendirent à Wilhelmshœhe. Tout le flot de généraux faits prisonniers après la capitulation de Bazaine s'abattit sur les hôtels de Cassel, et jusque dans les maisons particulières; de là cette affluence qui coïncidait, à n'en pas douter, avec les négociations relatives à un traité de paix élaboré par Regnier qui, changeant de plan, voulait quand même restaurer la dynastie impériale à l'aide de 150,000 prisonniers de guerre français, choisis tout exprès pour marcher sur Paris, et renverser le gouvernement du 4 septembre.

Von Bismark et le roi Guillaume feignaient de prêter l'oreille à cet arrangement; mais ils connaissaient trop bien la situation pour favoriser le rétablissement de Badinguet ou soutenir une régence.

Dès les premiers jours de leur arrivée à la résidence, Bazaine, Canrobert et Ladmirault semblaient d'accord lorsqu'un incident vint jeter la désunion dans les petites réunions intimes. Différents bruits circulaient au sujet du général Ladmirault ; on l'accusait plus ou moins ouvertement d'avoir tenu à Metz des propos outrageants contre l'empereur et d'avoir organisé un complot pour supplanter Bazaine dans son commandement.

Les rumeurs grossissaient et avaient déjà causé plusieurs duels, à la suite desquels Badinguet manda devant lui Bazaine et Ladmirault. L'explication, paraît-il, fut très-orageuse, car le soir même le général disgracié quittait Cassel pour aller attendre à Coblentz que le gouvernement prussien lui assignât une résidence. Quant à Bazaine, il continua de demeurer à Cassel, où sa femme le rejoignit.

Une personne de confiance de la suite de Badinguet ayant été envoyée à l'impératrice avec des lettres extrêmement importantes, Nini, accompagnée d'un monsieur à l'air fort distingué et d'une dame d'un certain âge, vint rendre visite au prisonnier. La reine de Prusse, qui s'intéressait beaucoup à ces majestés déchues, envoya plusieurs femmes de service pour les besoins particuliers de l'ex-souveraine des Francais ; les appartements étaient préparés et on s'attendait à un long séjour, mais, à la grande surprise de l'entourage, notre ci-devant régente repartit après une visite qui ne dura que dix-huit heures.

Peu de jours après ce brusque départ, M. Rouher arriva en personne, et Napoléon resta avec lui dans la fameuse serre pendant plus de quatre heures ; il s'agissait de s'entendre sur la rédaction d'un mémoire destiné à la Prusse. Avant de retourner à Londres, le *vice-empereur* eut un long entretien à Cassel avec M. le comte de Thile, secrétaire d'État au département des affaires étrangères à Berlin.

Parmi les autres personnes dont l'apparition fut signalée à Wilhelmshœhe, il importe de citer M. Pietri, venu de Genève, M. Hubaine, de Florence, et enfin, M. Paul de Cassagnac, interné dans la citadelle de Gœrlitz. Mais celui-ci reçut bientôt l'ordre de retourner à sa résidence sous l'escorte d'un sous-officier de gendarmerie.

A Cassel, dans la garnison, on parlait alors d'évasion et l'on racontait que M. de Cassagnac voulait persuader au prisonnier de s'échapper pour se mettre à la tête de l'armée. Quoi qu'il en fût, dès cette époque la surveillance devint un peu plus rigoureuse, et sur l'ordre de M. de Bismark, quand Napoléon sortait en voiture, M. de Kersald le suivait ordinairement dans une calèche.

Pour défrayer sa dépense, l'ex-empereur avait un crédit ouvert dans une maison de banque de Francfort, mais il en usait fort peu. En revanche il tirait des fonds de Londres, et les recevait moitié en billets anglais, moitié en or français, de sorte que cette monnaie circulait beaucoup dans Cassel.

Une fois par semaine, un rapport sur l'état des prisonniers était envoyé directement au grand quartier général, dont Wilhelmshœhe relevait directement ; c'était M. de Bismark lui-même qui envoyait les instructions et les différents ordres au gouverneur.

Quand par hasard un étranger de distinction obtenait d'être admis auprès de l'ex-empereur, il était rare que la conversation ne tombât pas sur les événements qui avaient précédé ou suivi la débâcle de l'empire. Naturellement Badinguet s'en prenait toujours aux écrivains séditieux et aux réformateurs qui pervertissaient l'esprit des masses ignorantes en leur faisant entrevoir que la liberté illimitée peut seule procurer le bien-être et sauver la société. Il se défendait surtout de s'être approprié des fonds publics et d'avoir suscité la guerre afin de mieux dissimuler des transactions illégales. Il prétendait n'avoir pour toute fortune que celle qui lui venait de l'héritage paternel ; sauf quelques propriétés en Suisse, en Italie, il ne possédait rien autre chose, — enfin, sa femme n'avait absolument que son douaire privé et ses bijoux.

On voit par là jusqu'où peut aller l'impudence de cet homme, qui, outre ses propriétés en Sologne, dans les Landes, près de Paris et en Algérie, a entassé plus de 28 millions dans les banques étrangères. Nous ne parlons même pas des trésors de l'armée dont il a su dissimuler une partie dans des caissons, qu'une clause de la capitulation de Sedan lui laissa intacts.

Habitué au mensonge, il ne conviendra jamais d'avoir provoqué à la guerre, il nie aussi d'avoir contribué à la déroute de l'armée en s'écriant : « Nous sommes perdus ! je suis trahi ! »

Ces mots, qui ont été entendus par des soldats, ont été répétés de bouche en bouche, et ont finalement ébranlé la confiance des troupes envers leurs chefs, qui partout se laissaient surprendre par l'ennemi.

La réponse invariable qu'il fait à toutes les questions qu'on lui adresse à ce sujet, est celle-ci :

« Je n'ai point crié à la trahison, mais j'ai pu dire que nous nous étions trompés sur la force de notre armée et sur celle des Prussiens. Mes pauvres soldats prisonniers en Allemagne ont eu tort de croire à la félonie des chefs de corps ; ils s'abusaient autant sur leur gloire que sur leur ambition et sont inhabiles à reconnaître, à supposer même, qu'ils ont été vaincus.

» Quant à ce qui me regarde, et en basant mon opinion sur mes convictions personnelles, j'ai fréquemment précautionné mes ministres contre des estimations erronées. Je me souviens parfaitement que bien des fois le maréchal Niel, indiquant du doigt les tiroirs de son bureau, me disait avec confiance et secrètement que l'armée était parfaitement organisée, équipée, et prête pour toute espèce d'opérations.

» Il en fut exactement de même avec le maréchal Lebœuf. Ce n'est probablement pas la faute du cœur, mais bien de la tête que de n'avoir pas voulu faire cas de mes appréhensions, lorsque j'assurais que nous ne pouvions pas lutter contre les établissements prussiens; que notre effectif militaire était en comparaison de l'effectif prussien totalement insuffisant.

» Oui ! voilà la faute, voilà l'erreur, dont la responsabilité doit être partagée par nous tous, en plus ou moins lourde part, et qui nous a conduits aux plus désastreuses conséquences ! Nous devions avoir prêts à entrer en ligne 200,000 hommes de la réserve. Mais lorsqu'on en a eu besoin, la moitié à peine put être réunie, et cela après des semaines de délai. C'est ainsi que les Prussiens nous ont gagnés. Néanmoins la bravoure de nos soldats les a obligés à doubler le nombre de leurs hommes, etc., pour gagner de faciles victoires. »

Évidemment, l'ex-empereur voudrait atténuer les néfastes effets de ses faux calculs et en rejeter la responsabilité sur les derniers ministres de la guerre ; mais il est notoire que ceux-ci n'agissaient jamais que sur ses propres inspirations. Du reste, ce que nous avons dit du document trouvé aux Tuileries prouve que ce faux César savait fort bien à quoi s'en tenir sur les forces de nos ennemis. C'est donc sur lui que doit retomber de tout son poids la honte d'une troisième invasion.

Comptant toujours sur quelque intervention des puissances en sa faveur, Badinguet soupirait après la paix et comme elle était subordonnée à la prise de Paris, il attendait avec anxiété que les Prussiens eussent fait leur entrée. Cependant il était loin de prévoir la courageuse résistance des assiégés et leur résignation à tout supporter plutôt que de capituler. Aussi quelle joie se lisait sur les traits de ce misérable, quand un télégramme lui annonça que la famine avait eu raison de la Capitale !

A la nouvelle de l'armistice, ses agents se mirent aussitôt en campagne, une somme de deux millions et des cargaisons de cigares furent distribuées aux soldats prisonniers en Allemagne. *Le Drapeau*, organe de la faction bonapartiste de Londres, redoubla d'invectives contre les défenseurs de la patrie ; mais pendant que ses partisans s'agitaient pour restaurer l'empire, Badinguet feignait la plus tranquille indifférence.

Il ne sortait plus de Wilhelmshœhe, et lorsqu'on lui demandait s'il retrouverait moralement et physiquement assez de forces pour ressaisir les rênes du gouvernement, dans le cas où un revirement favorable des esprits viendrait à le rappeler au trône, il répondait :

« — Lorsque je considère les incertitudes, les embarras de la route pour atteindre le but, lorsque je considère les nombreux et vastes obstacles qu'il faudrait renverser, je ne me sens plus d'ambition au cœur, je préfère être indépendant ; j'aimerais mieux même, hélas ! rester comme je suis, prisonnier et ne jamais toucher le sol français ! »

A quiconque lui demande, si eu égard à ses intérêts comme père, il n'aurait point le désir de laisser la couronne à son fils et de perpétuer ainsi sa dynastie, l'ex-sire réplique d'un air contrit :

« — Non ! même pour mon fils, je ne puis avoir ce désir ! Je l'aime trop pour lui désirer de si cruelles et de si terribles incertitudes ! Si elles doivent exister pour lui, la vie privée sera bien plus heureuse, sans les responsabilités effrayantes d'une semblable opposition, — et ceci surtout en France, qui jamais n'oubliera l'humiliation actuelle. »

Ceci est fort bien dit ; mais tel que l'homme à deux visages Louis Napoléon a des idées doubles ou plutôt s'imagine que sa conscience est insondable.

Pour qui sait lire entre les lignes, nous avons réservé ce morceau final comme un chef-d'œuvre de fausseté.

C'est la dernière incarnation de Badinguet, qui, pour aller de pair avec Rocambole, voudrait ressusciter encore une fois ; mais grâce à ceux qui l'ont tué, l'empire est mort et bien mort !

L'homme qui avait dit après son coup d'État : la

France ne périclitera pas entre mes mains, et qui l'a mise sous le talon de Guillaume, a senti le besoin de nous adresser ce manifeste :

« Français,

» Trahi par la fortune j'ai gardé depuis ma captivité ce profond silence qui est le deuil du malheur. Tant que les armées ont été en présence, je me suis abstenu de toutes démarches, de toutes paroles qui auraient pu diviser les esprits. Je ne puis, aujourd'hui, me taire plus longtemps devant les désastres du pays, sans paraître insensible à ses souffrances.

» Au moment où je fus obligé de me constituer prisonnier, je ne pouvais traiter de la paix. N'étant plus libre, mes résolutions auraient semblé dictées par des considérations personnelles. Je laissai au gouvernement de la régente, siégeant à Paris, au milieu des Chambres, le devoir de décider si l'intérêt de la nation exigeait la continuation de la lutte.

» Malgré des revers inouïs, la France n'était pas domptée : nos places fortes étaient encore debout, peu de départements envahis. Paris en état de défense, l'étendue de nos malheurs pouvait être limitée.

» Mais pendant que tous les regards étaient tournés vers l'ennemi, une insurrection éclata dans Paris; le siége de la représentation nationale fut violé, la sécurité de l'impératrice menacée, un gouvernement s'installa par surprise à l'Hôtel de Ville, et l'empire, que toute une nation venait d'acclamer pour la troisième fois, abandonné par ceux qui devaient le défendre, fut renversé.

» Faisant trêve à mes justes ressentiments, je m'écriai : « Qu'importe la dynastie si la patrie peut être sauvée ! » et au lieu de protester contre la violation du droit, j'ai fait des vœux pour le succès de la défense nationale, et j'ai admiré le dévouement patriotique qu'ont montré les enfants de toutes les classes et de tous les partis.

» Maintenant que la lutte est suspendue, que la Capitale malgré une résistance héroïque a succombé et que toute chance raisonnable de vaincre a disparu, il est temps de demander compte à ceux qui ont usurpé le pouvoir, du sang répandu sans nécessité, des ruines amoncelées sans raison, des ressources du pays gaspillées sans contrôle.

» Les destinées de la France ne peuvent être abandonnées à un gouvernement sans mandat, qui en désorganisant l'administration n'a pas laissé debout une seule autorité émanant du suffrage universel.

» Une nation ne saurait obéir longtemps à ceux qui n'ont aucun droit pour commander. L'ordre, la confiance, une paix solide ne seront rétablis que lorsque le peuple aura été consulté sur le gouvernement le plus capable de réparer les maux de la patrie.

» Dans les circonstances solennelles où nous nous trouvons, en face de l'invasion et de l'Europe attentive, il importe que la France soit une dans ses aspirations, dans ses désirs comme dans ses résolutions. Tel est le but vers lequel doivent tendre les efforts de tous les bons citoyens.

» Quant à moi, meurtri par tant d'injustices et d'amères déceptions, je ne viens pas aujourd'hui réclamer des droits que quatre fois en vingt ans vous m'avez librement conférés. En présence des calamités qui nous entourent, il n'y a pas de place pour une ambition personnelle ; mais tant que le peuple régulièrement réuni dans ses comices n'aura pas manifesté sa volonté, mon devoir sera de m'adresser à la nation comme son véritable représentant et de lui dire : « Tout ce qui s'est fait sans votre participation est illégitime. »

» Il n'y a qu'un gouvernement issu de la souveraineté nationale qui, s'élevant au-dessus de l'égoïsme des partis, ait la force de cicatriser nos blessures, de rouvrir nos cœurs à l'espérance comme les églises profanées à vos prières, et de ramener au sein du pays le travail, la concorde et la paix.

» NAPOLÉON.

» Wilthelmshœhe, le 8 février 1871. »

Cette proclamation peut se traduire ainsi : « Français, demandez un nouveau plébiscite et rappelez-moi ! »

Si Badinguet avait pu se douter du peu d'effet que produirait cet appel au peuple, et du résultat des élections, il se serait dispensé d'envoyer sa protestation et de revendiquer ses droits d'une façon déguisée. Il est clair, à présent, qu'on ne veut pas plus de lui que de ses budgétivores, de sa *Nini*, ni de son *Loulou*. La France les couvre tous de ses malédictions!

Mᵐᵉ César, qui ne trouvait pas plus que Plonplon le couronnement de l'édifice à son goût, s'était retirée en Angleterre, elle comptait peut-être y trouver un meilleur accueil ; mais dès son arrivée à Chislehurst, l'aristocratie britannique l'a mise à l'index. — La reine Victoria, après l'avoir reçue deux fois, coupa court à toute relation, ce qui ne laissa pas que d'humilier sa fierté espagnole.

La résidence de l'ex-régente était d'ailleurs hantée par une camarilla interlope qui conspiraillait en dehors et aux dépens de Badinguet lui-même, — lequel, par parenthèse, se montrait absolument rebelle à toutes les tentatives faites pour lui arracher une abdication formelle.

D'où les journaux bonapartistes — il y en avait déjà deux à Londres — prenaient leur mot d'ordre pour démontrer, dans des articles très-virulents, que la dynastie « devait sacrifier le vieux tronc pour sauver la jeune bouture. » *Textuel.*

L'ex-vice-empereur, Rouher, qui est encore le conseiller permanent, la nymphe Égérie de la maison, se prenait à voyager, allait en Belgique réconforter les partisans de *Loulou*, activait leurs conjurations et se rendait parfois à Wilhelmshœhe pour retremper le moral de Badinguet, tellement abruti dans les premiers temps qu'il comparait sa chute aux effets d'un tremblement de terre produit par l'action combinée d'influences cachées dans les éléments. Mais, malgré les allées et venues de Rouher et quoi qu'il tente pour construire un radeau de *la Méduse*, sur lequel il puisse sauver ses dignités, le naufrage de l'empire est définitif.

On commençait à s'en apercevoir chez Mme Badinguet, car la solitude se faisait de plus en plus complète à Chislehurst. Plusieurs personnes politiques mandées de France par l'ex-impératrice ne répondirent pas à son appel.

Il était temps que la paix rendît l'homme de Sedan

à la liberté, car Plonplon avec son tact habituel le démonétisait tout à fait. Non content d'avoir pendant dix-huit ans conspiré contre son cousin, il continuait à le poursuivre après sa chute. Son idée se rattachait à celle que poursuivent les bonapartistes réfugiés à l'étranger; tous ont pour idéal une restauration flanquée d'un régent quelque peu populaire; mais par malheur l'état de santé du prince soi-disant impérial paraît déplorable. La névrose qu'il a contractée pendant la pitoyable campagne dont on le rendit si tristement témoin, n'a fait que se développer sous le climat brumeux de l'Angleterre. Aussi les plus célèbres docteurs d'outre-Manche sont-ils d'avis que *Loulou*, qui ne sait plus où fourrer les balles qu'il a ramassées à Sarrebruck, ne tardera pas à devenir idiot, et que, pour rétablir sa santé compromise, il faut l'envoyer en Italie. Le malheureux enfant est donc destiné à faire son apprentissage de prince errant.

C'était afin d'écarter Nini que Plonplon, durant l'armistice, s'en alla à Bordeaux et fit cette proposition au général Changarnier :

« Vous seul pouvez sauver la France et terminer cette guerre. L'impératrice est une brûte (*sic*). Soyez régent de France et ramenez le petit prince. Je vous garantis l'assentiment du roi de Prusse et de M. Bismark. Vous réunirez sur la frontière 150,000 hommes de nos prisonniers, commandés par des généraux de votre choix. Quand vous aurez fait fusiller le gouvernement provisoire et une cinquantaine d'autres coquins, l'ordre sera à jamais rétabli. Si vous consentez, un agent va aller trouver de suite M. de Bismark. »

Le général Changarnier, qui savait combien Bazaine

s'était rendu odieux par des tripotages semblables, répondit à *Plonplon* qu'il ne faisait pas de ces romans et le renvoya.

Sur ces entrefaites Badinguet, relâché de Wilhelmshœhe, vint retrouver sa *Nini* et son *Loulou* à Chislehurst. Il aurait préféré, et pour cause, retourner à Arenenberg que de s'acclimater de nouveau chez la perfide Albion, mais la prudence lui conseillait de dissimuler encore.

Moins redoutable que son oncle, Napoléon III alla donc s'asseoir au foyer britannique, où la Bellanger, qui lui avait tenu compagnie à Wilhelmshœhe, le rejoignit avec *son fils*. Entre Margoton et sa chaste moitié qui brûle encore de faire notre bonheur malgré nous, l'ex-sire doit trouver le pain de l'exil moins amer.

Toujours est-il qu'à présent terrassé, exécré, conspué par l'univers entier, Badinguet reprend son ancien métier. D'empereur, le voici redevenu conspirateur !

Des partisans plus hardis que désintéressés le poussent à prendre un parti, car le champ est ouvert à tous les appétits dynastiques et aux entreprises criminelles. Cependant, il est visible que *l'illustre exilé* décline affreusement, sa paupière s'alourdit, et au lieu des superbes lardoires qui menaçaient les yeux de ses aides de camp, on ne retrouve plus qu'une moustache grisonnante qui retombe sur des joues flasques et décolorées. Mais César a encore des *idées*, quoique sa contenance diffère un peu de celle qu'il avait en nous disant : L'ORDRE, J'EN RÉPONDS !

Hélas ! il eût bien mieux valu nous répondre de la victoire !

Après tout, on conçoit que Badinguet veuille en

finir. En être réduit, pour faire parler de lui, à manger publiquement du fromage de Stilton, est un triste expédient. Et quand on a rêvé des statues d'airain, il est dur de se voir exposé, chez la mère Tussand, à côté de Troppmann et de Bartelemy. Cela provoque de fâcheuses comparaisons.

Un Napoléon dans ce Pandémonium! *O tempora, o mores!*

RÉCAPITULATION.

La carrière de l'homme dont nous venons d'esquisser la biographie se compose de trois phases distinctes : *Ses intrigues, — sa réussite — et sa chute.*

Libertin sans gaieté, il déshonore son nom et son exil dans les tripots, au lieu de consacrer sa jeunesse à l'étude. Aussi, quand plus tard ce conspirateur cosmopolite se met à rêver la couronne impériale, il procède par des tentatives extravagantes qui le couvrent de ridicule et prouvent qu'il ne connaît ni le cœur humain ni son époque. L'aigle de Boulogne, la cuisine de la Finkmatt et la planche de Ham composent son bagage historique, que compléteront plus tard les lâches massacres du 2 décembre et sa couardise devant l'Attila prussien.

Sa réussite, un juif portugais sait à quoi elle a tenu ! Personne plus que lui-même ne se montra aussi surpris de pouvoir mettre la main sur un trône. Parvenu au pouvoir, il n'a su que se gorger, enrichir ses complices et déchoir au lieu de se consolider.

Sa chute, la postérité saura seule ce qu'elle nous coûte. Odieuse et ignoble quant à lui, elle a pour nous des conséquences que nul ne saurait encore prévoir et qui, dès à présent, ont précipité la France dans un abîme dont s'étonnera l'Histoire et déjà s'effraye le monde.

Maintenant, si l'on jette sur la vie politique de cet homme un coup d'œil d'ensemble, voici comment elle se résume :

On le disait habile ; nous venons de voir à quelles extrémités il a réduit le pays. Il s'est cru législateur, comme son oncle ; il n'a su que détruire nos codes et n'a rien édifié. Il a eu pour un moment des prétentions militaires ; or les ordres qu'il donnait pendant les guerres d'Orient, d'Italie, du Mexique étaient absurdes, et il a fatalement révélé à Sedan sa monstrueuse incapacité. Il s'estime un grand homme pour avoir importé le macadam et conçu l'idée de démolir la capitale afin de la rebâtir à coups de millions, mais sa raison n'a pu aller jusqu'à comprendre qu'il ruinait ainsi les classes laborieuses. Plein d'une aveugle confiance en ses idées, ce pâle César s'est fait l'axe du gouvernement et cédant à sa nature violente il improvisait ou brusquait ses stupides décrets. Aussi se voyait-il à chaque instant forcé de changer son entourage et de modifier le système sur lequel pivotait sa puissance.

Donc, ne se sentant ni capitaine, ni administrateur, ni homme d'État, il fut tyran et rien de plus. Quant au courage personnel, il n'en a jamais eu, ni en duel, ni dans les combats, ni à Strasbourg, ni à Boulogne, ni à Paris, où il a laissé ses complices s'exposer seuls pour perpétrer son coup d'État. On sait d'ailleurs aujourd'hui qu'il avait totalement perdu la tête, le 14 janvier ; qu'on a dû l'enlever de son carrosse et soutenir ses pas incertains pour le conduire jusqu'à sa loge d'opéra.

Comme tous les aventuriers arrivés, sans respect pour ceux qu'il gouvernait, il a annihilé toute légalité par ses lois draconiennes, et mis chaque jour en question la liberté des citoyens. Enfin, il a touché à tout, légiféré sur tout, de sorte que sous son règne il n'y eut rien de stable.

Dans son incessant besoin d'agiotage et de mesures financières, il a triplé le chiffre du budget devenu monstrueux, et a quadruplé les impôts. Il a vendu les biens sacrés des hospices et n'a reculé devant aucune crainte, pas même celle de « tuer la poule aux œufs d'or ! »

Enfin, tout a été dit sur cet odieux parvenu qu'on regardait comme un météore, et qui n'était qu'une fusée. — Il a subi le sort des projectiles de cette espèce. — Par malheur la lumière se fait trop tard sur ce règne à la fois stupide, honteux et sanglant. Que ceux qu'il a séduits, trompés par de faux semblants de prospérité, d'ordre et de paix, comparent ce qu'il avait promis et ce qu'il a donné; qu'ils récapitulent toutes les douleurs, les humiliations qui nous viennent de leur idole, et qu'ils l'encensent.

Et depuis Sedan, quelle est son attitude devant la France et devant l'Europe indignées ? Croit-on par hasard qu'il se repente et reconnaisse enfin son incroyable impéritie ? Ce serait s'abuser beaucoup. Les caissons d'or, dont le sauvetage a coûté la liberté aux soldats de Mac-Mahon, et le milliard qu'il a soutiré de nos budgets lui permettront d'entretenir des flatteurs là-bas, des conspirateurs ici.

Traînant sa nullité décrépite de Torquay à Chislehurst et à Jersey, il s'imagine, quand quelques boutiquiers idiots vont le voir par curiosité, qu'il n'a plus qu'à venir reprendre le cours de ses sottises et de ses crimes. Eh bien, qu'il le tente, et après avoir imité les fautes de son oncle, qu'il parodie aussi le débarquement de Cannes. Nous verrons si son aigle empaillé atteint les tours de Notre-Dame.

Il est probable que, cette fois, au lieu du triomphe, l'imprudent détrôné rencontrerait le châtiment.

NOTA. — Le lecteur voudra bien excuser les fautes d'impression : ainsi, à la page 212 on nous fait dire *langage* littéraire pour *bagage* littéraire; et ailleurs, *sa* au lieu de *ma*, etc.

On trouvera aussi sans doute que certains faits rapportés dans ce Mémorial ne sont pas neufs, mais à part quelques détails et quelques noms nécessaires à rappeler, le reste est complétement inédit.

On remarquera que dans certains chapitres l'odieux occupe moins de place que le ridicule; la lecture en fera rire. D'ailleurs, ce n'est pas un acte d'accusation, mais un simple dossier que l'avenir pourra interroger.

FIN.

Imprimerie L. Toinon et Cⁱᵉ, à Saint Germain

www.ingramcontent.com/pod-product-compliance
Lightning Source LLC
Chambersburg PA
CBHW071115230426
43666CB00009B/1976